A Comunidade Macaense em Portugal: alguns aspectos do seu comportamento cultural

Com o Apoio de:

FCT Fundação para a Ciência e a Tecnologia
MINISTÉRIO DA CIÊNCIA E DA TECNOLOGIA

A Comunidade Macaense em Portugal: alguns aspectos do seu comportamento cultural

Isabel Maria Rijo Correia Pinto

澳門特別行政區政府文化局
INSTITUTO CULTURAL do Governo da R.A.E. de Macau

A COMUNIDADE MACAENSE EM PORTUGAL:
ALGUNS ASPECTOS DO SEU COMPORTAMENTO
CULTURAL
AUTORA
Isabel Maria Rijo Correia Pinto
EDIÇÃO
INSTITUTO CULTURAL do Governo da R. A. E. de Macau
Praça do Tap Seac, Edifício do Instituto Cultural
Região Administrativa Especial de Macau – República Popular da China
www.icm.gov.mo/pt – postoffice@icm.gov.mo
DISTRIBUIÇÃO
EDIÇÕES ALMEDINA, S.A.
Rua Fernandes Tomás nºs 76, 78, 80
3000-167 Coimbra
Tel.: 239 851 904 • Fax: 239 851 901
www.almedina.net • editora@almedina.net
DESIGN DE CAPA
FBA.
PRÉ-IMPRESSÃO
G.C. – GRÁFICA DE COIMBRA, LDA.
Palheira Assafarge, 3001-153 Coimbra
producao@graficadecoimbra.pt
IMPRESSÃO E ACABAMENTO
PAPELMUNDE, SMG, LDA.

Junho, 2011

DEPÓSITO LEGAL
330420/11

Apesar do cuidado e rigor colocados na elaboração da presente obra, devem os diplomas legais dela constantes ser sempre objecto de confirmação com as publicações oficiais.
Toda a reprodução desta obra, por fotocópia ou outro qualquer processo, sem prévia autorização escrita do Editor, é ilícita e passível de procedimento judicial contra o infractor.

 GRUPOALMEDINA

BIBLIOTECA NACIONAL DE PORTUGAL – CATALOGAÇÃO NA PUBLICAÇÃO
PINTO, Isabel Maria Rijo Correia
A comunidade macaense em Portugal : alguns aspectos do
seu comportamento cultural
ISBN 978-972-40-4464-4
CDU   316
       392

PREFÁCIO

A Comunidade Macaense em Portugal: Alguns Aspectos do seu Comportamento Cultural, de Isabel Correia Pinto, resulta de uma minuciosa investigação associada a uma prolongada experiência de terreno, nasce de uma imersão cultural vivida na primeira pessoa. Nestas páginas fundem-se a experiência de vida com o projecto académico e o resultado é um extraordinário trabalho de elevada (e premiada) qualidade científica, de imensa dedicação, genuinamente intercultural, verdadeira investigação estética, para utilizar o conceito de Bruno Munari[1].

A descrição de realidades distantes e exóticas – função histórica da antropologia – funde-se neste livro com a descrição de realidades próximas e familiares à autora, como se Isabel Correia Pinto encetasse uma repatriação da antropologia enquanto crítica cultural, baseada na experiência directa e empírica de um mundo muito para lá dos estreitos limites da academia, apesar das dificuldades sempre inerentes à auto-reflexão[2].

A limpidez da escrita de Isabel Correia Pinto espelha a coerência do seu raciocínio e a maturidade de um projecto de investigação que se estrutura numa sequência discursiva de 'interrogação – descrição – resposta – conclusão'. Esta sequência discursiva exprime uma metodologia assente em três vectores essenciais, mas que nem sempre surgem associados na investigação científica: a análise do objecto; a análise do discurso institucional sobre o objecto; e a análise do discurso dos próprios actores sociais sobre o objecto. Mas, nestas páginas, as fontes históricas, documentais e iconográficas, a literatura etnográfica, as monografias, os recursos *on-line*, os testemunhos orais, o levantamento fotográfico e videográfico conjugam-se para

---

[1] Bruno Munari. Artista e Designer. Lisboa: Editorial Presença, 1984.

[2] Recordemos: "What matters, then, is not ideal life elsewhere, or in another time, but the discovery of new recombinant possibilities and meanings in the process of daily living anywhere" (George Marcus; Michael Fischer. Anthropology as Cultural Critique: An Experimental Moment in the Human Sciences. Chicago and London: The University of Chicago Press, 1986, p. 115).

elaborar uma verdadeira descrição densa do território cultural macaense, como que num "deep hanging out" herdeiro do pensamento de Clifford Geertz[3].

Isabel Correia Pinto explora o *território* cultural macaense, ao invés de explorar o simples *espaço* cultural macaense, espaço esse que seria ecológico, natural, até mesmo telúrico. Ao invés, o território é um espaço domesticado, pois num território circulam propostas de fronteiras que são sempre culturais. Bakhtin e Medvedev defendem que os objectos – como os objectos em estudo nesta obra – existem dentro de um amplo território sócio-cultural, onde partilham elementos comuns a outros objectos, com os quais interagem. E consequentemente cada território fornece os próprios meios de mediar ideologicamente os objectos, em termos de materiais organizados e de produções discursivas de significados[4]. Comprova-se assim que os objectos não são apenas entidades materiais isoladas e inertes que se esgotam em si mesmas, mas sim testemunhos da vida e da cultura em que estão inseridos, que lhe conferem a sua dimensão antropológica e o seu verdadeiro sentido, tal como defende Ernesto Veiga de Oliveira[5].

O estudo praticado em *A Comunidade Macaense em Portugal: Alguns Aspectos do seu Comportamento Cultural* evolui em direcção a um modelo de articulação, modelo teorizado por Antonio Gramsci e frequentemente reutilizado por Stuart Hall, no âmbito dos estudos culturais contemporâneos, enquanto prática transformativa ou processo de criação singular de uma comunidade. Desenvolvendo este princípio, Michel de Certeau, na sua *Invenção do Quotidiano*, define os objectos que preenchem um território cultural como sendo aqueles que são fabricada no quotidiano, em actividades ao mesmo tempo banais e cada dia renovadas, em produções multiformes e disseminadas, adiantando uma compreensão próxima das ideias de cultura material privilegiadas pela antropologia[6].

Mas o valor desta obra de Isabel Correia Pinto é também acrescido pelo facto de compor conexões transdisciplinares que acompanham a pluralidade de perspectivas e de vozes actuantes numa comunidade, umas conformistas, outras resistentes aos poderes e interpretações culturais instituídos. A interpretação crítica patente em *A Comunidade Macaense em Portugal* estabelece alternativas ao descrever múltiplas realidades coexistentes, evitando as vulnerabilidades de anteriores descrições

---

[3] Clifford Geertz. "Thick Description: Toward an Interpretive Theory of Culture", in The Interpretation of Cultures. New York: Basic Books, 1973; Clifford Geertz. "Deep Hanging Out", in Available Light: Anthropological Reflections on Philosophical Topics. Princeton and Oxford: Princeton University Press, 2000.

[4] Mikhail Bakhtin e Pavel Medvedev. The Formal Method in Literary Scholarship: A Critical Introduction to Sociological Poetics, trad. Albert Wehrle. Baltimore and London: Johns Hopkins University Press, 1991.

[5] Ernesto Veiga de Oliveira. "O Museu de Etnologia", in Actas dos Encontros de Museus de Países e Comunidades de Língua Portuguesa. Palácio Nacional de Mafra, 1989.

[6] Michel de Certeau. L'Invention du Quotidien: 1 – Arts de Faire. Paris: Union Générale d'Éditions, 1980.

de realidades mais ou menos exóticas, vulnerabilidades essas decorrentes de um certo carácter utópico, por comparação com a presente descrição de realidades contíguas, sob uma perspectiva multicultural e transdisciplinar. Contudo, a autora está ciente de que para se fazer algo interdisciplinar não basta escolher um objecto e congregar em seu redor duas ou três ciências. A verdadeira interdisciplinaridade consiste na criação de um novo objecto, que transcende os limites de um único domínio científico, e essa é a principal característica deste objecto de estudo que é o comportamento cultural da comunidade macaense em Portugal.

A autoridade dos cânones e das grandes teorias sociais cedeu, há muito, lugar a uma análise mais próxima de questões como a contextualização barthesiana, como o significado da vivência social para os seus próprios actores, problematizando tudo aquilo que permanecia inquestionado enquanto facto ou certeza, tudo aquilo sobre o qual repousavam os grandes paradigmas. Desassombrado, o pensamento expresso em *A Comunidade Macaense em Portugal* também evolui em direcção à contextualização e à análise de objectos e de discursos à luz das estruturas de pensamento dos seus próprios actores sociais, em direcção a uma *localização* geertziana, enquanto contexto territorial de circulação do cultural. Tenhamos presente que, no seu conceito semiótico de cultura, Clifford Geertz demonstra que as culturas podem ser lidas como textos, isto é, que os objectos e práticas encontram o seu significado através de actos de interpretação que possibilitam a emergência de um ou vários sentidos[7]. Em termos exemplares, Geertz demonstra como elementos díspares da cultura de Bali – sempre o apelo irresistível do "Oriente" – criam uma textura consistente de significados e crenças que se reforçam mutuamente. Assim sendo, existem textos culturais que os elementos de uma comunidade consideram mais significativos – como a alimentação, a música, o *feng shui*, as festividades cíclicas, os amuletos, o vestuário ou a habitação da comunidade macaense – que não só ilustram o modo como essa comunidade os encara, mas também lançam luz sobre muitos outros temas e aspectos do território cultural em análise.

As práticas sociais, culturais e simbólicas associadas aos temas que estruturam o presente volume funcionam como fontes e veículos de significado para a interpretação dos comportamentos culturais da comunidade macaense. Com efeito, e como foi já apontado, um costume, um objecto, uma prática só adquire significado quando ligado ao contexto em que se insere, pelo que a sua compreensão só pode ser alcançada através da localização da função que exerce dentro de uma totalidade mais vasta. Na verdade, é consensual que todas as práticas quotidianas

---

[7] Recordemos que "the concept of culture I espouse... is essentially a semiotic one. Believing, with Max Weber, that man is an animal suspended in webs of significance he has himself spun, I take culture to be those webs, and the analysis of it to be therefore not an experimental science in search of law but an interpretive one in search of meaning (Clifford Geertz. The Interpretation of Cultures, p. 5).

são culturais, em alguma medida, pois todas elas são desenvolvidas devido aos seus significados simbólicos, para além das funções práticas que possam desempenhar. Por esta razão, a investigação de Isabel Correia Pinto integra-se na crescente revalorização do quotidiano, na redescoberta das práticas comuns das camadas destituídas do exercício do poder institucionalizado, em curso nas ciências sociais e humanas. Evoquemos aqui a atenção dada por Wittgenstein ao estudo da linguagem coloquial, ou por Husserl, Schutz e Merleau-Ponty à chamada "fenomenologia do quotidiano", para fundamentar a relevância do estudo sistemático dos comportamentos culturais comuns.

Sempre geertziana (explícita ou implicitamente), a investigação de Isabel Correia Pinto também considera a cultura como sendo algo público, colectivo, que cabe ao ser humano interpretar, pois a cultura é algo simultaneamente produzido e interpretável pela comunidade criadora. Sob esta perspectiva, as manifestações culturais são, sem dúvida, actos comunicativos. E são inerentemente comunicativos os comportamentos culturais da comunidade macaense em Portugal, comportamentos que implicam e produzem mundividências, onde se incluem noções muito peculiares e locais de identidade, outro conceito central no trabalho de Geertz e em grande parte dos modernos estudos da cultura. Ao apreender os saberes implícitos, postos em prática pelos actores sociais para produzir e legitimar a sua actividade, *A Comunidade Macaense em Portugal* associa-se à tradição da antropologia interpretativa de Clifford Geertz, apoiada por sua vez em Weber, Wittgenstein e na tradição fenomenológica, com a finalidade – plenamente alcançada – de construir modelos de processos culturais o mais próximos possível da experiência vivida.

Este livro pode ser encarado como uma construção narrativa de carácter interpretativo, fundamentada num percurso mental marcado por encontros prévios com construções semelhantes ou com consciências (in)formadas por essas construções. No entanto, uma construção narrativa será sempre uma interpretação da realidade cultural, realidade que um observador externo nunca conhecerá de forma tão íntima como os membros da comunidade em questão. No geral, subsiste uma diferença entre a cultura, que existe na realidade, e a ciência construída sobre essa cultura, que existe apenas sob a forma de livros ou de conferências, de objectos museológicos ou de documentários.

Mas será que a prolongada investigação e imersão cultural de Isabel Correia Pinto permite considerá-la ainda uma observadora externa da cultura macaense? De modo algum. Por isso, nestas páginas, o conhecimento constrói-se directamente na realidade – e não apenas sobre a realidade –, o conhecimento não se limita ao espaço e ao tempo de um livro ou de uma conferência. Estamos sem dúvida perante uma construção narrativa, de uma interpretação da realidade cultural, mas por mão (e vida) de uma observadora interna, íntima da comunidade em questão. E não esqueçamos que também Margaret Mead, Edward Sapir e Ruth Benedict (tal como Ruy Duarte de Carvalho) consideravam-se tanto antropólogos como artistas literários, pois os processos literários povoam este e qualquer outro trabalho de representação cultural[8].

No final da leitura de *A Comunidade Macaense em Portugal: Alguns Aspectos do seu Comportamento Cultural*, o leitor compreende que Isabel Correia Pinto cumpriu com rigor o objectivo primordial, e de inestimável valor social, de evitar que os comportamentos culturais da comunidade macaense se transformem num teatro etnográfico ou num museu de práticas perdidas, uma trágica metamorfose que atingiu já tantas das comunidades culturais portuguesas. Porque:

> Se nós não conseguirmos recuperar a nossa cultura podemos talvez vir algum dia a ser um país economicamente desenvolvido, mas com outro povo e cultura. Nós não queremos ser outro povo. Vou dar-vos um exemplo: já visitei muitos museus nos Estados Unidos e na Austrália, onde se podem visitar as artes dos aborígenes, ver muitos objectos e peças etnográficas... Mas onde está esse povo, hoje? Não queremos ser assim, queremos realmente recuperar a nossa cultura e o nosso património, porque o povo está lá.[9]

Esta inquietação expressa por Mari Alkatiri acerca da cultura timorense viajou através do globo, estendeu-se à cultura macaense e presidiu às inquietações que conduziram à elaboração deste livro. Mas, graças ao trabalho de Isabel Correia Pinto, não será por certo ainda nas próximas gerações que ficarão confinados a um museu os comportamentos culturais da comunidade macaense em Portugal.

Outubro de 2010
CLARA SARMENTO

---

[8] A este propósito, consultar: James Clifford; George Marcus. Writing Culture: The Poetics and Politics of Ethnography. Berkeley e Los Angeles: University of California Press, 1986.

[9] Mari Alkatiri, em intervenção no Seminário Cooperação Científica com Timor Leste, na Sociedade de Geografia de Lisboa, em 27 de Outubro de 2001 (Armando Marques Guedes; Fantina Tedim Pedrosa; Ivo Carneiro de Sousa; Luís Aires-Barros; Mari Alkatiri; Rui M. S. Centeno. Cooperação Científica com Timor Leste. Lisboa: Cepesa, 2002, p. 69).

RESUMO

Este é um estudo transversal, descritivo e analítico que pretende dar a conhecer como se comporta culturalmente a etnia macaense residente em Portugal. Nesta investigação, analisam-se os aspectos que a nível cultural são predominantes no seu quotidiano, uma vez que a origem euro-asiática leva a que sejam influenciados pelo oriente, principalmente pela cultura chinesa, devido à localização geográfica de Macau. A esta circunstância alia-se o facto de viverem em Portugal e serem também influenciados pela cultura portuguesa, por razões histórico-culturais.

Nesta pesquisa, foi utilizada uma amostra de 50 macaenses, cuja selecção obedeceu aos seguintes critérios:

- Nacionalidade portuguesa
- Naturalidade macaense
- Ascendência euro-asiática
- Português como língua materna (podendo além desta ter outras)
- Fixação de residência em Portugal, com permanência aí de pelo menos seis meses no ano.
- Ter mais de 20 anos e menos de 69 na altura da fixação de residência em Portugal.

As questões colocadas no inquérito incidiram em temas relacionados com o mobiliário e decoração da casa, vestuário, alimentação, passatempos/comunicação, medicina popular, crenças e superstições, festividades e outros eventos e presente e futuro da cultura macaense.

Os resultados dos inquéritos foram confrontados com as informações resultantes do enquadramento teórico elaborado versando os mesmos assuntos entre alguns povos europeus e asiáticos, com especial ênfase para os povos chinês e português. Foram também destacados alguns aspectos relacionados com a etnia macaense, considerados relevantes para este estudo.

A análise efectuada foi complementada com uma entrevista ao presidente da Casa de Macau.

Para esta investigação foi definida como variável dependente *"A Comunidade Macaense em Portugal: Alguns Aspectos do Seu Comportamento Cultural"* tendo sido propostas as seguintes questões de investigação:

- Quais são as influências orientais que permanecem nos hábitos e costumes dos macaenses residentes em Portugal?
- Existem canais de comunicação entre as várias comunidades macaenses?
- Que ligação com Macau conservam os macaenses residentes em Portugal?
- Quais são os indicadores de integração da etnia macaense na sociedade portuguesa?
- Existe transmissão da cultura macaense às gerações mais novas dessa etnia?

Dos resultados obtidos, salientamos que as influências orientais observadas se relacionam predominantemente com aspectos culturais macaenses e chineses, estando presentes em muitas das atitudes diárias, algumas das quais são coincidentes com princípios preconizados pelo *feng shui*. A influência oriental é muito significativa no mobiliário e objectos decorativos utilizados, verificando-se que o oriente está também presente nos tapetes, cortinados e afins, influenciando igualmente a forma de vestir e os objectos de adorno. No entanto, é na alimentação que a influência chinesa e macaense mais se fazem sentir, embora a literatura, a linguagem utilizada, bem como as plantas e outros ingredientes usados com finalidade terapêutica registem o mesmo tipo de influência.

Embora a Casa de Macau seja o canal preferencial para contactar outros macaenses no estrangeiro, é a internet/mail a forma de comunicação mais usada para contactar pessoas de Macau, sendo utilizada também para ler jornais e revistas macaenses, bem como para manter conversas e marcar encontros entre os macaenses residentes em Portugal. Estes últimos mantêm o seu grupo de amigos macaenses, com os quais se reúnem com alguma frequência. As viagens a Macau são feitas com regularidade.

Não obstante a influência oriental verificada, os inquiridos consideram-se integrados na sociedade portuguesa e na generalidade gostam de viver em Portugal. Constata-se a vontade de transmitirem aos filhos os aspectos que consideram mais importantes relativamente à sua cultura e a tentativa de que estes se liguem afectivamente a Macau, o que nem sempre é conseguido.

Através das conclusões obtidas, constata-se que, embora integrados na sociedade Portuguesa, os macaenses residentes em Portugal apresentam fortes influências orientais no seu quotidiano, conservando Macau bem vivo no seu coração e na sua memória. O presente não parece comprometido. No entanto, o futuro é mais imprevisível, já que cabe aos pais transmitir aos filhos a sua herança cultural, o que em nossa opinião poderia ser feito em conjunto com a Casa de Macau, através de acções dinamizadoras que cativassem crianças e jovens para aquele espaço, que deveria ser visto e sentido como o guardião principal da cultura macaense.

ABSTRACT

This is a transverse, descriptive and analytical study, which intends to let know how the macanese ethnic group, resident in Portugal, behaves culturally. In this investigation, we analyse the aspects that, at a cultural level, are predominant in their daily lives, since the euro-asiatic origin makes them influenced by the orient, mainly from the chinese culture, due to the geographical location of Macau. In addition to this circumstance, there is also the fact that they live in Portugal and are influenced by the portuguese culture, for historical and cultural reasons.

In this research we used a sample of 50 macanese, whose selection obeyed to the following criteria:
- Portuguese nationality
- Macanese origin
- Euro-asiatic ascendancy
- Portuguese as a mother language (besides this one, there may be others)
- To settle residence in Portugal, with a permanence here of at least six months per year
- To have more than 20 years and less than 69 at the time of settling residence in Portugal

The questions raised in the inquiry fell upon matters related with the furniture and decoration of the house, clothing, diet, hobbies/communication, popular medicine, beliefs and superstitions, festivities and other events, and present and future of the macanese culture.

The results of the inquiries were confronted with the outcome information from the theoretical frame made that approached the same matters among some european and asian groups, with a special emphasis on the chinese and portuguese people. Some aspects related with the macanese ethnic group were also stressed for being considered relevant for this study.

The analysis made was complemented with an interview to the president of the Casa de Macau.

For this investigation, the dependent variable defined was *"The Macanese Community in Portugal: Some Aspects of Their Cultural Behavior"*, and the following questions of investigation were proposed:

- Which are the oriental influences that remain in the habits and customs of the macanese in Portugal?
- Are there any channels of communication between the several macanese communities?
- What is the connection kept with Macau by the macanese living in Portugal?
- Which are the indicators of integration of the macanese ethnic group to the Portuguese society?
- Is there transmission of the macanese culture to the younger generations of that ethnic group?

From the obtained results, we point out that the observed oriental influences relate predominantly to cultural aspects that are present in many daily attitudes, some of which are coincident with principles advised by *feng shui*. The oriental influence is very significant in the furniture and decorative objects used, as it is in the carpets, curtains and others, also influencing the way of dressing and the adornment objects. However, it is in the diet that the chinese and macanese influences are more felt, although the literature, the language used, as well as plants and other ingredients used with a therapeutic purpose register the same type of influence.

Although the Casa de Macau is a preferential channel to contact with other macanese abroad, the internet/mail is the means of communication more used to contact people from Macau, also being used to read macanese newspapers and magazines, as to keep conversations and book meetings between the macanese resident in Portugal. These last ones have their group of macanese friends, with whom they reunite with some frequency. The trips to Macau are done regularly.

Notwithstanding the verified oriental influence, the people inquired consider themselves integrated in the portuguese society and, in general, like to live in Portugal. It is noticed the will to transmit to their sons the aspects that they consider more important regarding their culture, and the attempt that they connect affectionately to Macau, which is not always accomplished.

Through the obtained conclusions, we observe that, although integrated in the portuguese society, the macanese resident in Portugal present strong oriental influences in their daily lives, maintaining Macau well alive in their hearts and in their memories. The present doesn't seem to be endangered. However, the future is more unpredictable, since it is up to the parents to transmit to their children the cultural heritage that, in our opinion, could be done together with the Casa de Macau, through dynamic actions that would captivate children and teenagers to that space, which should be seen and felt as the main guardian of the macanese culture.

INTRODUÇÃO

A escolha deste tema para uma dissertação de doutoramento, por parte de quem não é de etnia macaense, nem natural de Macau, prende-se a dois grandes motivos. Em primeiro lugar a nossa ligação com essa etnia através do casamento. Por outro lado a permanência em Macau ao longo de dezoito anos (dezasseis dos quais durante a administração do território por Portugal e dois após a transferência de soberania para a República Popular da China).

Ambos os factores foram determinantes no nosso crescente interesse pelo Território de Macau, pelos macaenses e pela sua cultura. Esse facto levou a que anteriormente tivéssemos já elegido a etnia macaense como objecto de estudo na nossa tese de mestrado em que foi investigado "O Comportamento Cultural dos Macaenses Perante o Nascimento", pesquisa essa que foi finalizada ainda durante a nossa estada em Macau.

Seguiu-se o regresso a Portugal, a euforia dos primeiros tempos, o rever amigos e familiares, a adaptação a uma nova vida.

E os meses foram passando.

Quanto aos macaenses, pareciam ser um caso arrumado.

Mas não foram. Porque o tempo foi trazendo a nostalgia de tanta coisa deixada para trás, foi trazendo recordações. E a saudade, ténue primeiro, mais forte depois, em turbilhão, transformou-se nessa vontade de voltar a vê-los, de saber o que fazem hoje, onde estão e como vivem os que escolheram Portugal como destino. De que forma conjugaram a vivência em Portugal com a sua cultura e as pequenas e grandes coisas de que era feito o seu dia-a-dia em Macau?

Para quem observa "de fora", o facto de os macaenses não apresentarem praticamente diferenças físicas relativamente às pessoas de etnia portuguesa, terem a mesma nacionalidade, assim como, regra geral, um bom domínio oral e escrito do português (embora com um sotaque próprio), pode levar a concluir que, à partida a adaptação à vida em Portugal não representa dificuldades de maior.

Mas será assim?

Um bilhete de identidade ou um passaporte, diz quem somos segundo regras fixas e padronizadas, mas a essência de cada um de nós, essa mistura de herança genética e experiência de vida, permanece escondida, invisível aos olhos e no caso dos macaenses tem muito de oriental, embora esse facto possa passar despercebido, quando anonimamente nos cruzamos com eles na rua. Para o descobrir, não basta que as diferenças sejam perceptíveis ao olhar, é preciso procurá-las e compreendê-las com o coração.

A presença portuguesa na Ásia ao longo de quase 500 anos, aliada a formas de ser e estar características da gente lusa, levou a que, para além da simples permanência territorial, existisse uma convivência pacífica e fossem comuns uniões familiares entre portugueses e os povos dessas regiões.

No caso específico de Macau, esses factores levaram à formação de uma etnia de características euro-asiáticas: os macaenses. Estes, ao longo do tempo, foram desenvolvendo uma cultura própria, bem demarcada de todas as outras, que resultou numa surpreendente mistura de influências portuguesas e orientais. Por esse motivo, os macaenses são, talvez, uma das etnias que melhor representa essa fusão intercultural que ao longo dos séculos os portugueses souberam conservar.

O desaparecimento do império colonial português que culminou com a transferência da soberania de Macau para a República Popular da China (RPC) a 19 de Dezembro de 1999 fez com que muitas famílias macaenses emigrassem, devido à incerteza que a perspectiva de vida sob o domínio chinês lhes trazia e ao receio das mudanças que se previam no ambiente social de Macau.

Essa dispersão dos macaenses levará inevitavelmente ao cruzamento com outros grupos étnicos e a alterações nas suas características físicas e culturais. Embora pertencendo à mesma etnia, os filhos dos macaenses emigrantes já não serão naturais de Macau, nem terão a experiência de crescer num ambiente em que o Oriente e o Ocidente se entrelaçaram, dando origem a tudo aquilo que os caracteriza e os torna tão diferentes e originais.

Foi essa constatação que nos fez sentir a importância desta pesquisa, enquanto é possível encontrar em Portugal macaenses nascidos em Macau tendo, à partida, maior possibilidade de serem mais genuínos nos seus hábitos e de manterem ainda ligações estreitas com a terra natal.

Esta é uma investigação, onde a curiosidade de saber de que forma os macaenses adaptaram aquilo que são à realidade que encontraram em Portugal, se mistura ao sentimento de que este trabalho "deve ser feito", porque há muitos aspectos culturais envolvidos que correm o risco de se perder sem que deles fique qualquer registo.

A verdade é que não foi a necessidade de um tema para uma pesquisa que nos encaminhou para esta investigação. Foi, antes, a vontade de voltar a escrever sobre os macaenses que fez do doutoramento um motivo para os encontrar. E, assim, é com um sincero empenhamento e uma grande satisfação que retomamos novamente essa etnia como objecto do nosso estudo.

Poder-se-á questionar porquê esta insistência, num mesmo objecto de estudo, quando à nossa volta tantos temas poderiam ser alvo de uma investigação.

O facto do estudo anterior ser mais específico e não ter abarcado várias das facetas da vivência diária dos macaenses que consideramos importantes, levou-nos a sentir que é necessário ir mais além de uma forma mais abrangente e pormenorizada.

Pretendemos assim que ambas as pesquisas se complementem, contribuindo para dar a conhecer e ajudar a preservar uma herança cultural que sendo dos macaenses é também nossa, pois está ligada ao passado português e faz parte da história de Portugal.

As duas investigações são também uma homenagem a todos aqueles que por motivos vários, tal como os macaenses, tiveram um dia de deixar a sua terra, mas que, onde quer que se encontrem, a trazem para sempre guardada no coração.

Seguindo a linha de pensamento que tem vindo a ser expressa e tendo em conta que a etnia em estudo engloba todos os macaenses que fixaram residência em Portugal, formulámos para esta pesquisa os seguintes objectivos:
- Conhecer e analisar alguns aspectos do comportamento cultural da comunidade macaense residente em Portugal.
- Verificar quais são os aspectos que a nível cultural mais influenciam o quotidiano dessa comunidade
- Analisar de que forma a inserção na sociedade portuguesa alterou os aspectos culturais em estudo.

Na mesma sequência e com vista à problematização do estudo, elaborámos as seguintes questões de investigação:
- Quais são as influências orientais que permanecem nos hábitos e costumes dos macaenses residentes em Portugal?
- Existem canais de comunicação entre as várias comunidades macaenses dispersas pelo mundo?
- Que ligação a Macau conservam os macaenses residentes em Portugal?
- Quais são os indicadores de aculturação da etnia macaense na sociedade portuguesa?
- Existe transmissão da cultura macaense às gerações mais novas dessa etnia?

Consideramos importante esta pesquisa, uma vez que não temos conhecimento de qualquer estudo anterior que, relativamente aos macaenses, aborde os aspectos propostos. Essa importância quanto a nós, reside no facto desta etnia reunir em si, aspectos do Oriente e do Ocidente, que devem na medida do possível ser valorizados e preservados. Acreditamos que muito da riqueza cultural de um país reside na diversidade do seu povo. Quando uma parcela desse povo vê desaparecer as condições que lhe deram origem (o cruzamento entre portugueses e asiáticos e o nascimento e vivência no ambiente *sui generis* que é Macau), e devido ao pequeno número dos seus efectivos e ao convívio diário com a população portuguesa, corre o risco de perder as características que a tornam diferente, então a sua cultura adquire o valor das coisas raras.

Por esse motivo, sentimos que é nossa obrigação moral e histórica fazer o que estiver ao nosso alcance para atenuar essa ameaça, documentando dentro das nossas possibilidades, um pouco da história de vida dessa comunidade. É uma forma de contribuir para que os macaenses conservem a sua identidade étnica, mantendo vivas as tradições e costumes que os distinguem como grupo e os marcam como etnia, sendo um estímulo que consideramos importante, para uma das minorias com origem portuguesa. Embora a convivência e o provável cruzamento com pessoas de outras etnias levem a que se atenuem os traços físicos e o sotaque que lhe são característicos, julgamos que existem aspectos que podem ser preservados.

Se, de alguma forma, o que aqui escrevemos puder servir de incentivo a que os macaenses sintam orgulho nas suas origens e identidade cultural e, com esse sentimento, se empenharem em defendê-las, transmitindo essa herança às gerações futuras, então o motivo mais importante que deu forma a esta investigação terá sido atingido. E todo o esforço nela empregue terá valido a pena.

Nesta pesquisa a população alvo é, como já referimos, constituída por indivíduos de etnia macaense, que segundo a definição que adoptámos para esta investigação, são pessoas de nacionalidade portuguesa naturais de Macau, de ascendência euro-asiática em que a língua materna ou uma das línguas maternas é o português. Esta descrição corresponde a um dos conceitos que caracterizam a etnia macaense e aos quais faremos referência posteriormente.

Para além de ser necessário corresponder ao conceito de macaense já referido, adoptámos também como requisito para a selecção da amostra, ter residência em Portugal e nela habitar pelo menos seis meses durante o ano. Outro requisito adoptado foi o da idade na altura da fixação da residência em Portugal. Considerámos que, antes dos 20 anos e depois dos 69 anos, os macaenses poderiam ter vindo para Portugal, não por opção própria, mas porque a idade os condicionou a estarem dependentes dos restantes grupos etários, pelo que optámos por estudar apenas os que tivessem idades entre 20 e os 69 anos, na altura da fixação da residência em Portugal (Quadro I – Anexo 2).

Os macaenses a residir em Portugal dividem-se em dois grupos: os que aqui se radicaram há vários anos por razões pessoais, profissionais ou familiares, e aqueles que o fizeram devido à transferência de Macau para a República Popular da China, a 19 de Dezembro de 1999. Os primeiros à partida, fizeram-no por iniciativa própria, com a possibilidade de atempadamente planear e organizar essa mudança. Quanto aos macaenses a residir em Portugal como consequência da transferência de Macau, confrontaram-se com uma situação resultante de negociações e acordos entre os governos da RPC e Portugal, onde se estipulou que a data da transição da administração de Macau para aquele país, seria a 19 de Dezembro de 1999. Esse facto levou alguns macaenses a decidirem-se por permanecer em Macau após essa data, outros a emigrarem para destinos diversos, entre os quais Portugal.

Foi uma opção condicionada por circunstâncias alheias à sua vontade, o que em nossa opinião poderá influenciar, no caso particular dos que aqui se fixaram (pois é sobre eles que incide o nosso estudo), não só a sua integração na sociedade portuguesa mas também a forma de estar e viver em Portugal.

Com vista a atingir os objectivos propostos, considerámos necessário fazer um levantamento da situação actual relativamente à forma ou formas de adaptação dos macaenses à sociedade portuguesa, verificando o que conservam dos hábitos e costumes que faziam parte do seu quotidiano em Macau. Com essa finalidade, elaborámos um inquérito que aplicámos à amostra em estudo. Este inquérito é constituído por nove grupos num total de 57 perguntas contendo quase todas elas várias alíneas. Destas, 10 são perguntas abertas, 8 fechadas, sendo as restantes semi-abertas. As questões incluídas abordam aspectos da vivência diária dos inquiridos no que respeita à arquitectura da casa, à forma de a mobilar e decorar, ao vestuário utilizado e à culinária. São também objecto de análise as formas de comunicação utilizadas, a ocupação dos tempos livres, a medicina popular a que recorrem, as suas crenças e superstições e as festividades que celebram. Outros aspectos que inquirimos foram a adaptação à vida em Portugal, a ligação a Macau e a outros macaenses, bem como as formas de transmissão da sua cultura às gerações mais novas.

Tentámos com este tipo de questões que justificassem as suas respostas, pois consideramos fundamental nesta pesquisa saber o que está por detrás de atitudes e comportamentos, uma vez que não foi nossa intenção obter apenas valores estatísticos, mas também perceber quais os sentimentos que conduziram às respostas dadas. A validação do inquérito foi feita inquirindo seis macaenses que para tal se prontificaram.

Pelo facto de não se saber o número exacto de membros de etnia macaense residentes em Portugal e que constitui o nosso universo, optámos por delimitar a amostra em estudo em função do período dedicado aos inquéritos. Com o objectivo de obter o maior número possível de respostas a fim de que a pesquisa pudesse ter consistência e validade, prolongámos o tempo de aplicação do inquérito por 12 meses, iniciando-o a 30 de Novembro de 2005 e terminando-o a 30 de Novembro de 2006. Nesse período foram inquiridos um total de 50 elementos. Embora sendo um período longo, justificamo-lo porque os macaenses estão dispersos entre a restante população. Gostaríamos de ter mantido este período por mais tempo para que o número de inquiridos fosse maior, no entanto o receio de que esse facto levasse ao enviesamento dos resultados, pela distância que decorreria entre o primeiro e o último inquirido, levou-nos a suspendê-lo.

Os primeiros com quem falámos foram localizados através da Casa de Macau e de três famílias residentes na zona Norte e Centro do país. Através destes, fomos localizando os restantes inquiridos, formando uma rede de contactos que, a pouco e pouco, nos foi conduzindo ao total de 50 macaenses. Foi um processo moroso que exigiu disponibilidade e persistência, porém necessário para alcançar os objectivos traçados.

Os macaenses residentes nos arquipélagos da Madeira e dos Açores estão excluídos do nosso trabalho devido à dificuldade na sua localização.

Os inquiridos distribuíram-se maioritariamente por Lisboa e Vale do Tejo, região Norte e também Alentejo.

Foi entrevistado o Presidente da Casa de Macau, através de uma entrevista semi-estruturada, com o objectivo de que as suas opiniões ajudassem a enriquecer e completar alguns aspectos da investigação, nomeadamente no que diz respeito aos sócios da Casa de Macau, às actividades nela realizadas, e ao contacto com as restantes Casas de Macau espalhadas pela Ásia, Oceânia e América (que com a de Portugal, totalizam 12). Essas informações foram complementadas com outras, reunidas ao longo da entrevista.

As respostas obtidas através dos inquéritos, foram depois introduzidas no programa informático SPSS, e analisadas. Os procedimentos estatísticos utilizados para as perguntas abertas foram a elaboração de categorias de respostas e ideias coincidentes e, após o seu agrupamento, procedeu-se ao tratamento estatístico das mesmas. Concluído o apuramento dos dados, foi feita uma interpretação dos resultados obtidos, através dos quais respondemos às questões de investigação formuladas para esta investigação. Os dados são apresentados através de quadros e figuras.

A tese está organizada em duas partes distintas: Na primeira parte estão incluídos 10 Capítulos. No Capítulo 1 é feita uma caracterização da etnia macaense e das circunstâncias que a fizeram surgir. Nos Capítulos seguintes são abordados os temas incluídos no questionário relativamente a Portugal e à China, já que Portugal, pelo passado histórico-cultural, e a China, pela proximidade geográfica, têm, comparativamente aos restantes países, mais possibilidade de influenciar o comportamento cultural dos macaenses. No entanto, tendo em conta a grande diversidade étnica e cultural existente quer na Ásia quer na Europa, considerámos pertinente e enriquecedor para a investigação documentar também os assuntos em estudo com exemplos relativos a outros povos que habitam esses continentes, a fim de salientar essa mesma diversidade. Dado que no inquérito utilizado se procuram conhecer as influências orientais relativamente a alguns aspectos do comportamento cultural dos macaenses em Portugal, abordamos também a forma como tradicionalmente estes se comportam em Macau no que toca às variáveis em estudo, a fim de ser possível estabelecer uma comparação entre as duas situações.

A segunda parte da tese inclui sete Capítulos. No primeiro está incluída a entrevista feita ao presidente da Casa de Macau. Os restantes Capítulos englobam a análise e interpretação dos resultados obtidos, tendo sempre como referência a abordagem feita na primeira parte e, quando se justifica, as informações recolhidas junto do presidente da Casa de Macau. As respostas às questões de investigação constituem o último Capítulo desta segunda parte. É o conjunto de todos os dados que nos conduzirá à variável dependente – *A Comunidade Macaense em Portugal: Alguns Aspectos do Seu Comportamento Cultural,* que constitui o tema desta pesquisa.

O facto de, em alguns Capítulos, se incluírem termos chineses (cujo significado é dado no texto), leva a que façamos uma breve explicação inicial relativamente às várias formas de escrita internacionalmente mais utilizadas para os designar, já que a língua chinesa falada deu origem a inúmeros dialectos (cerca de 2548[10]) que se falam nas várias regiões que constituem as províncias da China. Por outro lado, a língua chinesa escrita originou caracteres, representando ideias ou coisas (escrita pictográfica). Não havendo alfabeto, surgiram várias traduções fonéticas (cerca de 40 sistemas de transcrição), levando a que uma mesma palavra possa ser escrita de diferentes maneiras, dependendo da fonética da língua do transcritor.[11]

A versão mais usual tem origem no sistema de transliteração chinês-inglês (Wade-Gilles), embora actualmente a romanização implementada pelo Governo da República Popular da China, em 1958 (5ª sessão plenária da 1ª legislatura da Assembleia Popular Nacional)[12], seja pelo sistema *pinyin* que representa os sons falados do *putonghua*, também conhecido como "mandarim" (língua oficial adoptada pelo país).

A fonologia do *putonghua* (mandarim) é baseada no dialecto da região de Pequim e Norte da China, onde são utilizados quatro tons. O cantonense, falado sobretudo no Sudeste Chinês (província de Guangdong onde se insere Macau e Hong Kong) tem nove tons. O Partido Comunista Chinês adoptou o sistema de escrita simplificada (*jian tizi*) em que cada carácter tem menos traços do que a escrita tradicional (*fan tizi*), para uma alfabetização mais fácil da população. Actualmente, a escrita tradicional mantém-se na ilha de Taiwan, Hong Kong, Macau e entre a diáspora chinesa.

Na China, embora a língua na sua forma escrita simplificada seja perceptível para qualquer cidadão chinês (com a escolaridade básica), o mesmo não se passa a nível da oralidade, já que os vários dialectos (que são no fundo formas de pronun-

---

[10] Glossika, *Language Web* - http://www.glossika.com/en/dict
[11] CHING, Alexandre Li, *A Estrutura da Língua Chinesa*, p. 19.
[12] *Idem, Ibidem.*

ciação diferente dos mesmos caracteres) se tornam imperceptíveis a quem não os conheça. Esse facto significa que todos os chineses que tenham aprendido a forma simplificada conseguem comunicar através da escrita, embora oralmente possam não se entender.

O sistema de chinês escrito adoptado nesta investigação é o tradicional (*fan tizi*), com a forma de pronunciação pinyin e a correspondente pronunciação cantonense em alguns termos mais utilizados pelos macaenses, embora tivéssemos mantido outros mais conhecidos internacionalmente como o tai qi, Confúncio, I Ching e outros, conforme se exemplifica no Quadro I.

Os algarismos que acompanham as palavras significam o tom com que são pronunciados em cantonense na forma de romanização Yale.

QUADRO I – Escrita tradicional com as diferentes traduções

Escrita	Pinyin	Wade-Gilles	Cantonense (*)	Outras traduções
八卦	bā guà	pa kua	baat3gwa3	Bagua, oito trigramas
保濟丸	bǎo jì wán		bou2jai2yun2	pou chai in (medicamento chinês)
北京	Běijīng	Pei-ching	bak1ging1	Pequim, Peking
鞭砲	bian pau		bin1paau4	Panchão, pau cheong
禪	chan		sim4	Zen (禅, japonês)
道	dao	dao	dou6	Tão
道德經	dàodéjīng	dao de jing	dou6dak1ging1	tao té ching
道家 道教	daojiao, dāo,		dou6ga1, dou6gaau3	daoismo, taoismo
東周,	Dōng Zhōu		dung1jau1	Zhou Oriental (dinastia Zhou) (770 - 221 a.C.)□
繁體字,	Fán tǐzì		faan4tai2ji6	escrita tradicional chinesa
風水	fēng shuǐ,		fung1seui2	fong soi
佛教	fojiao		fat6gaau3	Budismo
伏羲; 庖犧	fúxī; páoxī		fuk6hei1; paau4hei1	Fu Si, Fu Xi, Fu Hsi, Mi Hsi, Pao Hsi, T'ai Hao

甘烜文	Gan Xuanwen		gum1yuk1man4	Kan Xuanwen
廣東	Guǎngdōng	Kuang-tung	gwong2dung1	Canton, Cantão (província)
廣東話	Guǎngdōng huà		gwong2dung1wa2	cantonense (dialecto)
廣州	Guǎngzhōu	Kuang-chou	gwong2jau1	Canton, Cantão (cidade)
觀音	Guānyīn	Kuan-yin	gun1yam3	Kuan Yin, Guan Yin Kum Iam
國語,	guóyǔ		gwok3yu5	gwok yu (Mandarim – língua oficial de Taiwan)
鑊	guō		wok6	frigideira chinesa
漢朝	Hàn Cháo	Han Ch'ao	hon3chiu4	dinastia Han (206 a.C. - 220 d.C.)
黃帝; 軒轅黃帝	Huángdì; Xuanyuan Huangdi	Huang ti	wong4dai3; hin1yun4wong4dai3	Imperador Amarelo (2697- 2598 a.C.)◊ Mitologia chinesa
黃帝內經	Huángdì Nèijīng		wong4dai3noi6ging1	Clássico de Medicina Interna do Imperador Amarelo
華佗	Huà Tuó	Hua T'o	wa4to4	cerca 280-220 a.C.
簡化字	jian tizi, Jiǎnhuàzì		gaan2tai2ji6	escrita chinesa simplificada
灸	jiǔ		gau3	moxibustão, moxabustão
九龍	Jiǔlóng		gau2lung4	Kowloon
康熙帝	Kāngxīdì	K'ang-hsi-ti	hong1hei1dai3	Imperador Kangxi (1662-1722)
孔夫子	Kǒng Fūzǐ	K'ung-fu-tzu	hung2fu1ji2	Confúcio, Confúncio (+), Gong Fu Ze, Kung Fu-Tze (551-479 a.C.)
筷子	kuàizi		faai3ji2	"pauzinhos"
老子	Lǎozǐ	Lao tzu	lou5ji2	Lao Tsé, Lao tze, Lao Zi, li Ehr (Século VI a.C.)
嫘祖	Léi Zǔ		leui4jou2; sai1ling4si6	Xi Líng Shi, HsiLing-Shih, Lei Zi, Lei-Tsu, Lei Tzu. Mitologia Chinesa (cerca 2700 a.C.)
紅包	lì shì	làih sih	lai6si6	hong bao, envelope vermelho

靈氣	lingqi		ling4hei3	Reiki
羅盤	luo pan		lo4pun4	bússola chinesa
洛書	luò shū		lok6syu1	quadrado mágico
麻将	májiàng	mah jong	ma4jeung3	mahjongg, majong, majiang, mah-jong,
棉襖	mián ǎo		min4ou2	min náp – casaco alcochoado de algodão
明朝	Ming Cháo		ming4chiu4	dinastia Ming (1368-1644)
內丹	nei dan		noi3daan1	Qi gong interno ou estático
牛婆	niú pó		ngau4po4	"mulher ocidental"
普通話	putonghua		pou2tung1wa2	Mandarim (língua oficial da RPC)
氣	qì	ch´i	hei3	ki(気, japonês)
氣功	qìgōng	ch'i kung	hei3gung1	ch'i kung
屈原	Qū Yuán		wat1yun4	340 - 278 a.C.
秦朝	Qín Cháo	Ch'in Ch'ao	cheun4 chiu4 cheun4jiu1	dinastia Qin (221 - 206 a.C.)
殺,	sha		saai3	energia negativa
上海	Shanghai		seung6hoi2	Xangai
神農	Shénnóng;		san4nung4	Shen Nong Shi, imperador Yan, Lie Shan Shi, mitologia chinesa (2070-1600a.C.)□
司馬遷	Sīmǎ Qiān	Ssǔma Ch'ien	si1ma5chin1	(145 – 90 a.C.)
太極	tàijí,	T'ai Chi	tai3gik6	tai qi
太極拳	tàijíquán	t'ai chi ch'üan	tai3gik6kyun4	t'ai chi ch'üan
唐朝	Táng Cháo		tong4chiu4	dinastia Tang (618-907)
唐僖宗; 李儇	Tang Xizong; Li Xuan		tong4hei1jung1; lei5waan4	Imperador Hi Tsang (862-888),
夏朝	xià cháo	hsia-ch'ao	ha6chiu4	dinastia Xia, ou Hsia (2070-1600 a.C.) ¤
香港	Xiānggǎng,		heung1gong2	Hong Kong

象棋	Xiàngqí	hsiang-ch'	jeung6kei2	xadrez chinês
外丹	wai dan		ngoi6daan1	Qi gong externo ou dinâmico
武術	wǔshù		mou5seut6	kung fu
楊筠松	Yáng Yún Song		yeung4gwan1chung4	Yang Yun Sung, Yang Yun Sang (cerca 840-888)
易經	yì Jīng	i ching	yik6ging1	I Ching, I Qing
陰陽	yīnyáng	yin yang	yam1yeung4	yin/yang
元朝	Yuáncháo		yun1chau4	Dinastia Yuan (1271-1368)
齋	zhāi		jaai1	dieta vegetariana
針灸	zhēnjiǔ		jam1gau3	acupuntura
中醫	zhōngyī		jung1yi1	medicina tradicional chinesa
周朝	Zhōu Cháo	Chou Ch`ao	jau1chiu4	dinastia Zhou ou Chou (1046 - 221 a.C.)¤
周公	Zhōu Gōng	Chou Kung	jau1gung1	Duque de Chou (1043 (?) -1021 (?) a.C.) ¤
周文王	Zhōu Wén Wáng		jau1man4wong4	Rei Wen ou Conde Wen (1099-1050 a.C.)
莊子	Zhuāng Zǐ;	Chuang Tzǔ	jong1ji2	Chuang Tsu, Zhuang Tze, Chouang-Dsi, Chuang Tse Zhuang Tze (cerca 370-301 a.C.)
嫘祖子	Zòng, zòngzi	Tsung tsung-tzu	joong1 joong1 zi1	chong

(*) Romanização Yale.[13]

(+) Confúncio na versão latinizada dos jesuítas.

(¤) Todas as datas diferentes destas são alvo de discussões complexas. As datas aqui apresentadas são aquelas fornecidas pelo The Xia-Shang-Zhou Chronology, a obra de estudiosos oficiais do governo chinês apresentada em 2000.[14]

(◊) Um dos cinco imperadores lendários, mencionado pelo historiador Sima Qian (145-90 a.C.).[15]

[13] *Cantonese-English dictionary and English-Cantonese dictionary* – http://freelang.net/dictionary/ cantonese.html

[14] Xia Shang Zhou Chronology Project - http://en.wikipedia.org/wiki/Xia_Shang_Zhou_Chronology_ Project

[15] Wikipedia, *Yellow Emperor* - http://en.wikipedia.org/wiki/Yellow_Emperor

I PARTE

Capítulo 1
Ser Macaense

1.1. Origens da Etnia Macaense

A palavra macaense poderia simplesmente designar todos os que são naturais de Macau, ou aqueles que não o sendo por naturalidade, o são pelo coração. Porém, macaense pode significar também uma outra realidade mais complexa, onde à naturalidade e ligação afectiva se junta um sentimento de pertença a uma etnia que se designa igualmente por macaense.

Para entender esta situação, precisamos de recuar até 1557, data que segundo estudiosos na matéria corresponde ao estabelecimento dos primeiros portugueses em Macau.

Segundo *Beatriz Basto da Silva* (1997), não existe consenso relativamente ao motivo que terá levado a China a permitir que alguns negociantes portugueses se estabelecessem numa pequena península do seu território. No entanto, a versão mais comum, é que essa cedência foi uma retribuição pela ajuda prestada na luta contra os piratas que assolavam os mares do sul da China.[16]

Nesse local existia um templo consagrado à protectora dos navegantes, a deusa "*Á-Má*", situado numa colina denominada Amá-Ou. Foi essa designação que "aportuguesada", deu a esse pedaço de terra o nome de Macau.[17]

Segundo a opinião de vários autores, quando os primeiros portugueses se fixaram nesse local, traziam entre a tripulação dos barcos vários homens e mulheres de diversos pontos da Ásia. Algumas dessas mulheres vinham na condição de escravas, outras na de mancebas e outras já na de mulheres legítimas dos portugueses.[18]

---

[16] Basto da Silva, Beatriz, *Cronologia da História de Macau, séc. XVI-XVII*, p. 4.
[17] Gomes, Luiz Gonzaga, *Macau, Factos e Lendas*, p. 5.
[18] Amaro, Ana Maria, *O Mundo Chinês um Longo Diálogo entre Culturas*, p. 594.

Desses cruzamentos terão surgido os primeiros macaenses. Embora todos os autores sejam unânimes em concordar com a origem euro-asiática destes, nem todos têm a mesma opinião relativamente à proveniência das mulheres que acompanharam os portugueses e que foram as mães e as avós dos primeiros macaenses.

Bento da França (1897) refere que os macaenses apresentam traços mongólicos, europeus, malaios e canarins, fruto do cruzamento de várias raças e sub-raças. *A. de Mello Machado* (1939) e *Francisco Carvalho e Rego* (1950) excluem alguma da ascendência referida e incluem outras como a japonesa. A opinião de *monsenhor Manuel Teixeira* (1965) é de que os macaenses resultam apenas do cruzamento de homens portugueses com mulheres chinesas. *Ana Maria Amaro* (1988) partilha a opinião já transcrita de *Bento da França*, ao referir que os macaenses resultam do cruzamento entre homens portugueses e mulheres malaias, luso-malaias, indianas, luso-indianas, timorenses, japonesas e também chinesas.[19] Esta ideia é também partilhada por *António Carmo* (1993).[20]

Do que foi dito, ficamos com a ideia geral de que os macaenses resultaram do cruzamento de homens portugueses e mulheres asiáticas que se fixaram em Macau a partir do século XVI, e que a designação de macaenses se deve ao facto de Macau ser o seu local de nascimento.

Que factores se terão juntado ao da naturalidade para transformar esses naturais de Macau num grupo étnico? Como e quando se forma uma etnia?

De entre as várias definições para o termo, podemos ter por base a que designa um grupo étnico como sendo um grupo de indivíduos detentores de traços anatómicos particulares, partilhando a consciência de uma identidade cultural comum.[21]

Assim sendo, são necessárias circunstâncias específicas para que os naturais de um local sejam designados etnicamente por um grupo. Esse aspecto pressupõe que cada um dos indivíduos desenvolva um sentimento de pertença a uma mesma comunidade, aceitando e partilhando as mesmas tradições, crenças e valores.

Em relação aos macaenses, a partir de quando essa consciência comum de pertença terá tomado forma?

Onde são os limites da fronteira entre aqueles que são macaenses e os que não são? Afinal, uma coisa é dizer que alguém é de uma certa etnia e outra, é que alguém se considere pertencente a ela.[22]

---

[19] Amaro, Ana Maria, *Filhos da Terra*, pp. 4 e 5.
[20] Carmo, António, *A Igreja Católica na China e em Macau no Contexto do Sudeste Asiático, Que Futuro?*, p. 592.
[21] Rocha-Trindade, Maria Beatriz, *Sociologia das Migrações*, pp. 367 e 368.
[22] Baud, Michiel et al, *Etnicidad como Estratégia en América Latina Y el Caribe*, p. 11.

A nossa permanência em Macau levou-nos a conhecer algumas pessoas de ascendência chinesa que, por serem católicas (o que incluía adoptar um nome português), terem feito a escolaridade em português e conviveram desde tenra idade com macaenses, adquirindo os seus hábitos e tradições, foram aceites por estes como se de um deles se tratasse, sentindo-se elas próprias como tal.

No entanto, outros com a mesma ascendência e escolaridade igualmente em português, mas que não aderiram ao catolicismo nem aos costumes macaenses, não eram incluídos no grupo, sendo designados por "macaístas".

Este facto prova que a inclusão no grupo e o direito de ser considerado como par, depende sobretudo da aceitação por parte de uma comunidade de alguém "de fora", em simultâneo com o sentimento de pertença dessa pessoa a essa mesma comunidade. O que leva a concluir, como refere *Así Giddens* (1984) que as fronteiras de um grupo étnico não são rígidas mas maleáveis, adaptando-se às circunstâncias e situações, agindo entre estas e o meio, numa interacção recíproca.[23]

No caso dos macaenses, é possível identificar alguns factores e circunstâncias originários no meio ambiente que poderão ter influenciado a construção e a individualização desse grupo como etnia.

Se verificarmos o que preconizava a política portuguesa no século XVI relativamente ao oriente, constatamos que incentivava os casamentos mistos, com o intuito de que os filhos dessas uniões defendessem os interesses de Portugal nessas longínquas paragens.[24] Era pois natural que nos vários portos e cidades onde os portugueses se estabeleceram, tal como os macaenses, existissem muitos outros filhos de casamentos inter-étnicos.

Com a queda, no século XVII, do império português no Oriente a favor dos holandeses[25], diluíram-se, provavelmente, entre a restante população esses luso-descendentes das cidades e portos que os portugueses na altura se viram forçados a abandonar.

Relativamente a Macau, factores sócio-políticos, levaram a que permanecesse sob ocupação portuguesa até 19 de Dezembro de 1999. Essa circunstância permitiu que durante quase cinco séculos, os macaenses se demarcassem como grupo, fortalecessem a sua identidade e desenvolvessem uma cultura própria com raízes na cultura portuguesa e nas culturas orientais que lhes deram origem.

Para essa situação, contribuiu o fluxo constante de influência portuguesa que chegava a Macau mas que, devido à distância, não era suficientemente forte

---

[23] GIDDENS, Así in BAUD, Michiel et al, *Etnicidad como Estratégia en América Latina Y el Caribe*, p. 22.
[24] AMARO, Ana Maria, *Filhos da Terra*, pp. 17 a 19.
[25] MONTALTO DE JESUS, C.A., *Macau Histórico*, pp. 69 a 71.

para alterar o ambiente luso-asiático da cidade. Por outro lado, a presença portuguesa levou a que houvesse um certo isolamento protector relativamente à proximidade da forte e dominante cultura chinesa. Foi esta conjugação de factores que preservou a forma de estar e ser macaense até praticamente aos dias de hoje e permitiu que ao longo do tempo se formasse uma consciência colectiva do que é ser macaense e que um membro dessa etnia descreve assim: " *ser macaense é ser natural de Macau mas ter cultura portuguesa...É ser português do oriente. É ter certas maneiras de ser e estar, de pensar e falar que o identificam como macaense*".[26]

O percurso duma etnia surge como resposta a situações específicas, muitas vezes de afirmação perante os que são de fora do grupo. Essa afirmação, segundo *Friedlauder* (1975), leva a que se reinventem ou acentuem certos hábitos e comportamentos tidos como característicos do grupo[27], o que lhe dá coesão e reforça o sentimento de pertença.

No entanto, poderá igualmente condicionar o comportamento dos seus membros, já que inconscientemente estes podem ser influenciados a agir de determinada maneira perante esta ou aquela situação, porque esta forma de agir foi interiorizada como fazendo parte das características desse grupo.

Referimos anteriormente que um membro da etnia macaense define os macaenses como "*... tendo certas maneiras de ser e estar, de pensar e falar que os identificam como macaenses...*". Esta ideia significa que os macaenses não só interiorizaram certas características étnicas que lhe são atribuídas, como se identificam com elas e as reconhecem como suas.

Algumas destas características têm ao longo do tempo despertado o interesse e a atenção de vários autores. Todos os que consultámos são unânimes em afirmar que, para além da ascendência luso-asiática, existem dois outros aspectos principais que caracterizam os macaenses: são eles o catolicismo como religião e o português como língua materna, embora falado com um sotaque regional próprio.

João de Pina Cabral e *Nelson Lourenço* (1993) referem-se a estes aspectos, designando-os como sendo os três vectores principais de auto-identificação étnica.[28]

Em relação à religião, embora rodeados por muçulmanos, hindus e budistas, os macaenses sempre foram tradicionalmente católicos. Esse facto também foi por nós confirmado através dos resultados de uma pesquisa que efectuámos de 1998 a 1999, abrangendo um universo de 90 mulheres macaenses com pelo menos um filho e residentes em Macau na altura da entrevista.

---

[26] Pina Cabral, João de; Lourenço, Nelson, *Em Terra de Tufões Dinâmicas da Etnicidade Macaense*, pp. 21 e 22.

[27] Friedlauder in Baud, Michiel et al, *Etnicidad Como Estratégica en América Latina Y el Caribe*, p. 22.

[28] Pina Cabral, João de; Lourenço, Nelson, *Em Terra de Tufões Dinâmicas da Etnicidade Macaense*, pp. 22 e 23.

Verificámos que 98% destas se assumiram como católicas e, independentemente da religião do pai dos seus filhos, todas os baptizaram segundo o ritual católico, à excepção de três: duas delas por pertencerem a outra religião e a terceira embora se afirmasse católica, não quis baptizar os filhos.[29]

Quanto à linguagem, para além do português, até às primeiras décadas do século XX, os macaenses utilizaram também um dialecto próprio: o patuá.

Segundo *Almerindo Lessa* (1994), inicialmente nos portos asiáticos frequentados por portugueses, havia uma língua franca que juntava palavras portuguesas do século XVI com outras indianas, malaias etc., através da qual hindus, chineses, malaios e portugueses conseguiam comunicar. Era o *"papiá"* (falar cristão de Malaca), uma linguagem sem forma escrita e que, segundo o autor, deu origem ao dialecto macaense ou patuá.[30]

O patuá aprendia-se geralmente na infância com as mulheres da casa. Estas expressavam-se mais facilmente nesse dialecto porque era na escola que a aprendizagem do português se fazia com mais profundidade e, até finais do século XIX, poucas mulheres a frequentavam. Quando a escolaridade se generalizou entre o sexo feminino, o português foi gradualmente substituindo o patuá na forma de comunicação, acabando este último por cair em desuso nas primeiras décadas do século XX.[31]

Para além do português, na generalidade os macaenses dominam também o dialecto cantonense e o inglês. O domínio do dialecto cantonense deve-se ao facto de Macau se localizar na província de Guangdong (廣東, pinyin: Guǎngdōng, cantonense: gwong2 dung1) (conhecida no Ocidente como província de Cantão e que em 2000 contava com 85 225 007 habitantes[32]) e onde é utilizado um dialecto próprio: o cantonense. Este é um dos muitos dialectos falados na China, para além da língua oficial – o mandarim.[33] (chamada de *putonghua*, 普通話, na República Popular da China e *guóyǔ*, 國語 na República da China/Taiwan).

Apesar de existirem muitas formas de linguagem oral, na China a versão escrita da língua chinesa é única, o que significa que embora falando vários dialectos, é possível a todos os chineses conseguirem, ao escrever, comunicar entre si.

O facto de o cantonense ser o dialecto da região onde Macau se insere, torna-o na linguagem que aí é a mais utilizada.

---

[29] PINTO, Isabel, *O Comportamento Cultural dos Macaenses Perante o Nascimento*, pp. 179 e 180.

[30] LESSA, Almerindo, *A População de Macau, Génese e Evolução de uma Sociedade Mestiça*, p. 99.

[31] AMARO, Ana Maria, *Filhos de Terra*, p. 35.

[32] City Population, *The Principles Cities in China* – http://www.citypopulation.de/China-Guangdong.html

[33] CARMO, António, *A Igreja Católica no Contexto do Sudeste Asiático, que Futuro?*, pp. 50 e 51.

A COMUNIDADE MACAENSE EM PORTUGAL

Segundo *António Carmo*, em 1991, 86% da população de Macau falava cantonense.[34] Por este motivo, a sua aprendizagem oral (e na forma não erudita) é facilmente feita pelos macaenses, geralmente logo desde a infância, não só através dos serviçais da casa muitas vezes de etnia chinesa, como também através dos companheiros de jogos e brincadeiras de rua.[35]

Relativamente à língua inglesa, a sua importância em Macau deve-se entre outros factores à instalação dos ingleses em Hong Kong no século XIX, ao comércio entre a China e a Grã-Bretanha e ao papel que essa forma de expressão tem desempenhado na comunicação entre os vários países asiáticos.

Já no século XIX os macaenses mais cultos dominavam o inglês. Esse facto tornava-os para além de bilingues para o português e o cantonense, trilingues na língua inglesa.

Na sua maioria de pele branca e traços orientais atenuados (o que na altura eram factores importantes para os ingleses) facilmente conseguiam bons empregos em empresas e consulados britânicos nas cidades de Hong Kong (香港, pinyin: Xiānggǎng, cantonense: Heung1 Gong2), Xangai ou Shanghai, dominação oficial chinês (上海, pinyin: Shanghai, cantonense: seung6 hoi2) ou Cantão (廣州, pinyin: Guǎngzhōu, cantonense: gwong2 zau1).[36]

Em Macau, o facto de os macaenses terem o português como língua materna e fazerem a escolaridade nessa linguagem (a única oficial em Macau até 1992) conduzia-os tradicionalmente a par com a comunidade portuguesa, para o sector dos serviços (funcionalismo público e profissões liberais).

Contrariamente aos macaenses, a população chinesa de Macau, que constituía a grande maioria, tinha na generalidade como língua materna o chinês fazendo preferencialmente a escolaridade em escolas chinesas privadas. Os chineses das classes mais baixas eram operários ou exerciam profissões ligadas ao sector primário. Quanto aos chineses de classe média e alta, detinham o controlo dos sectores do comércio e da indústria, o que significava que controlavam a economia do território.[37]

Alternando épocas mais atribuladas com períodos de calma e prosperidade, as etnias portuguesa, chinesa e macaense souberam viver em Macau 400 anos lado a lado.

Cada uma com o seu espaço próprio, as suas crenças, hábitos e costumes, tantas vezes observados mutuamente e por vezes partilhados.

---

[34] CARMO, António, *A Igreja Católica no Contexto do Sudeste Asiático, que Futuro?*, p. 604.
[35] PINA CABRAL, João de; LOURENÇO, Nelson, *Em Terra de Tufões Dinâmicas da Etnicidade Macaense*, p. 169.
[36] AMARO, Ana Maria, *O Mundo Chinês, um Longo Diário entre Culturas*, II Vol., pp. 614 a 617.
[37] PINA CABRAL, João de; LOURENÇO, Nelson, *Em Terra de Tufões Dinâmicas da Etnicidade Macaense*, p. 83

Com o tempo, essa convivência fez surgir uma cidade luso-asiática de contrastes, onde o familiar e o estranho se entrecruzam e interpenetram,

> como se numa tela
> o Oriente e o Ocidente
> distantes mas interligados,
> num só desenho fossem pintados,
> E brilhassem, vistosos,
> sorrindo orgulhosos
> Por saberem desse encanto
> que seduz,
> que está nos sons, nas cores,
> nas ruas,
> na alma da gente
> que veste Macau de luz
> e lhe dá essa magia
> de uma cidade diferente.

1.2. **Ventos de Mudança**

Foi já referido que para os jovens macaenses era muito importante um bom domínio da língua lusa.

Falar e escrever correctamente o português significava a perspectiva de um emprego na função pública de Macau, ou a possibilidade de concessão de uma bolsa de estudo que permitisse uma licenciatura em Portugal (só no início de década de 80 foi inaugurada a primeira universidade em Macau). Por esse motivo, muitos pais macaenses proibiam os filhos de falar cantonense em casa, com receio de que a aprendizagem do português fosse afectada. No entanto, essa proibição deixaria de fazer sentido quando, no final da década de 60, foi inaugurada a televisão em Hong Kong. Os programas transmitidos em inglês e cantonense eram facilmente captados em Macau e progressivamente passaram a fazer parte dos sons ouvidos nas casas dos macaenses.[38] A opção por programas em Português, só seria possível em 1984, ano da inauguração da televisão em Macau.

É natural que a audição diária de inglês e cantonense contribuísse para um melhor domínio destas formas de linguagem por parte dos macaenses e para tornar a sua utilização mais frequente.

---

[38] PINA CABRAL, João de; LOURENÇO, Nelson, *Em Terra de Tufões Dinâmicas da Etnicidade Macaense*, p. 173

No entanto, este factor só por si não seria suficiente para mudar o dia-a-dia em Macau. Outras mudanças se aproximavam. E essas, sim, alterariam de uma forma profunda o futuro da comunidade macaense.

Com a revolução portuguesa de 25 de Abril de 1974, a política adoptada relativamente aos territórios ocupados por Portugal foi alterada. Macau não foi excepção e deixou de ser encarado como parte inalienável do território português, para passar a ser visto como um território chinês administrado por Portugal.[39] Esse facto, entre outras repercussões, teve como efeito o de acabar com a prestação obrigatória de serviço militar em Macau, pondo fim ao fluxo de portugalidade que os jovens militares levavam consigo, principalmente quando ao casarem com jovens macaenses (o que era frequente) mantinham viva e constante a interligação entre Macau e Portugal.

A interrupção na ida de jovens portugueses coincidiu com a entrada de emigrantes chineses em Macau, resultante de uma abertura da China ao exterior, verificando-se simultaneamente o aparecimento de uma classe média chinesa mais instruída, com um bom nível económico e mais aberta a contactos com outras etnias.

Como resultado dessa situação, a partir da década de 70, os casamentos entre chineses e macaenses foram gradualmente aumentando.[40]

Essa situação foi também por nós constatada na pesquisa efectuada e já referida anteriormente, onde constatámos que das 90 inquiridas, 36 tinham pai de etnia portuguesa e 2 de etnia chinesa. Situação diferente daquela que mencionaram em relação aos seus próprios filhos, já que dessas macaenses, apenas 19 referiram como sendo de etnia portuguesa o pai dessas crianças, enquanto 24 o indicaram como sendo de etnia chinesa.[41]

Entretanto na conjuntura do sudeste asiático, um novo cenário ia tomando forma.

Algum tempo depois de no século XIX os ingleses se fixarem em Hong Kong e Kowloon (九龍, pinyin: Jiǔlóng, cantonense: gau2 lung4), arrendaram ao império chinês as zonas circundantes a esses locais as quais denominaram de "Novos Territórios". Esse aluguer, que tinha a duração de 200 anos e um dia, expirava em 1997. Com a devolução dos novos territórios, a República Popular da China pretendia igualmente reaver Kowloon e Hong Kong.

Resultante da revolução de 25 de Abril, a nova posição política portuguesa relativamente a Macau ia ao encontro da ideia expressa pelo governo chinês de, ao reaver os territórios ocupados pelos ingleses, proceder a uma reunifi-

---

[39] WU, Zhiliang, *Segredos da Sobrevivência História Política de Macau*, pp. 360 e 361

[40] PINA CABRAL, João de; LOURENÇO, Nelson, *Em Terra de Tufões Dinâmicas da Etnicidade Macaense*, pp. 121 a 151.

[41] PINTO, Isabel, *O Comportamento Cultural dos Macaenses Perante o Nascimento*, p. 171.

cação nacional incluindo também a anexação de Macau. Desta forma uma futura transferência de poderes relativamente a Macau começou também a desenhar-se.

Quer Hong Kong, quer Macau regiam-se por uma economia de mercado, sendo ambos portos francos. Reconhecendo o facto de que todas as partes envolvidas beneficiariam se essa situação se mantivesse, e prevendo uma futura anexação, a China incluiu na sua constituição em 1982, o artigo nº 31 onde ficou determinado que *"O Estado pode criar regiões administrativas especiais sempre que necessário..."*. Sendo esta cláusula a base legal para que, quer Hong Kong, quer Macau se incluíssem nessa categoria com possibilidade de redigirem as suas próprias leis e por elas se regerem. Uma vez que esse sistema político seria circunscrito apenas a certas zonas dentro da China, passou a designar-se pela fórmula de "um país, dois sistemas".[42]

Foi com base neste princípio que a 13 de Abril de 1987 foi assinada a Declaração Conjunta Luso-Chinesa, onde ficou estabelecida a transferência da soberania de Macau para a República Popular da China a 20 de Dezembro de 1999.[43] Na alínea 12 do artigo n.º 3 da Declaração Conjunta, ficou determinado que as políticas fundamentais pelas quais Macau se iria reger após essa data, constariam da chamada Lei Básica da Região Administrativa Especial de Macau (RAEM), que permaneceria inalterada durante 50 anos.[44]

A partir de 1992, a língua oficial chinesa (mandarim) passou a ser também língua oficial em Macau, a par com a língua portuguesa.[45]

A 31 de Março de 1993 foi aprovada pela República Popular da China a Lei Básica da futura RAEM que, como foi referido, entraria em vigor em 20 de Dezembro de 1999, após a transferência da administração do território de Macau.

Embora a partir dessa data a RAEM estivesse submetida ao poder central da RPC, em linhas gerais podia verificar-se, através da Lei Básica, que manteria um grau de autonomia elevado pois detinha poder executivo, legislativo e judicial independente (incluindo o tribunal de última instância). Entre muitos outros artigos, ficou também estipulado que a língua portuguesa se manteria como língua oficial a par da chinesa.[46]

O cargo de governador de Macau seria na mesma data substituído pelo de chefe do executivo da RAEM. Este, segundo a Lei Básica, teria de ser um

---

[42] WU, Zhiliang, *Segredos da Sobrevivência História Política de Macau*, pp. 428 e 429.

[43] CARMO, António, *A Igreja Católica no Contexto do Sudeste Asiático, que Futuro?*, p. 604.

[44] WU, Zhiliang, *Segredos da Sobrevivência História Política de Macau*, pp. 428 e 429.

[45] PINA CABRAL, João de; LOURENÇO, Nelson, *Em Terra de Tufões Dinâmicas da Etnicidade Macaense*, p. 217.

[46] WU, Zhiliang, *Segredos da Sobrevivência História Política de Macau*, pp. 384 e 385

cidadão chinês, residente em Macau há pelo menos vinte anos, nomeado pelo governo da RPC com base em eleições ou consultas realizadas localmente.[47]

Desta forma, num espaço de doze anos, desde 1987 data da assinatura da declaração conjunta luso-chinesa, até 1999 quando a administração de Macau passou para a RPC, teve início um novo capítulo da história de Macau.

Que implicações tiveram todas estas mudanças para a comunidade macaense?

1.3. Macau, uma colónia diferente

Antes do período colonial, os territórios das futuras colónias europeias em África, quer portuguesas, quer dos outros países, eram espaços habitados por vários grupos étnicos.

Os países colonizadores porém, ao delimitarem as fronteiras desses territórios, fizeram-no atendendo aos seus próprios motivos e interesses, levando a que, sob uma potência, várias etnias fossem englobadas, ainda que por vezes as relações entre estas não fossem as mais amistosas (verificando-se até à actualidade conflitos étnicos entre algumas delas).

Porém, apesar desse factor, essas comunidades forçadas a séculos de convivência, foram desenvolvendo uma consciência colectiva comum e a capacidade de se assumirem como nação.

Ao mesmo tempo, na Europa, novas ideias sobre igualdade e o direito à liberdade de todos os seres humanos, independentemente de raças, credos ou religiões ia conquistando adeptos. Essa nova ideologia acabou por se impor, levando a que, a partir da década de 50, os países colonizadores fossem progressivamente tornando independentes as suas colónias, transformando-as assim em territórios autónomos e soberanos.

Em Portugal, foi a revolução portuguesa de 25 de Abril de 1974 e a mudança de regime político que se lhe seguiu que tornou a ideia de independência das colónias africanas politicamente aceite, pondo fim a um conflito armado entre os povos dessas regiões e Portugal, que não só ceifou vidas como marcou moral e fisicamente ambas as partes envolvidas.

Como consequência, a transferência de poder nesses territórios tornou-se um imperativo, fazendo-se de uma forma apressada, como se Portugal tivesse urgência em se redimir por uma colonização tão prolongada e desejasse ficar em paz consigo próprio e com aqueles que havia colonizado.

---

[47] Wu, Zhiliang, *Segredos da Sobrevivência História Política de Macau*, pp. 428 a 432.

Relativamente a Macau, embora anteriormente à revolução de 25 de Abril fosse igualmente considerado uma colónia, teve, desde início, características diferentes das restantes.

O estabelecimento dos portugueses nesse local, serviu na altura, os interesses comerciais de Portugal e da China. Foi, por isso, uma ocupação consentida, numa pequena península do grande império do meio, cuja civilização milenar era em vários aspectos mais avançada do que a de qualquer país europeu. E quando, mais de 400 anos depois, se acordou que Macau voltaria ao domínio chinês, essa transferência de poderes não estava sujeita às mesmas pressões políticas das colónias africanas.

Foi uma passagem de soberania planeada e organizada, cuja cerimónia foi registada pelos órgãos de comunicação social de vários continentes, até porque se tratava da transferência de poderes da última colónia europeia na Ásia.

Porém, apesar de tudo isso e de todo o direito que a China tinha em reaver Macau, foi com um misto de resignação e tristeza que Portugal assistiu às cerimónias preliminares, se emocionou ao ouvir a Portuguesa pela derradeira vez de forma oficial em Macau e viu a bandeira verde e rubra ser entregue a um último governador, que comovido, a apertou junto ao coração. Aquele gesto mostrou o que ia na alma dos portugueses. Discurso algum, teria dito tanto.

Macau, talvez pelo seu reduzido tamanho, nunca teve ideias independentistas.

Ao contrário das outras colónias onde a independência foi festejada pelos autóctones, os macaenses não encontravam motivos para festejar. A partir da entrega do território à administração chinesa passaram a ser estrangeiros na terra onde nasceram, já que a China não admite a dupla nacionalidade e os macaenses sempre tiveram nacionalidade portuguesa e se orgulharam dela.

Aparentemente, os mestiços africanos não se sentiam muito bem "na pele que vestiam", como se não soubessem a que lado pertenciam ou onde era o seu lugar. Com os macaenses, mestiços euro-asiáticos, a realidade foi sempre outra. Os únicos a dominarem o português, o chinês e quase sempre o inglês, foram um importante elo de ligação quer no mundo das finanças e dos negócios, quer nas relações do dia-a-dia entre portugueses, chineses ou mesmo ingleses. Eles eram a ligação indispensável entre dois mundos e em ambos se moviam naturalmente de forma espontânea. Unindo a diplomacia, inteligência e habilidade orientais à forma descontraída e eficiente de trabalhar dos europeus, foram talvez os mestiços que melhor conseguiram afirmar-se e adquirir lugares de destaque sem deixar de se assumir como eram.

A testemunhar esta realidade transcrevemos as palavras de um macaense *Henrique Senna Fernandes* (1999) *"...Nós consideramo-nos diferentes dos portugueses europeus, mas amamos a bandeira portuguesa ...os portugueses nunca nos colocaram à parte; casaram com as nossas raparigas ...".*[48]

Essa forma de estar relativamente estável foi abalada pela transferência de Macau para a RPC, o que levou muitos macaenses a emigrar com receio das transformações que essa situação traria.

Consultando jornais da época, algumas opiniões expressas por membros da comunidade macaense confirmam essa situação.

Nina Lichtenstein (1999) afirma que *"Nós somos muito poucos...de futuro existirão poucos portugueses com quem as macaenses possam casar. Talvez sejamos uma etnia em extinção".*[49]

A mesma opinião tem *Isabel Eusébio* (1999) que acrescenta ainda *" nós diluir--nos-emos, nós somos apenas alguns milhares, os últimos...a guarnição militar, que trazia muitos militares portugueses solteiros para Macau, terminou em 1976. Eu posso contar pelos dedos da minha mão, o número de casamentos envolvendo portugueses".*[50]

Segundo *Mandy Boursicot* (1999), a cultura macaense desaparecerá *"... e Macau será apenas mais uma cidade chinesa".*[51]

José Luís de Sales Marques (1999) acredita que, de futuro, a diferença entre os macaenses e os chineses locais provavelmente desaparecerá, a não ser que os macaenses encontrem uma forma de preservar a sua cultura. *" Nós temos a nossa religião – somos católicos - temos a nossa comida e a nossa língua, ... Nós sentimos e acreditamos que não somos chineses, ...Não somos superiores, somos apenas diferentes".*[52]

Outra macaense *Julie Fernandes* (1999) afirma tristemente que *"Depois de mais de 400 anos de administração portuguesa, tornar-nos-emos estrangeiros na nossa própria terra".*[53]

Por passarem a ser estrangeiros, porque eram detentores de nacionalidade portuguesa, não podiam concorrer a cargos dirigentes pertencentes à administração da região administrativa, reservados apenas a cidadãos chineses, a não ser com renúncia de cidadania portuguesa. Por outro lado, o facto de terem feito a escolaridade em português tornava-os analfabetos para a língua chinesa escrita, o que a médio prazo lhes traria problemas a nível da comunicação, se pretendessem permanecer em Macau. O que durante séculos tinha sido uma

---

[48] CROWELL, Todd, *A Proud People* - http://www.asiaweek.com/magazine/99/1224/sr.macanese.html

[49] LICHTENSTEIN, Nina in *Macanese Population Fears Loss of Identit y* – http://www.cnn.com /1999/ASIANOW/east/macau/stories/macau.macanese/

[50] CROWELL, Todd, *A Proud People* - http://www.asiaweek.com/magazine/99/1224/sr.macanese.html

[51] BOURSICOT, Mandy in *Macanese Sunset,* http://www.time.com/time/asia/magasine/1999/990419/macau1.html

[52] CROWELL, Todd, *A Proud People* - http://www.asiaweek.com/magazine/99/1224/sr.macanese.html

[53] FERNANDES, Julie in *The Macanese: Defining Themselves* – http://www.internationalspecialreports.com/archives/99/macau/3.html

vantagem, revelava-se agora um entrave na sua vida profissional e levava-os a uma aprendizagem tardia do chinês escrito e oral já que os macaenses apenas dominam o dialecto cantonense.

Toda esta conjuntura levou a atitudes diversas por parte dos macaenses conforme relatam as notícias da época (2000):

> *"O arquitecto Carlos Marreiros renunciou ao seu lugar no Colégio Eleitoral por não abdicar da nacionalidade portuguesa, tendo o JTM[54] anunciado que o administrador da TDM[55], Manuel Gonçalves, já formalizou o seu pedido de cidadania chinesa, ao passo que a presidente da ATFPM[56], Rita Santos diz participar na eleição à ANP[57], "como cidadã de Macau" e que "não foi instada a mudar de nacionalidade".[58]*

A forma como os macaenses reagiram à transferência de Macau, e às alterações que consequentemente esta trouxe às suas vidas, está provavelmente relacionada com o longo caminho percorrido desde que um pequeno grupo de luso-descendentes, no século XVI, através da interacção e adaptações sucessivas, criou, estabeleceu e interiorizou a sua própria cultura.

Apercebendo-se da importância de investir num nível de escolaridade elevado e transformando-se, como já dissemos, a partir do século XIX num elo de ligação entre chineses, portugueses e ingleses, os macaenses desenvolveram simultaneamente um sentimento de consciência de si próprios como grupo e reconheceram o valor da sua coesão como forma social.

E se até ao século XIX eram outros (ingleses, chineses ou portugueses) que escreviam sobre Macau ou os macaenses, após essa altura, estes, através do esforço pessoal e de um conjunto de circunstâncias favoráveis, tinham criadas as condições para ganharem voz e falarem de si e da sua terra. A fundação em 1823 do primeiro jornal em Macau, escrito em português: "A ABELHA DA CHINA" deu possibilidade aos macaenses de se iniciarem na publicação de artigos. Seguiram-se outros jornais e em 1943 a publicação da primeira revista: "RENASCIMENTO" que veio dar força e expressão ao grupo dos primeiros intelectuais macaenses. É a partir daí que nasce e se expande a geração de autores macaenses com maior projecção, desde *Luís Gonzaga Gomes* (1907-1976) até à actualidade, passando pelo inconfundível *José dos Santos Ferreira (Adé)*

---

[54] JTM: abreviatura do Jornal Tribuna de Macau
[55] TDM: abreviatura de Teledifusão de Macau
[56] ATFPM: abreviatura da Associação de Trabalhadores da Função Pública em Macau
[57] ANP: abreviatura Assembleia Nacional Popular da República Popular da China
[58] Jornal Tribuna de Macau, on-line – http://www.jtm.com.mo/news/topic/raem/jan2000.html

(1919-1993) que não se limitou apenas a escrever sobre Macau e os macaenses, mas fê-lo em *"patuá"* (a linguagem macaense), como língua de expressão.[59]

Pintores, arquitectos, poetas, escritores e tantos outros que tiveram de se adaptar às circunstâncias da passagem da administração de Macau para a RPC, viram fechar um ciclo da sua vida e recomeçar outro, com tudo o que de imprevisto essa situação representou.

Quer tenham ficado em Macau, quer tenham recomeçado a vida noutro local, sabiam que nada seria como dantes.

1.4. O surgir de uma identidade

É possível que durante séculos, os macaenses se sentissem simplesmente "portugueses de Macau" e não tivessem consciência de que essa era uma categorização que significava não só ser luso-asiático, mas ser também detentor de maneiras de ser e estar híbridas, que ao longo de centenas de anos ganharam consistência e através de um processo de construção e transformação desabrocharam uma cultura própria.

A sua percepção de "ser macaense", e o seu comportamento como grupo, foram possivelmente também influenciados pelo que deles outros diziam, pois, como refere *Francisco Lima da Costa* (2005), *"a construção da identidade é sempre um processo reflexivo por relação aos outros"*, *"a identidade étnica é um compromisso entre o que somos e o que dizem que somos e é muitas vezes o que dizem que somos, que destaca em nós essa mesma característica que pode ou não ser integrada na nossa auto representação..."*.[60]

Confinados ao pequeno espaço que era Macau (presentemente a sua área quase duplicou devido aos constantes aterros que têm sido feitos em terrenos retirados ao mar), confrontados permanentemente com a cultura chinesa mas tendo sempre presente a influência portuguesa, somos de opinião que a sua união e coesão como grupo surgiu como resposta à necessidade de afirmação no espaço que os rodeava.

Segundo *Oriol* (1977), os critérios de pertença a um grupo devem preencher três condições:
- Colocar-se na ambiguidade de uma referência simultânea à natureza e à vontade.
- Prestar-se igualmente à objectivação e à interiorização
- Poder marcar uma oposição entre grupos existentes.[61]

---

[59] REIS, C. João, *Trovas Macaenses*, pp. 7 a 32.
[60] COSTA, Francisco L., *Fronteiras da Identidade, Macaenses em Portugal e em Macau*, pp.118 e 119.
[61] ORIOL, M. in POUTIGNAT, Philippe, STREIFF-FENART, Jocelyne – *Teorias da Etnicidade*, p. 164.

O sentimento de pertença ao grupo constitui uma forma de demarcação relativamente aos que são " de dentro" e aos que são "de fora", adquirindo um papel auto-regulador no comportamento e nas atitudes dos seus membros. Por este motivo, o comportamento e atitudes são importantes factores na definição da etnicidade.

Os factores étnicos têm características próprias, e além de serem específicos em cada grupo, podem variar dentro de um mesmo grupo com o decorrer do tempo.[62]

Observemos, como exemplo, parte do percurso da expressão oral macaense: durante séculos os macaenses falaram patuá. Como já foi referido, a gradual implementação da escolaridade entre o sexo feminino foi uma das causas que levaram a que o patuá acabasse por cair em desuso no início do século XX, sendo substituído pelo português, falado no entanto com sotaque regional próprio. Dessa forma, o dialecto que durante séculos foi característico dos macaenses acabou por ser posto de lado em poucas décadas.

No entanto, hoje, em Macau, verifica-se uma nova revalorização do patuá não já como linguagem de uso corrente mas como tentativa de preservar e não deixar cair no esquecimento o dialecto que foi parte integrante da cultura macaense.

Esse aspecto demonstra a maleabilidade que caracteriza os factores étnicos, pois são as circunstâncias que os fazem adquirir maior ou menor importância. Verifica-se, no entanto, que apesar de maleáveis, esses factores não surgem do nada, têm como condição uma existência prévia, embora por vezes latente ou embrionária. A sua manifestação está sempre ligada a uma determinada situação, que leva a que sejam valorizados, distorcidos ou reinterpretados.[63]

Por tudo isto, as fronteiras de um grupo étnico não são rígidas, podem ser manipuláveis, distendendo-se ou contraindo-se dependendo das circunstâncias. *Lyman e Douglas* (1977) referem-se aos bascos espanhóis emigrados nos Estados Unidos que, dentro do seu próprio grupo se auto-designam por "biscainhos", perante os bascos franceses se assumem como "bascos espanhóis" e, no convívio com os não bascos, apresentam-se simplesmente como "bascos".[64] O que significa que o facto de escolher realçar ou não a identidade ou apenas certos aspectos dela depende da situação e do contexto em que se está.

Certos factores identitários poderão ganhar uma nova dimensão e um carácter de quase obrigatoriedade, quando fora da sua terra os membros de uma etnia os elegem como elo unificador. Como exemplo vejamos o que diz

---

[62] POUTIGNAT, Philippe, STREIFF-FENART, Jocelyne – *Teorias da Etnicidade*, p. 164.
[63] *Idem, Ibidem*, p. 43.
[64] *Idem, Ibidem*, p. 159.

este macaense residente em Portugal: " ... *como estamos fora, sentimos muita neces-sidade de manter os nossos costumes...chega o Natal, há pratos típicos que neste momento já ninguém em Macau sabe fazer... e eu aqui continuo a comer todos estes pratos típicos pelo Natal... os macaenses que vieram para cá tiveram o cuidado de trazer as receitas todas, e de manter vivos esses nossos hábitos...*".[65]

Significa, este aspecto, que talvez a diáspora constitua a motivação para que determinadas características étnicas sejam preservadas, por vezes com uma intensidade maior que no seu local de origem. O envolvimento emocional nessa conservação é complexo e tem por detrás forças impulsionadoras muito fortes como a saudade e o sentimento de pertença a um mesmo local, bem como a partilha de um passado cultural comum.

No caso dos macaenses, como já foi referido, a emigração é desde há muito uma prática enraizada. Inicialmente circunscrita maioritariamente à Ásia (China e Hong Kong), recentemente abarcou os restantes continentes. Não obstante essa "tradição migratória", o seu local de origem nunca foi esquecido e as "Casas de Macau" foram surgindo. O seu papel é fundamental como local de encontro, como espaço de partilha de emoções, sentimentos, simbolismo e crenças.

Quem emigra tem de se adaptar ao local para onde vai e, através da imaginação, encontrar novas formas de viver.[66] Normalmente, a nível pessoal e profissional, tem de provar competências e capacidades, estando muito mais sujeito a críticas e juízos de valor que os habitantes locais. São estes factores que tornam importantes as reuniões com os seus pares, o seu grupo. Entre os seus "iguais", as referências são as mesmas, bem como muita da linguagem simbólica. As pessoas podem ser mais genuínas, estão mais descontraídas e podem adoptar comportamentos, atitudes e formas de expressão que entre os de "fora do grupo" poderiam não ser bem aceites nem compreendidas.

São estes sentimentos que criam uma espécie de atracção, um sentimento de união entre aqueles que sabem ter algo em comum, ainda que por vezes o seu conhecimento mútuo possa ser superficial. Esse conhecimento da pessoa em si pode até surgir como irrelevante, perante o facto de saberem que aquilo que os une é a mesma herança cultural.

Os macaenses espalhados pelo mundo (tal como outros grupos migrantes) poderão não se conhecer entre si, nem sequer saber o seu número exacto, mas sabem que festejam os mesmos eventos, comem e apreciam os mesmos pratos e partilham a mesma origem. O que os liga é a crença de cada um em relação aos outros, de partilha de uma memória colectiva comum. Mesmo não se

---

[65] COSTA, Francisco L da, *Fronteiras da Identidade, Macaenses em Portugal e em Macau*, p. 182.
[66] APPADURAI, Arjun, *Dimensões Culturais da Globalização*, p. 17.

conhecendo entre si, essa fraternidade imaginada sentida por cada um deles origina fortes laços, fortalece a sua herança cultural e é a chave da preservação de si próprios como grupo étnico.[67]

É partindo destes pressupostos, que pretendemos verificar o que se alterou ou manteve na vida dos macaenses que escolheram Portugal, como local de residência.

[67] ANDERSEN, Benedict, *Imagined Communities*, pp. 6 e 7.

Capítulo 2
A Casa e sua Simbologia

2.1. O significado da casa

Nesta pesquisa tentámos seguir um percurso que, relativamente aos aspectos culturais, nos ajude a compreender os hábitos e as rotinas da vivência diária dos macaenses. Provavelmente nenhum outro local reflectirá melhor esses aspectos como a casa de habitação.

A casa a que chamamos "nossa" reflecte muito daquilo que somos, é o nosso mundo privado, o local onde somos autênticos e onde estão as pessoas, os objectos e, por vezes, os animais com quem partilhamos os momentos mais íntimos da nossa vida.

Essa constatação leva-nos a algumas reflexões.

Afinal, que é uma casa?

Muito antes de ter desenvolvido a arquitectura, o homem habitou cavernas e grutas com o objectivo de se proteger de animais, intempéries e inimigos.

A aprendizagem relativamente à utilização dos materiais, deu-lhe a possibilidade não só de adaptar essas grutas às suas necessidades acrescentando-lhes paredes de pedra bruta ou cantaria mas também de construir as primeiras casas.[68]

Desde essas habitações iniciais que factores variados, como os recursos disponíveis, o clima ou a localização geográfica, têm influenciado a forma de construir e os materiais utilizados. No entanto, independentemente desse facto, uma casa é muito mais do que uma simples construção. Está intimamente

---

[68] GONTHIER, Érik, O Homem e o Mineral in POIRIER, Jean (dir), *História dos Costumes, O Homem e o seu Meio Natural*, p. 95.

A COMUNIDADE MACAENSE EM PORTUGAL

ligada aos seus habitantes, já que muitos dos acontecimentos mais marcantes nas suas vidas têm aí lugar.

A simbologia ligada às construções em geral está imersa no tempo e tem feito parte da história do homem através dos séculos. Os povos na antiguidade acreditavam que existiam leis para a circulação da energia na natureza e tinham em conta os seus princípios. Os egípcios, celtas, germanos, os povos nativos da América, entre outros, escolhiam locais e formas de construção específicas para os seus eventos e cerimónias.[69] Essa sabedoria é do domínio da geomância, palavra formada por dois radicais de origem grega *"gaea"* que significa terra e *"manteia"* que significa adivinhação ou conhecimento. De entre as várias definições encontradas para geomância, podemos concluir que esta se pode definir como sendo *"a arte de revelar as coisas da terra"*[70] ou caracterizar-se *"por ser uma forma de adivinhação por figuras e linhas resultantes de pontos feitos ao acaso e de círculos traçados sobre a terra"*.[71]

Relativamente à construção da casa, esta é, em muitos locais, um acto especial, sendo a casa inacabada comparada a um corpo cujas partes se assemelham a um esqueleto (mesmo em Portugal não é estranho o termo "o esqueleto da casa"). Em alguns locais acredita-se que quando se utilizam árvores na sua construção, estas lhe transmitem a energia que possuíam. Considera-se, porém, que essa energia, tida como selvagem, tem de ser "moldada" e "domesticada" antes de ser levada para o local de construção, para que não se transforme numa força negativa e perigosa para os habitantes das casas em redor. Isto é feito através de rituais em que é transmitido respeito pelas árvores a serem cortadas.[72]

Segundo *Bachelard* (1998)[73] quando se constrói uma casa, estão em acção simultaneamente dois movimentos contraditórios: o movimento ascendente de edificação e um movimento descendente de profundidade. São duas dimensões que se unificam na casa onde simbolicamente se tocam o céu e terra, numa dupla relação prática e imaginária. A casa torna-se num mundo dentro do mundo. Um mundo onde estão condensados a intimidade e o refúgio, onde "o dentro, o interior e a concentração comunicam com o fora, o exterior e a dispersão". Estas diversas componentes são consideradas características antropológicas do abrigo.[74]

---

[69] SATOR, Gunther, *O que é o Feng Shui?* p. 10.

[70] RIBEIRO, Ausônia T. B. Klein, *Sê para que Sejas* – http//www.acasios.com.br/html/geomancia.html

[71] FIGUEIREDO, Cândido, *Dicionário da Língua Portuguesa* 1.º Vol., p. 1305.

[72] WATERSON, Roxana, *Deciphering the Sacred: Cosmology and Architecture in Eastern Indonesia*, p. 16.

[73] BACHELARD, G, citado por LEDRUT, Raymond, O Homem e o Espaço in POIRIER, Jean (dir), *História dos Costumes, o Tempo, o Espaço e os Ritmos*, p. 76.

[74] LEDRUT, Raymond, O Homem e o Espaço in POIRIER, Jean (dir), *História dos Costumes, o Tempo, o Espaço e os Ritmos*, pp. 76 e 77.

É possível que esta carga simbólica de que se reveste a casa tenha conduzido à necessidade de sacralizar esse espaço físico para que possa ser habitado. Essa noção pode ser encontrada como fazendo parte da cultura de várias sociedades, bem como o ritual que lhe está subjacente e que consiste na colocação de um eixo, o "áxis mundi", no centro da casa, representado por um poste central (real ou simbólico) que tem como objectivo estabelecer a união do céu com a terra.[75] A ideia de casa está associada à ideia de abrigo, toca, um local que transmite protecção, tal como uma mãe. A casa é por isso considerada principalmente o lugar da mulher, sobretudo a parte interior que o "áxis mundi" delimita, sendo a metade que comunica com a porta de entrada e o exterior, o local associado ao homem.[76]

Nas sociedades arcaicas não é só a casa que é sacralizada, mas todo o espaço social. Neste espaço, observam-se os componentes atrás referidos no largo ou praça central (que é associado ao "áxis mundi") onde se concentram a centralidade e a interioridade, seguidas da dispersão que as circunda nas casas que vão sendo construídas à volta.[77]

Nas sociedades modernas, aparentemente a simbologia de que falámos está esbatida. Porém, os habitantes das grandes cidades continuam a procurar diariamente o refúgio de um abrigo a que chamam a sua casa e os sucessivos largos e praças da cidade são espaços contínuos de centralidade e dispersão. Podem não existir intencionalmente rituais de sacralização, mas o sentimento comum de tornar as cidades seguras, confortáveis e acolhedoras não terá também subjacente o mesmo significado?

2.2. Modos, formas e códigos de espacialização da casa

A imagem espacial da casa simboliza as normas, os valores e o modo de vida da sociedade onde se insere, através de uma linguagem de formas e códigos diversos. Alguns estão apenas ligados a valores culturais localizados geograficamente, que é preciso conhecer para poderem ser compreendidos. Outros, no entanto, pela sua permanência através dos séculos ou pelas suas peculiaridades, adquiriram um significado que se pode considerar conhecido universalmente. Por essa razão, associamos as casas de gelo aos esquimós, as tendas de pele e feltro aos povos nómadas da Ásia Central, ou as casas sobre estacas aos povos das regiões húmidas tropicais e equatoriais.

---

[75] LEDRUT, Raymond, O Homem e o Espaço in POIRIER, Jean (dir), *História dos Costumes, o Tempo, o Espaço e os Ritmos*, p. 77.
[76] WATERSON, Roxana, *Deciphering the Sacred: Cosmology and Architecture in Eastern Indonesia*, pp. 24 e 25.
[77] LEDRUT, Raymond, O Homem e o Espaço in POIRIER, Jean (dir), *História dos Costumes, o Tempo, o Espaço e os Ritmos*, p. 78.

Também o modo e o local de construção têm algumas regras que se podem considerar gerais e que se baseiam na experiência e no senso comum.

Na Europa, as pessoas sabem que as casas viradas para o lado sul estão mais abrigadas do vento e têm maior exposição solar, enquanto as casas construídas do lado norte e no cimo de colinas e montes, são mais expostas às intempéries, mais frias e mais húmidas. Sobretudo nas grandes cidades, procura-se viver em locais de fácil acesso às principais infra-estruturas e, simultaneamente, habitar longe das várias formas de poluição.

Por razões diferentes que se prendem com modas, estilos e conceitos de vida, são também preferidas e bastante valorizadas monetariamente certas zonas específicas, quer do campo quer da cidade, por serem consideradas nobres, bem localizadas ou bem conceituadas. No entanto, estas escolhas não são permanentes podendo divergir muito através do tempo.

É provável que no passado tenham existido no território que é hoje Portugal rituais ligados à casa tal como existiram nas restantes sociedades arcaicas. É provável também que a adopção do catolicismo pelos povos que habitavam a Península Ibérica levasse a que fossem perdendo sentido os cultos animistas, entre os quais se incluíam estes rituais. Se de facto existiram, ficaram perdidos no tempo e deles não encontrámos registo.

Em Portugal, ligados à construção e simbologia da casa, durante muito tempo permaneceram sobretudo os objectivos de carácter prático que conforme as matérias-primas disponíveis e as características próprias de cada região, se afirmaram ganhando contornos específicos em cada local e que se foram ligando à própria paisagem. É por esse motivo que hoje podemos falar do estilo tradicional da casa algarvia, com as características chaminés mouriscas, o terraço e as imaculadas paredes brancas, do típico monte alentejano, com a sua casa isolada de telha vermelha e paredes de um branco luminoso que sobressai na planura da paisagem. Podemos referir também, como características das zonas de montanha e serrania, as casas escuras onde abundam as pedras negras de xisto ou de granito, e que se enquadram nas zonas circundantes como se sempre ali tivessem estado.

O desenvolvimento do país levou à abertura de novas estradas e uma maior mobilidade das pessoas, o que, aliado à melhoria das condições de vida e das comunicações, conduziu à divulgação de novas ideias relativamente à forma e modo de construir. Este aspecto reflecte-se nos diferentes estilos de construção trazidos pelos emigrantes (por vezes em detrimento do estilo tradicional que presentemente volta a ser valorizado e preservado) e fez com que se diversificasse o aspecto externo e interno da casa, aumentando também o grau de exigência relativamente ao seu conforto e qualidade.

No entanto, independentemente desses factores, a casa permanece para todos um espaço que consideram "seu", um espaço de que podem dispor e ocupar. Um local que caracterizam de acordo com a sua cultura e a sociedade onde cresceram e que, por sua vez, também os caracteriza e os define.

Tal como nos restantes locais, as casas asiáticas são um reflexo do estilo de vida da população e da sua cultura. No entanto, a extensão deste continente, a sua diversidade climática, bem como as diversas matérias-primas disponíveis, originaram estilos habitacionais muito variados como forma de responder às necessidades de cada povo.

Surgem, assim, habitações lacustres ou, pelo contrário, assentes em terra, feitas de madeira, bambu, ou construídas com blocos de diversos materiais endurecidos. Aparecem também as casas escavadas nas montanhas das regiões semi-desérticas, os barcos-casa dos pescadores da Tailândia, Filipinas ou Vietname, ou ainda as habitações suspensas entre as árvores nas florestas na Malásia ou do Bornéu.

Embora algumas destas casas possam parecer estranhas aos olhos de um europeu, todas estão adaptadas ao meio ambiente, proporcionando conforto e segurança aos seus moradores. Tal como nos restantes continentes, muitas das casas asiáticas desenvolveram estilos arquitectónicos com características específicas, onde as madeiras nobres predominam, sendo muitas vezes esculpidas ou pintadas com cores fortes e contrastantes.

Os telhados curvos, com telhas de cerâmica colorida, são um dos símbolos das casas tradicionais da Ásia, bem como as portas de correr, que são comuns em alguns países como o Japão. Nos locais quentes podem ver-se portadas de madeira trabalhada num rendilhado perfeito que substitui os vidros das janelas; noutros locais, sobretudo em antigos palácios e casas ricas, foram comuns os passadiços, permitindo que as pessoas se deslocassem sem sujarem o calçado de tecido, incluído na indumentária de muitos asiáticos. Os passadiços de madeira trabalhada ou adornada com delicados desenhos coloridos, e que muitas vezes tinham cobertura, serpenteavam sobre lagos ou sobre o chão, ligando diversos locais da habitação entre si.

Relativamente à China, a sua dimensão levou a que no seu território surgissem formas habitacionais muito variadas. No entanto, o estilo que melhor define a arquitectura clássica chinesa de habitação é a casa tradicional formada por quatro edifícios ou pavilhões principais (ladeados por outros secundários de menor dimensão), dispostos em forma de rectângulo traçado a partir de um eixo central. Este tipo de construção dava origem a um espaço aberto interior, geralmente transformado em jardim, para onde convergiam todas as janelas e portas. A parte exterior desse rectângulo correspondia a um alto muro (geralmente sem janelas ou portas excepto a principal) que, interligando as paredes traseiras dos edifícios, circundava toda a habitação.

Geralmente a porta principal era única, localizada a um canto do muro e de forma a posicionar-se de frente para uma das paredes laterais de um dos pavilhões mais pequenos. Esta disposição da porta levava a que mesmo após a sua abertura, fosse necessário entrar e contornar a parede do pavilhão, para se ver o interior de todo o conjunto e aceder ao jardim. Esse tipo de construção tornava o espaço interno bastante privado e seguro.[78] O arejamento era feito através do espaço central e do local de saída para o exterior, uma vez que, para além da porta de madeira maciça que geralmente permanecia aberta durante o dia, existia também uma segunda porta de grades horizontais que se mantinha fechada, permitindo assim a circulação do ar.[79]

Para além desta casa padrão com quatro pavilhões principais, existiam habitações menores de dois ou três pavilhões, o que lhes dava um formato quadrado (e onde o espaço interior por vezes se reduzia a um pátio), ou maiores, onde o grande número de edifícios e de jardins lhes dava uma forma rectangular muito alongada.[80] Porém nem sempre esta forma de construção era seguida tão regularmente. Nas zonas onde pela localização geográfica, o contacto com outros povos era frequente, de que são exemplo Cantão, Hong Kong e todo o sul da China,[81] foram surgindo casas de estilo híbrido a partir do final da *dinastia Ming* (明朝, Ming Cháo, cantonense: ming4chiu4) (1368-1644), onde formas de construção europeia e de outros locais da Ásia se ligavam ao estilo tradicional chinês. Essa influência que se manteve até ao fim do regime imperial (1910) acabou por marcar uma arquitectura típica do sul da China influenciando também a construção em Macau.

A casa que melhor define esse período em Macau é a "*Casa do Mandarim*", construída em 1881, tendo sido a residência de *Zheng Guanying* (1842-1922), um importante intelectual e homem de negócios. A casa, classificada como Património Mundial, é um complexo habitacional com uma área de 4000 m², onde se podem observar influências ocidentais e de outros locais da Ásia nos elementos decorativos. Embora seja um complexo residencial tradicional chinês, composto por vários edifícios, pátios interiores e jardins, com uma única entrada principal e circundado por um muro de tijolos cinzentos à maneira chinesa, as portas dos vários edifícios que compõem o conjunto têm uma mol-

---

[78] Department of Architecture Tsinghua University, *Historic Chinese Architecture*, pp. 7 a 9.

[79] Invest Guangzhou, on line – http://www.investguangzhou.gov.en/web/eng/jsp/content_ detail. jsp?cat Encod

[80] Department of Architecture Tsinghua University, *Historic Chinese Architecture*, p. 8.

[81] Instituto Cultural, *Relação do Património Cultural de Macau, Casa do Mandarim* – http://www. mauheritage.net/Info/mwhP.asp?id=249

dura de estuque branco ao estilo europeu e as portadas das janelas têm na parte superior uma cobertura com finas placas de madrepérola à maneira indiana.[82]

Desabitada há várias décadas, a *"Casa do Mandarim"* é actualmente alvo de profundas obras de restauro, sendo um magnífico exemplo arquitectónico de fusão intercultural de origem chinesa.[83]

2.3. A arquitectura da casa Macaense

Quando os portugueses chegaram a Macau e lhes foi permitido fixarem-se, construíram-se inicialmente casas rudimentares semelhantes às das outras feitorias da Ásia. Tendo já prática dessas construções no Oriente, com aproveitamento de materiais locais, provavelmente as primeiras casas foram de bambu, madeira e peles de animais, nomeadamente de búfalo.[84] Porém, os portugueses traziam consigo as tradições da construção portuguesa: o casario de alvenaria, os largos, as igrejas, as fortalezas, as ruas calcetadas e irregulares (se o terreno o fosse, como é o caso de Macau). Assim, o território, até ao século XVII, teria obedecido a um modelo português medieval, alterado pelas necessidades regionais, com grande influência das populações autóctones, já que a mão-de--obra empregue na construção era local, assim como os materiais utilizados.

Foi na construção da habitação que essa influência foi mais notória e, com o tempo, deu-se a fusão total de algumas das características arquitecturais portuguesas e chinesas, formando um novo estilo oriental e europeu com predomínio nas colunas, nas janelas em ogiva e nas arcadas, assim como nos materiais locais utilizados, como a cal de ostra, feita como o nome indica de concha de ostra, a madrepérola, o tijolo cinzento, a telha chinesa e as madeiras orientais.

Logo de início, estabeleceram-se duas zonas residenciais distintas: a zona cristã, dos portugueses e a zona dos não cristãos ou indígenas. A cidade cristã desenvolvia-se dentro das muralhas. Cresceu primeiro desordenadamente pelas colinas e quando a falta de espaço se fez sentir, as casas passaram a construir-se com um ou mais andares. As ruas eram estreitas e terminavam muitas vezes em becos, já que dessa forma se reduzia a força do vento na época dos tufões, constituindo também uma protecção do calor no Verão.[85]

---

[82] Caderno do Oriente, *Macau Património Mundial: a Casa do Mandarim* – http://caderno-do- oriente. blogsopt.com/2006/06/macau-patrimonio-mundial-casa-do.html

[83] Instituto Cultural, *Informações sobre o Restauro da Casa do Mandarim* – http://www. macauheritage. net/Trends/NewsP.asp?nid=7186

[84] CALADO, M. et al., *Macau - Da Fundação aos Anos 70. Evolução Sócio-economica, Urbana e Arquitectónica*, p. 90.

[85] AMARO, Ana Maria, *Das Torres de Palha às Torres de Betão, Assim Cresceu Macau*, pp. 38 a 41.

As casas eram normalmente brancas, sendo de outra cor as molduras das portas e janelas. Estas últimas eram muitas vezes revestidas de cal de ostra polida, sendo altas, largas e colocadas estrategicamente, de modo a permitir um bom arejamento no Verão.

Surgiram muitas construções apalaçadas, com influência portuguesa, grandes e de aspecto pesado, com grades de ferro nas janelas. Muitas tinham uma larga escadaria interior que dava acesso ao primeiro andar, sendo ainda possível observar este estilo de escadas em muitas das casas macaenses que perduraram até aos nossos dias.

As casas das famílias mais ricas tinham torreões que se avistavam ao longe, grandes varandas e pátios cercados por grossos muros de taipa, a que, para tornar mais resistente, juntavam cal de ostra, denominando-se esta mistura de chunambeiro. Por vezes, revestiam os muros com tijolo cinzento chinês e abriam neles janelas grandes como portas.

A partir do século XIX, surge a "moda" das arcadas, que foram sendo progressivamente construídas nos novos edifícios, ou acrescentadas aos já existentes: as varandas, colunas, arcadas e as grandes janelas, caracterizam o estilo de habitação macaense, que mais se impôs pelas suas linhas harmoniosas e alegres. Destas casas restam ainda alguns exemplares bem conservados, quase todos hoje considerados património de Macau, que nos surgem como que deslocados no tempo, no meio de todo o tráfego que os cerca. Talvez por isso, prendem o olhar e são um desafio à imaginação,[86] remetendo-nos para uma época em que os macaenses não viviam como agora, em prédios de vários andares (já que a exiguidade de espaço no território a isso obriga), semelhantes entre si. Geralmente de construção moderna, os edifícios actuais em Macau não apresentam características que os diferenciem de outros existentes em grandes centros urbanos.

2.4. O interior da habitação

2.4.1. Na Europa

Tal como o exterior da casa, também o seu interior e recheio têm sido influenciados pelos materiais disponíveis, pelos hábitos culturais dos seus habitantes e pelo nível sócio-económico destes.

Olhando para uma casa europeia actual com as suas divisões e decoração, é difícil imaginar que na Europa, até por volta do século XVIII, as casas dos tra-

---

[86] CALADO, M. et al., *Macau - Da Fundação aos Anos 70. Evolução Sócio-economica, Urbana e Arquitectónica*, p. 92.

balhadores e pequenos proprietários da cidade ou do campo praticamente não possuíam divisões e o mobiliário e objectos eram quase inexistentes. Se alguns havia, reduziam-se na maioria das vezes a uma mesa, uns bancos, algumas panelas, tachos e frigideiras, um baú e talvez uma cama para o casal, já que os filhos dormiam sobre palha junto ao lume da cozinha, ou em bancos compridos, se os havia. Era comum os rapazes dormirem no estábulo junto aos animais, mantendo-se assim aquecidos nas longas e frias noites de Inverno, enquanto as raparigas dormiam dentro de casa.

A loiça também era escassa. As refeições eram comidas por todos em conjunto do mesmo prato e o recipiente onde bebiam era passado de mão em mão. Era assim entre os pobres dos países europeus, independentemente da nacionalidade, já que a miséria não conhecia fronteiras.

Situações diferentes eram excepção. Comprovam-no os registos escritos, os quadros e gravuras, bem como os inventários feitos por morte.

Entre os ricos a situação era diferente. Além de disporem de casas maiores com divisões, possuíam não só móveis mas também objectos decorativos[87], apesar de, ao longo do tempo, alguns homens da igreja considerarem a decoração uma ostentação fútil, cúmplice da riqueza, do poder e com carácter diabólico e corrupto, conforme atestam as celas dos monges, despidas de ornamentação.[88] A verdade, porém, é que, segundo os registos, as casas ricas da Europa possuíram objectos decorativos, tapeçarias e quadros desde tempos imemoriais. Esses objectos e tapeçarias vinham muitas vezes de regiões longínquas e eram uma demonstração do poder económico do seu proprietário.

Os quadros geralmente encomendados ao pintor podiam retratar pessoas, representar motivos religiosos e cenas ligadas à natureza ou à vida diária.

A partir do século XVIII, verificou-se uma progressiva melhoria do nível de vida entre a população. Os pobres tornam-se menos pobres, vão surgindo divisões nas casas, e dentro destas vêem-se peças de mobiliário. Torna-se mais comum a utilização da cadeira (curiosamente, os europeus foram o primeiro povo e durante muito tempo o único a sentar-se com as pernas penduradas).[89] Aparecem os armários, os aparadores e os móveis com gavetas.

No entanto, os objectos existentes nessas casas eram sobretudo de uso utilitário e não decorativo. Através dos anos, esses utensílios foram conquistando o seu espaço próprio e passaram a fazer parte quase obrigatória do recheio de uma habitação: velas, castiçais, bilhas, potes, panelas de ferro e cobre, lavatórios

---

[87] BRAUDEL, Fernand, *As Estruturas do Quotidiano*, pp. 237 a 253.

[88] RHEIMS, Maurice, História do Mobiliário in POIRIER, Jean (dir), *Histórias dos Costumes, O Homem e o Objecto*, pp. 159-161.

[89] BRAUDEL, Fernand, *As Estruturas do Quotidiano*, pp. 249 a 253.

de loiça, arcas e caixas de couro ou madeira onde se guardavam alimentos, roupa e dinheiro, são alguns exemplos dessas presenças constantes que, ao longo dos séculos, os homens utilizaram nas suas casas e que, com as suas cores e formatos, preenchiam os exíguos espaços livres das habitações da maioria da população. Essa realidade foi tão prolongada e marcante que, mesmo não sendo necessários actualmente, muitos desses objectos passaram de utilitários a decorativos e, talvez por ternura e nostalgia, continuam a fazer parte do recheio de muitas casas europeias.

2.4.2. Na Ásia

Ao contrário da Europa, na Ásia o mobiliário e objectos decorativos das várias civilizações existentes poderiam ser considerados insuficientes e inadequados a um primeiro olhar europeu. No entanto, quem precisaria de mesas e cadeiras altas ou até de camas se, fora da Europa, quase todos os actos do dia-a-dia como conviver, comer e até trabalhar, eram executados na posição de sentado, recostado, ou agachado, sobre tapetes, almofadas ou esteiras? Devido ao clima e hábitos culturais, essas peças bem como biombos ou painéis, baús, caixas e outros objectos eram baixos e adaptados a uma vida rente ao chão, sendo considerados indispensáveis no recheio de qualquer casa que não fosse europeia. Essa forma de viver tornava aí inúteis os móveis altos e muitos dos artigos utilizados na Europa.

Apesar desse contraste, essas casas eram frequentemente elogiadas pelos europeus que as visitavam, pela harmonia dos seus interiores, elegância, arrumação e limpeza.

A China, talvez devido à sua dimensão e aos diferentes países com os quais faz fronteira, foi uma excepção, já que possui, desde há vários séculos, móveis de diversas alturas, que se caracterizam pela sua grande variedade e pela multiplicidade de materiais de que são feitos.

A introdução da cadeira, talvez via Pérsia ou Índia no século II ou III d.C., levou a que, séculos mais tarde, fossem surgindo nos diversos países asiáticos mesas e móveis altos que, com o passar do tempo, se tornaram predominantes sobre os móveis baixos.[90]

Os materiais utilizados no Oriente bem como a filosofia de vida, influenciaram desde há muito o tipo de móveis e objectos decorativos das casas chinesas. Nas mais abastadas, os móveis podem ser exclusivamente de estilo chinês ou uma combinação de móveis antigos chineses e móveis europeus. Por vezes feitos de madeiras nobres ou semipreciosas, de cânfora, pau-preto ou sândalo,

---

[90] Braudel, Fernand, *As Estruturas do Quotidiano*, pp. 247 a 252.

os móveis chineses são verdadeiras obras de arte minuciosamente esculpidas, podendo ser embelezados com pedra mármore entalhada, ou embutidos de madrepérola, cerâmica ou outros materiais e cuja decoração se inspira na natureza, em figuras míticas chinesas ou símbolos auspiciosos.[91]

No mobiliário chinês raramente se utilizam pregos, por se considerar que estes são portadores de azar. Esta crença surgiu devido ao facto de nos cinco elementos do ciclo destrutivo (que abordaremos no capítulo seguinte) o metal destruir a madeira, razão pela qual os móveis chineses são encaixados e não pregados. Conta-se que os imperadores e os chineses abastados nunca se sentavam em cadeiras nem dormiam em camas que tivessem sido construídas com pregos.[92]

Os móveis chineses geralmente são envernizados, podendo igualmente ser pintados em tons fortes com predominância de dourado, vermelho, laranja e amarelo, que contrastam com tons de azul e verde.

O mobiliário pode também ser lacado. Segundo registos, os móveis lacados já eram utilizados na China dezanove séculos antes da era cristã. Esta técnica consiste na aplicação de um tipo de goma, resina de origem vegetal, que pode ser também extraída da secreção de insectos que vivem em certas variedades de árvores. Depois de moído e submetido à acção de calor, esse material é aplicado em camadas (que podem ir até dezoito) sobre a madeira.

Os móveis lacados podem incluir pinturas ou embutidos em vários materiais (marfim, cerâmica, prata e muitos outros, como fragmentos de casca de ovo moídos e espalhados por cima do desenho que se pretende) que, depois de lacados, surgem num jogo de vidrado e efeitos de transparência que o Ocidente sempre admirou mas nunca conseguiu imitar. Por esse motivo, a partir do século XVII, os mercadores começaram a comprar na China e no Japão (que entretanto tinha também descoberto esta técnica) peças já prontas e painéis lacados ou pintados, que na Europa os marceneiros incluíam em móveis que eram depois vendidos a altos preços.

Havia também a possibilidade mais dispendiosa de levar ao Oriente os móveis em bruto para aí serem lacados.[93]

Relativamente ao mobiliário utilizado pelas classes mais baixas de chineses, este nunca foi tão trabalhado nem tão diversificado. As matérias-primas utilizadas eram menos dispendiosas, utilizando-se madeiras de menor qualidade, bambu e materiais de baixo custo.

---

[91] SILVA, António E.M.R., *Usos e Costumes dos Chineses de Macau Anos 50*, p. 44.

[92] TOO, Lillian, *Guia Prático Feng Shui*, p. 137.

[93] RHEIMS, Maurice, História do Mobiliário in POIRIER, Jean (dir), *Histórias dos Costume, O Homem e o Objecto*, pp. 158-183.

Em relação aos objectos decorativos, estes inspiraram-se na natureza, nas cenas de vida diária e na representação das muitas divindades e seres que os chineses acreditam serem portadores de fortuna, prosperidade, saúde e sorte, como as representações de tartarugas, sapos carregando moedas, peixes, aves e toda uma série de figuras protectoras, sendo, por esse motivo, utilizadas na decoração. Vários desses objectos chegavam às casas ricas da Europa onde eram muito apreciados, quer pela qualidade dos materiais utilizados (porcelana, laca, madeira nobre, "*cloisonné*", pedras semi preciosas como o jade), quer pelos motivos e cenas exóticas representadas.

A mesma ideia protectora acompanha a disposição de pinturas nas paredes, de biombos ou jarrões no chão. Todos eles têm um significado e um propósito, ainda que os locais onde são colocados e os motivos e cenas que representam possam parecer estranhos aos olhos dos ocidentais.

Exóticos e admiráveis podem parecer também os frascos de rapé chineses feitos de vários formatos e materiais, sendo mais apreciados os de vidro, uma vez que são pintados na parte interna através da estreita abertura superior, o que os transforma em verdadeiras obras de arte. Segundo a tradição, a introdução dos frascos de rapé na China foi feita por *Mateus Ricci* (missionário jesuíta, 1552-1610). A técnica dos frascos de vidro pintados foi provavelmente inventada por *Kan Xuanwen*, cerca de 1816 (甘烜文, pinyin: Gan Xuanwen, cantonense: gum1yuk1man4). No final do século, estes frascos eram já considerados objectos decorativos altamente apreciados[94], passando a ser considerados símbolos de felicidade, longa vida, de fertilidade, de paz, ou outros, consoante a pintura que continham.

Igualmente muito apreciado na Europa é o "*cloisonné*" chinês, técnica que surgiu na *dinastia Yuan* (元朝; pinyin: Yuáncháo, cantonense: yun1chau4) (1271--1368) e que consiste na aplicação de pasta de esmalte vitrificado sobre uma superfície de metal, formando desenhos compostos por pequenos compartimentos que embelezam jarras, vasos, caixas, etc.[95]

É talvez todo este exotismo, que ao longo dos séculos tem caracterizado os objectos chineses, que os tornou tão cobiçados na Europa e fez deles uma presença constante nas casas ricas europeias.[96]

Pela importância de que se reveste para os chineses, não podemos deixar de fazer uma breve alusão à pintura chinesa, que possui características muito diferentes da pintura europeia por ser predominantemente caligráfica, como que delimitada por linhas. Na China, a escrita começou por ser a pintura repre-

---

[94] KLEINER, Robert, *Chinese Snuff Bottles*, pp. 10 e 11.
[95] Imperial tours, *Crafts* – http://www.imperialtours.net/crafts.html
[96] BEDIN, Franca, *Como Reconhecer a Arte Chinesa*, pp. 36 a 61.

sentativa dos objectos (escrita ideográfica), fixando-se nessa representação das coisas e ideias por meio de símbolos gráficos. Da escrita terá nascido a pintura, pois os instrumentos utilizados (tinta e pincéis) e a forma de desenhar são idênticos. Para os chineses, um bom calígrafo é mais que um bom desenhador de caracteres, já que a caligrafia contém elementos da pintura. Quer numa quer noutra, não se considera o colorido essencial, mas sim a vitalidade rítmica dos traços. Tal como nos caracteres, também na pintura chinesa não há sombras, há somente relações de tons escuros e claros e a noção de perspectiva está praticamente ausente.

Fotografia 1
Tartarugas: Símbolo da longevidade

Fotografia 2
Pêssego: Símbolo da longevidade

Fotografia 3
Peixes: Símbolo da abundância

Fotografia 4
Taça de jade

Fotografia 5
Bule de cloisonné em formato de tartaruga

Fotografia 6
Frascos de rapé pintados

A CASA E SUA SIMBOLOGIA

Fotografia 7 – **Painéis de laca e madrepérola**

Fotografia 8 – **Pintura chinesa**

É considerado um bom pintor ou calígrafo aquele que consegue dar alma e vitalidade ao que desenha e simultaneamente dar-lhe a ideia de irreal, de subjectivo e intemporal. Bem diferente da pintura europeia, que é objectiva, concreta, sem margem para grandes fantasias e perfeitamente datável no tempo.[97]

Relativamente à mobília utilizada pelos macaenses em Macau, esta era feita localmente por encomenda, sobretudo em pau-rosa e em estilo europeu ou híbrido (chinês e europeu). Foi assim até inícios do século XX. A partir daí, as fábricas de móveis passaram a localizar-se tendencialmente na China, onde existia mais facilidade em termos de espaço e de mão-de-obra a baixo custo, começando a ser utilizada também madeira de teca. Quanto aos objectos decorativos das casas tradicionais macaenses, sempre foram de estilo europeu, muitos deles de inspiração cristã.

Com o tempo, os gostos e a moda alteraram-se.

Inicialmente muitos dos móveis utilizados nas casas chinesas e macaenses eram de grandes dimensões, já que as casas também o eram, sendo por vezes de cor escura devido à madeira que era utilizada.

O desenvolvimento urbanístico levou a uma redução no tamanho das casas, levando a que surgisse no mercado um tipo de móveis de menores dimensões e linhas mais simples.

E assim, a partir do século XX, foram surgindo catálogos de móveis de estilo rectilíneo americano, onde o trabalho artesanal era quase inexistente.[98]

Entretanto a melhoria das condições de vida da generalidade da população de Macau e o maior afluxo de europeus com poder de compra, contribuíram para uma maior diversidade na oferta de móveis. Além das opções de compra de móveis rectilíneos, de estilo chinês ou híbrido, surgiu também a possibilidade de adquirir móveis de outros países da Ásia como a Coreia, Índia ou Filipinas.

Incluído nessa diversificação, apareceu recentemente no mercado um estilo de móveis de tipo lacado, de cores claras, por vezes ligeiramente trabalhado com embutidos de metal ou pedra e que, talvez pelas suas cores alegres e dimensões mais reduzidas e mais adequadas às casas de Macau, é o preferido por muita da juventude chinesa e macaense.

Dependendo da sua cultura, cada povo tem, conscientemente ou não, uma certa ordem e harmonia estabelecidas relativamente aos móveis e objectos a utilizar, aos locais onde é aceitável que estejam e à simbologia que cada um desses móveis e objectos tem associada.

A globalização veio alterar e desafiar esses princípios. Em muitas casas, assiste-se, hoje, a uma forma de decoração onde se misturam objectos sagrados

---

[97] MENDES, Manuel da Silva. *Sobre Arte*, pp. 12 a 17.
[98] *Idem, Macau, Impressões e Recordações*, pp. 45 a 49.

e profanos de diversas origens e sobre os quais muitas vezes pouco ou nada se sabe relativamente à sua finalidade e real significado. Para os seus possuidores, o seu simbolismo pode estar apenas associado a recordações de viagens efectuadas, ou a ofertas recebidas.

Essa grande liberdade no que respeita à decoração é encorajada pelas revistas da especialidade, que incentivam a imaginação dos leitores no que respeita ao destino a dar a cada objecto, promovendo uma espécie de sábia desordem relativamente às possíveis alternativas para a sua utilização. Surgem assim bustos transformados em candeeiros, aquários que são suportes para arranjos florais e emoldurados em quadros vêem-se objectos, em vez de pinturas.

Hoje, mais do que nunca, a casa de cada indivíduo reflecte não só o seu poder económico, mas também os seus gostos pessoais, o seu percurso de vida e a sua personalidade. A possibilidade quase ilimitada que existe de se poder escolher os móveis e os objectos decorativos que se pretende veio, de certa forma, tirar a aura de misticismo que alguns possuíam, porque estavam associados a locais distantes e eram muito dispendiosos. A alteração dessa situação talvez os tenha feito perder alguma da magia que lhes estava associada.

Existem, porém, certos artigos cujo significado a globalização não conseguiu alterar. Um deles, com o qual o homem mantém há séculos uma ligação profunda, é a lareira (por vezes fogão de sala ou salamandra). Hoje em dia facilmente substituída por outras formas de energia, ela continua no entanto a ter um lugar de destaque em muitas casas. Símbolo de uma das mais fortes relações entre o homem e a natureza, representa uma das suas mais importantes conquistas: o domínio do fogo.

O simbolismo da lareira é quase mágico, pois permite que na sua casa do século XXI o homem veja o lume a crepitar, da mesma forma que o viu o seu antepassado pré-histórico e sinta, como ele, essa calma e reconfortante sensação que faz de uma lareira acesa um objecto intemporal, simultaneamente utilitário e decorativo, uma ponte entre as nossas origens e o presente, entre a natureza em estado puro e a civilização.

O lume a crepitar, não é o único elo com o nosso passado que mantemos na decoração das nossas casas. Também as plantas o são: floridas ou apenas em tons de verde, preenchendo recantos e espaços abertos, são intemporais; tal como o fogo da lareira, representam pedaços vivos da natureza, que mesmo entre o bulício das grandes cidades nos transportam através do tempo à quietude mais profunda do nosso ser.

Capítulo 3
O Significado do Feng Shui

3.1. A harmonia dos espaços

No Ocidente, a descoberta de novos territórios a partir do século XV e os avanços no campo técnico e científico, deram ao homem europeu maior confiança em si próprio e nas suas capacidades, contribuindo para que a sua forma de pensar e actuar passasse a basear-se mais na lógica, na ciência e no racionalismo. Esses factores, aliados à crença num Deus único, contribuíram para um distanciamento de muito do simbolismo por vezes místico, outrora atribuído à natureza, fazendo cair no esquecimento crenças ancestrais.

No Oriente porém, um percurso religioso e civilizacional diferente, assim como uma outra forma de analisar e compreender a vida, levou os homens a conservarem técnicas milenares bem como crenças e rituais antigos ligados à natureza.

Entre os vários princípios adoptados na Europa, incluem-se as leis de Newton segundo as quais se considera o espaço isótropo (apresenta as mesmas propriedades físicas em todas as direcções)[99], homogéneo (todas as suas partes são iguais)[100], contínuo, infinito e correspondente a um vazio que a matéria irá ocupar. Porém, para muitos orientais, nomeadamente os chineses, o espaço não é isótropo, uma vez que consideram que nele existem as energias *yin* e *yang* (陰陽, pinyin: yīnyáng, cantonense: yàmyeung) em correspondência com os pontos cardiais e a terra, o que lhe dá um carácter qualitativo e lhe tira a noção de vazio.[101]

---

[99] Priberam Informática, *Definir* – http://www.priberam.pt/dlpo/definir_aspx

[100] FIGUEIREDO, Cândido, *Dicionário de Língua Portuguesa*, 2.º Vol., p. 52.

[101] LEDRUT, Raymond, O Homem e O Espaço in POIRIER, Jean (dir), *História dos Costumes, o Tempo, o Espaço e os Ritmos*, p. 70.

A COMUNIDADE MACAENSE EM PORTUGAL

Esse aspecto altera a forma e o objectivo com que europeus e asiáticos distribuem os móveis e objectos dentro de casa. Se para os primeiros esse aspecto é ditado pela preferência e sensibilidade dos seus habitantes, relativamente aos orientais, nomeadamente os chineses, o facto de terem uma noção de espacialização diferente, influência a decoração da casa, uma vez que são atribuídos diversos significados aos espaços dentro e fora desta. Dessa forma, a disposição de móveis e objectos não é feita arbitrariamente, mas sim segundo regras e normas estudadas e definidas previamente, constituindo esse assunto uma forma milenar de geomância designada por *"feng shui"* (風水, pinyin: fēng shuǐ, cantonense: fung1 seoi2), que se pode definir como *"a arte de viver em harmonia nos diferentes espaços e ambientes"*.[102]

Embora a sua origem seja chinesa, os seus princípios influenciaram pessoas de outros países asiáticos tendo posteriormente as suas ideias básicas chegado à Europa, onde o *feng shui* foi pela primeira vez mencionado na literatura no final do século XIX.[103]

Definir o *feng shui* apenas como geomância, seria limitar o campo da abrangência que os chineses lhe atribuem. Mais do que geomância, o *feng shui* é descrito "como a vivência harmoniosa com a energia da terra e as leis da natureza"[104], sendo esta forma de estar extensiva a todos os aspectos da vida do homem. Presume-se que as bases em que se fundamenta tenham pelo menos 3500 anos, embora durante séculos, o seu conhecimento tenha sido restrito pois era apenas reservado à família imperial.

Apesar da sua prática ter sofrido algumas alterações ao longo do tempo (devido à necessidade de adaptação à vida diária) as ideias básicas permanecem praticamente inalteráveis desde 888 d.C., quando durante a *dinastia Tang* (唐朝, pinyin: Táng cháo, cantonense: tong4chiu4) (618-907) o seu estudo foi compilado em vários livros escritos por *Yang Yun Sung* (楊筠松 pinyin: Yáng Yún Song, cantonense: yeung4gwan1chung4) (c.840-888) para o *imperador Hi Tsang*[105] (唐僖宗, pinyin: Tang Xizong, cantonense: tong4hei1jung1) (862-888).

Falar em *feng shui* e compreendê-lo implica perceber alguns dos principais conceitos que lhe dão suporte e que estão relacionados com a percepção chinesa da vida e do universo.

Analisemos então alguns destes conceitos.

---

[102] SCHEEPMAKER, M. Forbes, *Afinal o que é o Feng Shui?*, p. 29.
[103] MARTINS, Miriam, *Feng Shui Viver em Harmonia*, p. 8.
[104] LIP, Evelyn, *Feng Shui for the Home*, p. 4.
[105] TOO, Lillian, *Enciclopédia Ilustrada do Feng Shui*, pp. 8 a 16.

3.2. Dao, Yin, Yang e Qi

Desde há milhares de anos que os Chineses explicam a criação do universo através de uma teoria segundo a qual no princípio existia um absoluto que era simultaneamente principio e fim, um vazio imóvel, porém pleno de energia, que os chineses representam por (O). Desse imenso potencial energético, surgiram movimentos de contracção e expansão que deram origem ao universo, às galáxias, estrelas, planetas e a todo o cosmos. Esse estado activo da energia é representado por (-) o que em caracteres chineses significa "o primeiro". Essa imensa energia em movimento que deu origem à vida, fez surgir também duas forças que, embora opostas, se complementam: uma tem polaridade positiva e a outra, polaridade negativa.

A essa energia primordial os chineses chamaram *dao* (道, pinyin: dào, cantonense: dou1) que significa "o caminho", que é ao mesmo tempo, o início de onde tudo parte e o fim ao qual tudo regressará.

Às duas forças opostas, chamaram *yang* à força com polaridade positiva e *Yin* à força com polaridade negativa. Segundo o mesmo princípio, são estas duas forças que circulando ininterruptamente por toda a terra dão origem a todas as coisas. Juntas formam a energia *qi* (氣, pinyin: qì, cantonense: hei3) considerada uma energia benéfica, completa e equilibrada porque é resultante das duas forças que se complementam. O *yin e o yang* encontram-se assim em tudo o que nos rodeia variando consoante a polaridade positiva ou negativa de cada coisa.

Considera-se que a energia *yang* (energia positiva) se encontra em tudo o que é exterior, claro, quente, seco e que gera movimento e acção. *Yang* é também o princípio masculino. O *yin* por oposição está relacionado com o interior, a humidade, o frio, o escuro, a calma e quietude. É o princípio feminino.

Nem tudo é exclusivamente *yin* ou *yang*. A maioria das coisas é composta por partes *yang* e partes *yin*, como por exemplo o corpo humano que, para além de se dividir numa parte externa (*yang*) e noutra interna (*yin*), possui órgãos *yang* como o estômago, um órgão que decompõe e absorve os alimentos, produzindo calor, e órgãos *Yin*, como os rins associados à água, de natureza fria e húmida. No entanto, apesar destas variações constantes entre *yin* e *yang*, a natureza tende para uma espécie de equilíbrio natural, para a harmonia. Quando o desequilíbrio *yin/yang* surge é porque essa harmonia se quebrou e precisa de ser recuperada. Nos seres vivos, por exemplo, essa falta de equilíbrio *yin/yang* pode originar mal-estar ou doença.

O símbolo chinês que representa as duas forças em equilíbrio é designado por *tai qi* (太極, pinyin: tàijí, cantonense: tai3 gik6) que se traduz por energia suprema (*tai* significa grande, *qi* significa energia) e representa-se da seguinte forma:

Figura 1 – Símbolo do tai qi

A cor branca simboliza o *yang* e a cor negra o *yin*, tendo cada parte, um ponto da polaridade oposta que representa essa energia contraída. O *tai qi* pode também ser simbolizado por uma linha recta representando o *yang* e uma linha interrompida igualmente recta, representativa do *yin*.[106]

Figura 2 – Símbolo yin/yang

De que forma o *yin* e o *yang* influenciam o *feng shui*?

A palavra *feng shui* é formada por uma parte *yang* representada pelo caractere 風: "feng" que significa "vento" e se considera ter um sentido ascendente e uma parte *yin* representada pelo caractere 水: "shui" que significa "água", considerada como tendo um sentido descendente.

Desta forma *feng shui* representa a união do céu com a terra através dos sentidos ascendente do vento e descendente da água.[107]

Sendo o *qi*, a junção das forças *yin* e *yang*, o que, como foi referido, representa uma forma de energia que circula por toda a parte, pode por vezes acumular-se em certos lugares que se considera possuírem um bom *feng shui* e que, segundo o ponto de vista dos chineses, são os lugares ideais para se viver. Porém, quando o equilíbrio da energia *qi* é alterado, passando a haver preponderância de uma das forças *yin* ou *yang* sobre a outra, a vida torna-se difícil para o homem. Como exemplo, temos os desertos (demasiado *yang*) ou as zonas polares (demasiado *yin*) lugares onde a vida humana decorre em condições extremas. Trabalhar a disposição das várias componentes ambientais de cada espaço de forma a criar

---

[106] Tien-Tao Association, *Explanations of The Answers to the Truth*, pp. 1a 3.
[107] MARTINS, Miriam, *Feng Shui Viver em Harmonia*, pp. 27 a 29.

O SIGNIFICADO DO FENG SHUI

equilíbrio entre as forças *yin* e *yang,* transformando-as num bom *qi*, é um dos domínios do *feng shui*.[108]

Feng shui é também a arte de conjugar harmoniosamente a energia entre os homens e o meio ambiente, através de vários procedimentos, com vista à criação de energia *qi* equilibrada e positiva (uma vez que o *qi* também tem o seu contrário: a energia *sha* (殺, pinyin: sha, cantonense: saai3), considerada uma energia negativa.

Relativamente à energia *qi*, considera-se que se manifesta em três grandes domínios: o *qi* cósmico, o *qi* humano e o *qi* da terra ou meio ambiente.

O *qi* cósmico é a energia dos planetas e das estrelas, responsável pelo calor solar, pelas marés e por outros fenómenos galácticos.

O *qi* humano é considerado a força vital, a energia interior e cuja manifestação pode surgir na criatividade de um artista, num golpe de mestre de artes marciais ou na meditação de um monge. O *qi*, subtil umas vezes, outras vezes forte, é único em cada pessoa, afecta a sua personalidade e a sua interacção com os outros.

Para os chineses quando uma coisa é bem executada gera *qi*. Considera-se também que as pessoas entusiastas e enérgicas têm muito *qi*, o que representa uma saudável vitalidade interna. Pelo contrário, as pessoas letárgicas e que desanimam ao primeiro obstáculo, têm falta de *qi*. O *qi* pode ser aumentado e revitalizado através da meditação, das artes marciais, de um estilo de vida saudável, da filantropia e da permanência num local com um bom *feng shui*.[109]

O *qi* da terra influencia a forma como o meio ambiente nos afecta. A natureza dos rios, o formato das montanhas e vales, o declive do terreno e os seus antecedentes, devem ser analisados antes de se proceder a uma construção. Também a arquitectura da casa e a disposição dos móveis e objectos não deve ser feita ao acaso, de forma a manter equilibrada, e a favorecer a energia *qi*. Tudo isto faz parte dos procedimentos para criar um bom *feng shui*, mantendo afastada a energia *sha*. Por outro lado, devem ser deixados livres certos espaços (chamados canais) para que o *qi* cósmico, humano e ambiental se possam entrecruzar e circular livremente.[110]

Afinal, o que leva as pessoas a interessarem-se pelo *feng shui*?

Poder-se-á pensar nos dias de hoje que, na era da informática e da alta tecnologia, o *feng shui* é algo que não é levado muito a sério. No entanto, o homem da era tecnológica continua a precisar de se sentir ligado ao universo e à natureza. A comprová-lo está o facto de, apesar de todos os avanços científicos, o

---

[108] WEBSTER, Richard, *Feng Shui para Principiantes*, p. 31.
[109] *Idem, Ibidem*, pp. 28 a 29.
[110] TOO, Lillian, *Enciclopédia Ilustrada do Feng Shui*, pp. 16 a 33.

feng shui continuar a despertar interesse e a ser aplicado por pessoas de todos os continentes, que consideram lógicas as suas explicações e princípios, e se sentem melhor consigo próprias e com os outros ao seguirem as normas que este preconiza.

No ocidente, Einstein comprovou a existência de energia designando a sua fórmula de E= mc2. Esta é a energia física que se pode comprovar matematicamente. A energia *qi* não é passível de comprovação científica. No ocidente, onde tudo tem de ser medido, comprovado e categorizado, para ser aceite como verdadeiro, o conceito de *qi* é dificilmente compreendido e encarado com seriedade, embora no oriente seja uma noção milenar profundamente enraizada em várias culturas.

Na China, a noção de *qi* é intrínseca à prática do *kung fu*, arte marcial chinesa, cujo termo genérico correcto é *wushu* (武術, pinyin: wǔshù, cantonense: mou5seot6) e do *tai chi chuan* (太極拳, pinyin: tàijíquán, cantonense: tai3gik6kyun4). No Japão, está presente em todas as artes marciais onde lhe chamam "*Ki*". Na Índia, os praticantes de Yoga chamam-lhe "*Prana*".

Mesmo na Europa, apesar da ausência de comprovação científica, os seus princípios não são de todo desconhecidos, pois no século XVIII, *Fredrich Mesmer* (médico austríaco, 1733-1815) acreditava que se podiam tratar doenças através de métodos direccionados para a energia presente no corpo humano a que chamou "magnetismo animal". Actualmente, embora continue a ser encarada por muitos com algumas reservas, tem por outro lado despertado a atenção de estudiosos no assunto, que designam essa energia por bio-ritmo.

Acreditar no *qi* pode ser considerado para os que nele confiam, quase uma questão de fé, uma vez que não se pode defini-lo concretamente. Falam dele como sendo o poder que faz pensar e agir os homens, que faz os rios correr e a terra girar e que faz com que todas as coisas se manifestem de acordo com a sua própria natureza.

Segundo a filosofia Chinesa, todas as coisas são formadas por *qi* e criadas pelo *dao*. *Dao* é o caminho e a lei da natureza. Se estivermos em desarmonia com este caminho, o nosso corpo actuará de forma estranha ao seu verdadeiro eu e nada parece correr bem. É desta forma que o *yin*, o *yang* e o *qi* influenciam o *feng shui* que, entrecruzando estas energias, procura ajudar o homem a viver de acordo com as leis naturais e simultaneamente tirar o melhor partido de si próprio e do ambiente que o rodeia.[111]

A influência do *dao* e da teoria do *yin/yang*, além de estarem presentes nos mais variados aspectos do dia-a-dia do povo chinês, estão também na base de um dos grandes movimentos filosóficos da China: o daoísmo, ao qual não

---

[111] SCHEEPMAKER, Maria Forbes, *Afinal o Que è o Feng Shui*, pp. 29 a 31.

O SIGNIFICADO DO FENG SHUI

podemos deixar de fazer uma breve referência, pela importância que teve no pensamento chinês.

O daoísmo, que adoptou o mesmo símbolo do *tai qi*, baseia-se numa compilação de textos designada por *dao de jing* (道德經, pinyin: dàodéjīng, cantonense:dou6dak1ging1) que se pode traduzir como o caminho da virtude, atribuído sobretudo a *Lao Zi* (老子; pinyin: Lǎozǐ, cantonense: lou5ji2) que os terá redigido no ano 600 a.C. Estes textos escritos em verso, constituem um manual de atitudes a seguir para se alcançar o caminho da perfeição e foram escritos segundo se julga, com o propósito de orientar a educação dos príncipes.

O manual aborda aspectos políticos, éticos, cosmológicos e até metafísicos. A estes textos adicionaram-se, posteriormente, novos escritos de outros seguidores como *Zhuang Zi* (莊子, pinyin: Zhuāng Zǐ, cantonense: jong1ji2) (300 a. C.).[112]

Segundo o pensamento taoista, o homem virtuoso é incorruptível, não conhece a vingança, a luta pelo poder ou a ambição. É maleável, aceitando as circunstâncias da vida e adaptando-se a elas sem se perturbar. Aparentemente pode parecer fraco por não retaliar, por não se revoltar, no entanto é aí que reside a sua força. Ele é semelhante às canas de bambu de aparência mais frágil que qualquer árvore, mas que se mantêm de pé depois de um ciclone, porque a sua maleabilidade as ajudou a resistir ao vento, enquanto as árvores mais fortes, devido à sua rigidez, são derrubadas.

No *dao de jing*, capítulo 78, na tradução de *Robert Paul Kramers* (1999)[113], pode ler-se:

> "*Nada no mundo é mais fraco que a água,*
> *mas nada se lhe compara no seu embate contra o que*
> *é forte,*"

ou na tradução de *João C. Reis* (2004)[114], (1999)[115]

> "*Nada neste mundo*
> *É mais vulnerável e submisso do que a água.*
> *Mas para vencer o que há de mais duro e difícil*
> *Nada a pode substituir*
> *Porque nada existe que lhe seja superior*"

---

[112] WINDRIDGE, Charles, *Tong Sing, the Chinese Book of Wisdom*, pp. 57 a 61.

[113] KRAMERS, Robert Paul in BRUNNER-TRAUT, Emma (org), *Os Fundadores das Grandes Religiões*, p. 214.

[114] REIS, João C., *Os Oitenta e Um Capítulos de Lao Zi*, p. 134.

[115] *Idem, O Livro de Lao Zi*, p. 212.

Esta é a metáfora da água como imagem da fraqueza que supera a força.

No daoísmo, não há conceito de bom ou mau, de recompensa ou punição, porque as características boas ou más só possuem significado pela existência dos seus opostos. Uma coisa só pode ser classificada de grande, se existir uma pequena para comparação. Por essa razão, o bem existirá, enquanto o mal também existir.

Por outro lado, há uma ordem natural que faz as coisas acontecerem como consequência umas das outras, sem que tenhamos de intervir. É preciso apenas saber esperar. É um dominar através do "não-agir," o que não significa que se fique sentado à espera que as coisas aconteçam. Significa, sim, manter-se afastado da luta pelo poder, da vaidade, da prepotência, da ideia de que "eu sou o que faz isto e aquilo".

Esta ideia é ilustrada no capítulo 22 do *dao de jing* da seguinte forma:

"Ele não se mostra, por isso brilha.
Não se afirma a si mesmo, e com isso adquire fama.
Não se vangloria, e isso lhe resulta em proveito.
Não se exalta a si mesmo, e com isso ele é o maior.
Por não se meter em emulações,
ninguém no mundo terá como
rivalizar com ele."[116]

Ou noutra tradução do mesmo capítulo:

"Não se expõe a si próprio
Por isso resplandece
Não se gaba dos seus méritos
Por isso é honrado
Não se ufana de si próprio
Por isso tem carácter
Não se vangloria a si próprio
Por isso é respeitado
E porque a ninguém contesta
Ninguém o afronta"[117]

Pelos seus princípios, o daoísmo nunca deixou de ter adeptos e simpatizantes, já que, por não ser considerado uma religião, está ao alcance não só de

---

[116] KRAMERS, Robert Paul in BRUNNER-TRAUT, Emma (org), *Os Fundadores das Grandes Religiões*, p. 216.
[117] REIS, João C., *Os Oitenta e Um Capítulos de Lao Zi*, p. 96.

O SIGNIFICADO DO FENG SHUI

pessoas de todos os credos mas também de agnósticos e ateus. Pode, assim, ser considerado um caminho na busca de princípios de conduta universal que têm como ideal a perfeição.

Além dos conceitos *dao, yin, yang* e *qi*, existem outros que estão igualmente na base da prática de *feng shui*. São eles:

- Os cinco elementos;
- O *I Ching* e os oito trigramas;
- O quadrado mágico.

3.3. Os cinco elementos

Para os chineses, tudo o que existe pode ser incluído em cinco categorias ou elementos.

Não se sabe ao certo a origem desta classificação. Presume-se que tenha surgido a par com a linguagem oral, como uma forma simplificada de agrupar coisas que por não terem ainda designação própria eram incluídas em categorias de natureza semelhante. Desta forma, o elemento fogo abarcava tudo o que se relacionasse com secura, calor, energia e todos os restantes aspectos com ele ligados. Água incluía a ideia de humidade, neve, frio e assim sucessivamente com tudo o que existe, pois embora em muitas destas coisas o elemento no seu estado puro pudesse não ser visível, considerou-se que tinham as suas qualidades e a mesma natureza, pertencendo por isso à mesma categoria.[118]

Posteriormente, embora a linguagem se tivesse desenvolvido e aparentemente deixasse de ser necessária esta categorização, ela permaneceu pois já fazia parte da forma como os chineses viam o mundo e o qualificavam.

Estes cinco elementos estão sujeitos a uma interacção permanente entre si, e a forma como se interrelacionam faz com que a energia que os cerca se torne favorável ou desfavorável, influenciando a área circundante. Essa interacção, além de estar em constante mudança, obedece a determinados princípios relacionados com dois ciclos que regem os cinco elementos.

Estes ciclos são: o ciclo produtivo e o ciclo destrutivo.

---

[118] WINDRIDGE, Charles, *Tong Sing, the Chinese Book of Wisdom*, pp 67-68.

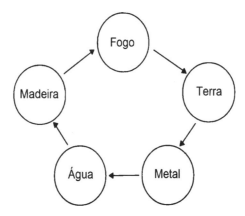

Figura 3 – **Ciclo produtivo**

No ciclo produtivo o elemento água faz crescer a madeira que fortalece o fogo, que por sua vez fortalece a terra. Na terra forma-se o metal que, ao liquefazer-se, dá origem à água e ao início de um novo ciclo produtivo.

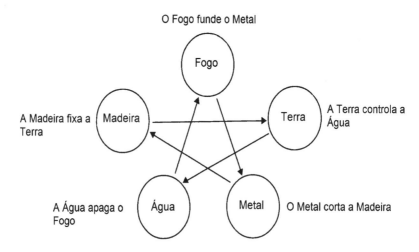

Figura 4 – **Ciclo destrutivo**

No ciclo destrutivo a água destrói o fogo que funde o metal, que por sua vez corta a madeira, que esgota a terra e que absorve a água.

Transpondo essas noções para uma casa de habitação, compreende-se que, segundo as regras do *feng shui*, quer a sua construção, quer a sua decoração devem obedecer a certos princípios para que entre os vários elementos haja um equilíbrio benéfico.

Uma vez que tudo o que existe pode ser categorizado dentro dos cinco elementos, para optimizar os vários ambientes numa casa deve ser tido em conta cada ponto cardial e cada espaço (uma vez que cada um está inserido num determinado elemento), bem como o que nele se coloca. Os ciclos (produtivo e destrutivo) devem ser respeitados para que não haja preponderância da energia de determinados elementos em relação às restantes, tentando sempre promover a harmonia e o equilíbrio entre as várias energias.

Numa primeira análise, estes conceitos podem parecer fruto da superstição, no entanto, eles são o resultado de séculos de vivência, são no fundo as normas que o bom senso fez surgir, muitas das quais são praticadas inconscientemente mesmo por quem nada sabe de *feng shui*. Todos nós, no inverno, procuramos ter em casa fontes de calor (*yang* – elemento fogo) para equilibrar o frio que o inverno traz (*yin* – elemento água). Recordemos que no ciclo destrutivo a água destrói o fogo, o que significa que no inverno para atenuar esta destruição, reforçamos o elemento fogo através da madeira, que no ciclo produtivo o faz surgir.

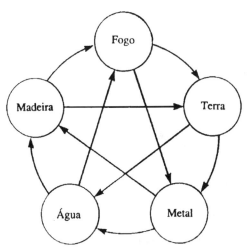

Figura 5 – Ciclo produtivo e Ciclo destrutivo

No entanto, nem todas as associações de energias são tão comuns e gerais como estas. Por este motivo, embora as energias dos cinco elementos se baseiem no raciocínio lógico de causa e efeito, saber enquadrá-las correctamente na prática do *feng shui* exige um estudo cuidadoso e uma compreensão clara de tudo o que elas envolvem e da sua interacção no ambiente que nos cerca.[119]

---

[119] Too, Lillian, *A Enciclopédia Ilustrada do Feng Shui*, pp. 40 a 44.

3.4. O I Ching e os oito Trigramas

Segundo a tradição, o *I Ching* (易經, pinyin: yì Jīng, cantonense: yik6ging1) ou o *Livro das Mutações*, teve o seu início no ano 2205 a.C., quando o imperador da mitologia chinesa *Fu Hsi* (伏羲, pinyn: fúxī, cantonense: fuk6hei1) encontrou numa das margens do rio Amarelo uma grande tartaruga, em cuja carapaça viu representadas as marcas de um quadrado dividido em nove quadrados menores, tendo cada um o que parecia o desenho de um caractere chinês. *Fu Hsi* inspirou-se nesses caracteres para desenhar duas linhas: uma contínua, que associou ao símbolo *yang* e a que atribuiu o significado de "sim". A outra linha era quebrada, associou-a ao símbolo *yin* e atribui-lhe o significado de "não".

A partir desse início as associações e combinações dessas linhas continuaram ao longo do tempo. Primeiro foram combinadas em pares, aos quais se acrescentou uma terceira linha, formando com estes conjuntos oito trigramas todos diferentes. Considerou-se que a linha superior representava o céu, a do meio a humanidade e a linha inferior, a terra.[120]

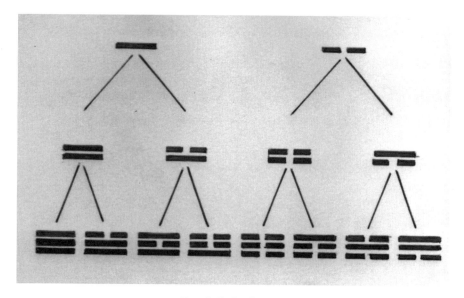

Figura 6 – Os oito trigramas

Posteriormente, os trigramas passaram a ser representados num octógono – *bagua* (八卦, pinyin: bā guà, cantonense: baat3gwa3) que representava, além dos oito trigramas, um dos pontos cardiais na parte externa de cada trigrama. Cada conjunto de três linhas foi, por sua vez, associado a um dos membros de

---

[120] Too, Lillian, *A Enciclopédia Ilustrada do Feng Shui*, pp. 34 a 38.

uma família, que se convencionou ser constituída pelo casal, três filhos e três filhas. Cada uma dessas personagens passou a ter características e um significado próprio, bem como um lugar certo no *bagua*. Depois, foram associados pequenos comentários a cada um destes trigramas. A essa sequência chamou-se " o céu anterior ou o primeiro céu".[121]

Durante a *dinastia Chou* (周朝, pinyin: Zhōucháo, cantonense: jau1chiu4) (1122-256 a.C.), a simbologia do *bagua* foi ampliada, tendo o primeiro rei dessa dinastia (Rei Wen – 周文王, pinyin: Zhōu Wén Wáng, cantonense: jau1man4wong4) (1099-1050 a.C.) duplicado a combinação dos trigramas, construindo 64 hexogramas (8x8 trigramas) todos diferentes, cada um deles acompanhado por breves comentários. O seu filho (Duque de Chou – 周公, pinyin: Zhōu Gōng, cantonense: jau1gung1), durante o reinado do seu irmão (1046-1043 a.C., e depois do seu sobrinho (1042-1021 a.C.), escreveu pequenos textos para cada uma das linhas dos hexogramas, mudando-lhes o significado sempre que estas se alteravam.

Esse facto levou a que o conjunto passasse a ser usado como oráculo. Criou também a sequência do "céu posterior ou o segundo céu", que alterava a ordem de cada trigrama dentro do *bagua*, já que a primeira sequência considerada perfeita e inalterável não representava, em sua opinião, a vida real com a sua sucessão contínua de mudança.[122]

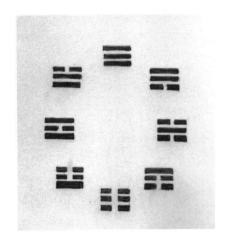
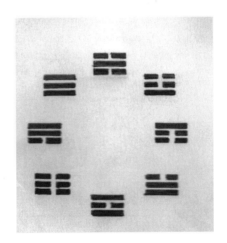

Figura 7 – O céu anterior ou o primeiro céu   Figura 8 – O céu posterior ou o segundo céu

---

[121] SCHEAPMAKER, Maria Forbes, *Afinal, O Que é o Feng Shui?* pp. 36 a 38.
[122] MARTINS, Miriam, *Feng Shui, Viver em Harmonia*, pp. 30 a 31.

Ao longo do tempo foram sendo acrescentados ao conjunto mais comentários e pequenos textos em formas de provérbios e versos, nomeadamente por Confúcio (551-479 a.C.), fundador do importante movimento filosófico confucionista e que, inspirado no significado e simbologia do *I Ching*, criou um conjunto de regras éticas e sociais de justiça e conduta moral em sociedade, que estão na base do Confucionismo e pelas quais se rege ainda hoje a sociedade chinesa.[123]

Por volta do ano 26 a.C., os trigramas e todos os textos que lhe estavam associados passaram a ser considerados para além de oráculos, também uma fonte de sabedoria, sendo a sua compilação denominada "O Livro das Mutações", que é considerado o mais antigo livro chinês e se mantém inalterado desde a *dinastia Han* (漢朝, pinyin: Hàncháo, cantonense: hon3chiu4) (206 a.C. a 220 d.C.)

O *I Ching* influenciou o daoismo e é considerado a principal fonte literária do *feng shui* sendo também uma das suas fontes práticas, pois no *feng shui* é utilizado o *bagua* para desenhar mapas e estudar as energias dos ambientes.[124]

3.5. O Quadrado Mágico

O quadrado mágico, ou *Lo Shu* (洛書, pinyin: luò shū, cantonense: lok6syu1), também se deve ao imperador *Fu Si* que, na carapaça da referida tartaruga, viu dentro dos nove quadrados os caracteres de vários números cuja soma quer na vertical quer na horizontal totalizava sempre quinze. O estudo deste quadrado influenciou o estudo chinês da astrologia e da numerologia.[125]

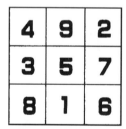 

Figura 9 – O quadrado mágico

---

[123] WINGHRIDGE, Charles, *Tong Sing, the Chinese Book of Wisdom*, p. 71.
[124] TOO, Lillian, *A Enciclopédia Ilustrada do Feng Shui*, pp. 34 a 39.
[125] WEBSTER, Richard, *Feng Shui para Principiantes*, pp. 93 a 95.

3.6. Feng Shui e as suas Escolas

Por tudo o que tem sido apresentado podemos concluir que o estudo e a aplicação do *feng shui* são complexos, pois requerem o conhecimento e o domínio dos princípios relacionados com as suas várias áreas de abrangência. Assim sendo, não é de admirar que ao longo dos séculos tenham surgido várias escolas que, embora partindo dos mesmos princípios, particularizem com mais ênfase diferentes aspectos do *feng shui* na sua abordagem. Actualmente, as mais importantes são[126]:

A. Escola da Forma e da Paisagem
B. Escola da Bússola e das Oito Casas
C. Escola do Chapéu Negro.

3.6.1. Escola da Forma e da Paisagem

A escola da forma e da paisagem é a mais antiga, tendo surgido por volta de 888 a.C. quando *Yang Sun Sung* compilou uma série de informações sobre o *feng shui* para o imperador *Hi Tsang*. Esta escola tem como objectivos ajudar o homem a encontrar o seu lugar na natureza, equilibrando as energias vitais, pessoais, a mente e o espírito, a saúde, as relações interpessoais e o ambiente.

As bases principais do seu estudo são o daoismo, o *I Ching*, o *bagua*, o *yin/yang*, os cinco elementos, a astrologia chinesa, a numerologia e as cores. O seu método de estudo é a análise profunda das pessoas em consulta, relativamente às suas energias pessoais e possíveis desequilíbrios, em simultâneo com uma análise pormenorizada do ambiente e da paisagem circundante, após o que é feito um estudo de todos esses dados em conjunto.

3.6.2. Escola da Bússola ou das Oito Casas

É também uma escola muito antiga tendo perto de três mil anos. O seu objectivo é harmonizar a energia dos ambientes com a dos moradores da casa. As suas bases de estudo são: o *I Ching*, o *yin/yang*, os cinco elementos, a bússola chinesa – *Luo Pan* – (羅盤, pinyin: luo pan, cantonense: lo4 pun4), o *bagua* e o quadrado mágico. Preconiza uma análise exaustiva do ambiente, das construções existentes, da localização, dos materiais utilizados, bem uma análise das influências cósmicas, determinadas pela astrologia e numerologia após o que procura harmonizar todas estas energias.

---

[126] MARTINS, Miriam, *Feng Shui, Viver em Harmonia*, pp. 19 a 22.

3.6.3. Escola do Chapéu Negro

É a escola mais mística, tendo surgido nos anos sessenta nos Estados Unidos da América através do mestre de budismo tântrico tibetano, *Lin Yun*. Tem como objectivo harmonizar a parte psicológica do homem com as energias dos vários ambientes. A sua base de estudo é o *bagua*, as cores e as formas. O seu método de estudo é a análise das cores, formas e pontos cardiais. Preconiza a divisão de uma casa em "oito cantos" ou "oito aspirações", alinhando o *bagua* com estes cantos. Utiliza rezas e curas místicas, bem como objectos "curadores". É a mais controversa e a menos credível das escolas de *feng shui*.[127]

Por tudo o que foi dito, conclui-se que o *feng shui* pode ser usado onde quer que exista um espaço ou um local susceptível de ser trabalhado e melhorado, desde uma secretária a um quarto, uma cidade ou um país.

A cidade proibida de Beijing, os famosos túmulos *Ming* (明, pinyin: míng, cantonense: meng) bem como o palácio de Verão, foram construídos seguindo as regras do *feng shui*. Mas, não foi só na antiguidade que o *feng shui* foi encarado com seriedade. Hoje em dia, são várias as instituições que contratam mestres de *feng shui* para melhorar os ambientes de trabalho, aumentar a produtividade e o bem-estar dos trabalhadores. Segundo registos, entre estas várias organizações internacionais contam-se a British Airways, The Body Shop, a Shell, o Banco da Inglaterra e também a Organização das Nações Unidas.[128]

---

[127] SCHEAPMAKER, Maria Forbes, *Afinal, O Que é o Feng Shui?* pp. 15 a 16.
[128] MARTINS, Miriam, *Feng Shui, Viver em Harmonia*, p. 25.

O SIGNIFICADO DO FENG SHUI

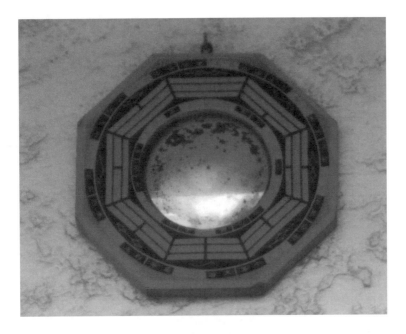

Fotografia 9 – **Bagua**

Fotografia 10 – **Bússola chinesa**

Capítulo 4
Vestuário e Calçado

4.1. Uma Forma de Linguagem

O facto de termos à disposição uma grande variedade de roupa e calçado, faz-nos esquecer que essas são conquistas que devemos aos nossos antepassados longínquos, à sua inteligência, criatividade e perseverança que os levaram a inventar o tear e a descobrir toda uma série de operações que transformaram fibras de plantas, peles e fios extraídos de produtos animais em tecidos e posteriormente em peças de vestuário e calçado.

Linho, cânhamo, lã, peles, algodão, seda, todos eles exigem um tratamento diferente nas diversas fases da sua transformação. Não encontrámos registos concretos sobre a história da descoberta de cada um deles, com excepção da seda que a tradição chinesa refere dever-se à curiosidade e imaginação de *Lei Zu,* (嫘祖, pinyin: Léi Zǔ, cantonense: leui4jou2) consorte do lendário imperador *Huáng Ti* (黃帝, pinyin: Huángdì, cantonense: wong4dai3) (2697-2598 a.C.) que, uma manhã, ao sentar-se sob uma amoreira, observou algumas lagartas a construírem os seus casulos. Ao tentar desmanchar um deles, verificou que o fio que o constituía era macio e brilhante, parecendo ser bastante resistente. Teve então a ideia de tecer esse fio. Para isso iniciou a criação do bicho-da-seda a fim de levar a cabo a experiência. Quando o fez, todos ficaram rendidos ao brilho, textura e beleza daquele novo tecido que não se comparava a nenhum outro conhecido até então.[129]

Numa primeira análise podíamos pensar que a mais importante função do vestuário e do seu complemento, que é o calçado, é proteger-nos dos elementos exteriores. Porém, essa seria uma visão demasiado simplista e redutora,

---

[129] GOMES, Luís Gonzaga, *Chinesices,* pp. 21 a 24.

pois embora se saiba que a protecção contra os elementos exteriores esteve sem dúvida entre os motivos iniciais que levaram a humanidade a inventar o vestuário e o calçado, sabe-se também que desde os primeiros tempos lhes foram atribuídas funções e simbologia próprias, através dos materiais usados no seu fabrico, das suas cores, formas e regras relativas ao seu uso.

Desde o início que o vestuário e o calçado tiveram um lugar de destaque em rituais que incluem uma relação com o sagrado, como nas cerimónias religiosas, sendo-lhes por vezes atribuídos certos poderes protectores, como ainda se verifica no traje de algumas crianças chinesas, cujas pantufas bordadas com cabeças de leão, tigre ou coelho, são providas de olhos para evitar as quedas.[130] Com efeito, o significado do vestuário vai muito além de serem simples peças utilitárias e cada comunidade criou uma espécie de código de conduta relacionado com o seu uso.

Essa codificação representa, nalgumas sociedades, uma forma de linguagem bastante completa e minuciosa, que fornece informações variadas sobre cada pessoa relativamente ao sexo, idade, situação conjugal, existência de filhos, condição social ou profissão entre outras.[131]

Como exemplo de um código relacionado com a idade, podemos falar no quimono japonês feminino, que na adolescência é escarlate e com grandes flores desenhadas. Aos vinte anos, essas grandes flores são substituídas por outra variedade designada por "campainhas", que por sua vez dão lugar a pequeninas flores aos vinte e cinco anos. Com o passar das décadas, as flores vão sendo substituídas por outros desenhos, as cores tornam-se mais discretas, até que na velhice o quimono se transforma numa indumentária de fundo negro ou branco, ornamentado com pequenas figuras geométricas.[132]

A maneira de vestir é uma importante forma de comunicação, uma linguagem viva, já que pode dizer muito sobre a história de cada povo, sendo os trajes a que chamamos tradicionais resultantes em, muitos casos, da combinação de elementos arcaicos, antigos e recentes. O facto de o vestuário poder ser considerado uma língua viva, significa que as mensagens transmitidas pela indumentária sofrem alterações ao mesmo ritmo que as várias sociedades se têm alterado.

---

[130] DELAPORTE, Yves, O Vestuário nas Sociedades Tradicionais in POIRIER, Jean (dir), *História de Costumes, o Homem e o Objecto*, p. 75.

[131] ZAHAN, Dominique, O Homem e a Cor in POIRIER, Jean (dir), *História de Costumes, o Tempo, o Espaço e os Ritmos*, p. 112.

[132] DELAPORTE, Yves, O Vestuário nas Sociedades Tradicionais in POIRIER, Jean (dir), *História de Costumes, o Homem e o Objecto*, p. 60.

VESTUÁRIO E CALÇADO

Na Europa, segundo registos consultados, até por volta do século XII, o vestuário manteve-se igual ao que era usado nos tempos romanos: túnicas até aos pés para as mulheres, sendo as dos homens até ao joelho. Podiam ser de tecido simples de lã (burel), embora fossem sobretudo utilizados panos de fibras de vegetais, mesmo no inverno. As pernas mantinham-se nuas e por vezes não era usado calçado. Este era o vestuário do grupo mais numeroso: os pobres. Quanto aos ricos, dispunham de maior variedade e quantidade de roupa, feita de tecidos quentes de lã, assim como de peles, possuindo calçado adequado à estação do ano. No entanto, o estilo de roupa era o mesmo para ricos e pobres, consistindo a diferença básica no material de que era feito e na quantidade usada por uns e por outros.

No século XIII, surge a roupa interior na França e noutros países da Europa, e por volta de 1350 surge a primeira grande mudança que encurta e estreita o fato masculino, acabando com as túnicas que nunca mais voltarão a ser usadas pelos homens europeus. Quanto às mulheres, também pela mesma altura começaram a usar corpetes apertados e amplos decotes.[133]

A partir daí as mudanças no vestuário serão frequentes e terão posteriormente a designação de moda. Reflexo da melhoria das condições de vida e de uma abertura à mudança, distinguem-se pelo seu carácter efémero e pelas suas mais ou menos rápidas mudanças, por vezes cíclicas.[134] Essas alterações periódicas no vestuário verificaram-se também na indumentária das classes baixas, entre os chamados trajes populares, geralmente de cores garridas e que reflectiam o modo de vida das populações, o clima e os próprios recursos naturais utilizados no seu fabrico.

Em Portugal, a grande diversidade climática e cultural fez surgir inúmeros trajes regionais. As saias curtas ou compridas, quase sempre franzidas, usadas pelas mulheres, faziam conjunto com blusas e corpetes bordados. Sobre a saia muitas vezes sobrepunha-se um avental. Na cabeça um chapéu ou um lenço protegia do sol e também do frio. Por vezes o lenço era usado no pescoço, rematando o traje com um colorido diferente.

Quanto aos homens, adaptavam a largura e o comprimento das calças à profissão que exerciam. Estas eram curtas e estreitas quando o dia de trabalho era passado sobre animais de sela, arregaçadas, para aqueles que tinham na água o seu modo de vida, ou longas e largas quando a profissão se exercia sobre terra firme. Camisas a que se juntavam coletes, jaquetas, ou casacos e chapéus ou barretes, completavam a indumentária. Quanto ao calçado, seguia a mesma

---

[133] BRAUDEL, Fernand, *As Estruturas do Quotidiano - Civilização Material, Economia e Capitalismo, Séculos XV-XVIII*, pp. 272-276.
[134] MAISONNEUVE, Jean, *Os Rituais*, p. 11.

linha orientadora do vestuário. Podia verificar-se a sua ausência, sobretudo entre as populações ribeirinhas, ou resumir-se ao uso de chinelas ou socas, ou ainda, quando o clima e a profissão a isso obrigavam, ser composto por sapatos ou mesmo botas, como no caso dos pastores.

No entanto, se nos meses de verão essa roupa era considerada apropriada, o mesmo não acontecia na estação mais fria, quando os tecidos finos se revelavam insuficientes. Surgiu, por isso, o uso do xaile entre o sexo feminino da classe média e baixa. Geralmente preto ou castanho, de tecido de lã, colmatava a ausência de outras peças de vestuário mais quentes quando era ajustado ao corpo por cima da roupa de algodão. Entre o sexo masculino, as capas e os capotes tinham a mesma função.

Quanto à classe rica seguia a moda europeia não utilizando, regra geral, os trajes populares.

Foi a melhoria do nível de vida, aliada a uma maior facilidade de comunicação que acabaram por uniformizar o estilo do vestuário entre todas as classes, (embora a qualidade do seu fabrico nunca fosse igual), acabando com as diferenças regionais que o caracterizava.

Inicialmente, é provável que os homens utilizassem a matéria-prima que tinham ao seu redor para o fabrico do vestuário. No entanto, o contacto entre os diversos povos e as trocas comerciais levaram a que vários tipos de tecido fossem usados e fabricados, por vezes em locais muito distantes do seu primitivo local de origem. Porém, a qualidade de alguns deles nos países originários sempre foi considerada superior, por ser fruto de séculos de experiência. Esse foi, por exemplo, o caso do algodão egípcio e indiano, dos tecidos de lã ingleses ou da seda chinesa. Esta última foi, durante séculos, uma mercadoria altamente procurada e valorizada no ocidente, que durante muito tempo desconheceu o segredo do seu fabrico. Na China, a seda foi, desde a sua descoberta, o tecido de eleição, sendo em conjunto com o cetim e as peles, a matéria-prima do traje dos imperadores e dos chineses abastados.

Durante o regime imperial, nas cerimónias oficiais, os que possuíam títulos honoríficos vestiam de determinada cor consoante a sua categoria, estando o amarelo reservado ao imperador. A indumentária que usavam consistia numa cabaia comprida bordada, calças largas e sapatos ou botas (também de seda) bordadas. Na cabeça usavam um chapéu igualmente de seda, de forma cónica tendo no vértice um botão indicativo da classe hierárquica a que pertenciam. No dia-a-dia, durante o inverno, era usado sobre a cabaia uma espécie de gibão ("*min-nap*" ou "*min ou*" – 棉襖, pinyin: mián ǎo, cantonense: min4ou2) de pele ou seda acolchoada com algodão em rama. As mulheres ricas usavam também cabaias de seda bordadas, porém com corte diferente do dos homens, pois eram abotoadas lateralmente (enquanto a cabaia masculina era abotoada à

VESTUÁRIO E CALÇADO

frente), sendo justas e possuindo um corte lateral desde a zona acima dos joelhos até ao tornozelo. As cabaias femininas podiam também ser curtas sendo neste caso usadas com calças largas.

Os pobres tanto homens como mulheres usavam calças largas e cabaias curtas de algodão ou outra fibra vegetal, ou ainda de tecido grosso de lã, aos quais se podia sobrepor um *"min-nap"* do mesmo material, acolchoado com algodão em rama. Esta forma de vestir manteve-se sem grandes alterações até à implementação da república (1910), após o que foi adoptada a maneira de vestir ocidental, mantendo-se apenas a cabaia feminina de seda, como traje de cerimónia.[135]

Nas comunidades mais fechadas, muitos dos costumes relacionados com o traje permanecem relativamente estáveis, porque o código transmitido tem uma razão de existir já que é do conhecimento da maioria. Porém, nas sociedades onde o contacto com vários povos passou a ser uma constante, a linguagem original que a forma de vestir transmitia, deixa de ser apreendida por muitas das pessoas que vêem de fora, acabando por cair em desuso.

Todavia, podem existir outros factores relacionados com a história de cada povo, que influenciam a forma de vestir. Por vezes, entre as minorias, o vestuário pode transformar-se num sinal de pertença a uma comunidade, que investe nele valores de identificação com o seu grupo, usando-o como uma forma de afirmação e símbolo de resistência ao modo de trajar dominante.[136]

No entanto, pode suceder o efeito inverso e a forma de vestir de um povo minoritário ser ridicularizada e alvo de censura, acabando por ser substituída pelo traje da maioria. Foi o que sucedeu em Macau à forma de trajar típica da mulher macaense que esteve em voga principalmente entre os séculos XVI e XVIII, e que consistia num *"baju"* que era uma blusa de cor clara e pano fino, cortada em forma de quimono, não ultrapassando as ancas. O traje era ainda composto por duas *"saraças"* que consistiam num pano de algodão estampado tipo *"batik"*, com uma barra nos extremos, cujos desenhos tradicionais eram triângulos alongados pintados ou bordados. Uma das *"saraças"* era enrolada à cintura. A outra, sensivelmente do mesmo tamanho e com desenhos iguais ou parecidos, era usada na cabeça como um manto, cobrindo também parte do rosto. Nos pés, usavam chinelas e o cabelo era untado, alisado e apanhado na nuca, embora as nhonhonhas (raparigas no dialecto macaense) usassem também os cabelos soltos ou entrançados.

---

[135] SILVA, António Emílio da, *Usos e Costumes dos Chineses de Macau*, Anos 50, pp. 44-51.
[136] DELAPORTE, Yves, O Vestuário nas Sociedades Tradicionais in POIRIER, Jean (dir), *História dos Costumes, o Homem e o Objecto*, pp. 53-63.

Para evitar que a "saraça" utilizada na cabeça se sujasse em contacto com os cabelos, pregavam a esta, nessa zona de contacto, um pano branco ou papel engomado, que era denominado o "condés". Quando iam à missa, substituíam a "saraça" que cobria a cabeça por um pano preto ou mantilha, mais ou menos com as mesmas dimensões desta, e que era utilizado também em caso de luto. Posteriormente, servir-lhes-ia de mortalha. Esse pano denominava-se "dó". Algumas mulheres, principalmente da classe alta, em vez da "saraça", usavam saia e manto apanhado na cintura, ao estilo europeu da época.[137]

O traje mais vulgarizado constituído por duas "saraças" e um "baju", era alvo de severas críticas por parte do clero, que gostaria de ver as mulheres vestidas com mantos e saias. Acerca do traje das macaenses escrevia o bispo de Macau *D. Alexandre Pedrosa* ao rei de Portugal, por volta de 1776 "... *a maneira de vestir das mulheres consiste em se embrulharem numa saraça e colocarem outra dobrada sobre a cabeça, de modo que como cai, se descompõem indecorosamente nos lugares mais modestos e tapam ainda todo o rosto para não serem conhecidas, pelo que se afoitam mais a entrar e sair das casas dos solteiros para usos pecaminosos...*".[138]

Porém, apesar da proibição da igreja, as "saraças" continuavam a cobrir a grande maioria das macaenses. A explicação era simples: enquanto o manto exigia saia, blusa de tecido apropriado, sapatos e meias a condizer, com a "saraça", um "baju" de tecido barato e umas chinelas bastavam. Por outro lado, o tecido utilizado para os mantos era muito mais caro que o pano de algodão das "saraças", sendo estas de limpeza mais fácil e maior durabilidade.

Existia ainda outra razão de prestígio social ligada à utilização das "saraças": mesmo nas alturas de crise económica, as mulheres poderiam apresentar sempre um certo fausto, fazendo-se acompanhar na rua pelo seu séquito de escravas, embora esse séquito pudesse ser constituído por parentes, pois como as mulheres iam todas igualmente vestidas e embuçadas, não era fácil distinguir as escravas das senhoras, a não ser pela qualidade dos tecidos utilizados. Os mantos e saias, não as ocultariam da mesma forma.[139]

É ainda o bispo *D. Alexandre Pedrosa*, na já citada carta enviada ao rei, que afirma "...*algumas mulheres usam manto, mas as mais não querem, porque precisam sempre de muitas escravas para o seu acompanhamento...*".[140]

É possível que estes motivos fossem suficientemente fortes para fazer perdurar o uso das "saraças", dos "dós" e dos "bajus", na maioria da população feminina macaense. Foi nos finais do século XVIII e durante o século XIX que um

---

[137] AMARO, Ana Maria, *O Traje da Mulher Macaense*, pp. 115 a 124.
[138] TEIXEIRA, Manuel (Monsenhor), *Os Macaenses*, p. 78.
[139] AMARO, Ana Maria, *O Traje da Mulher Macaense*, p. 125.
[140] TEIXEIRA, Manuel (Monsenhor), *Os Macaenses*, p. 7.

VESTUÁRIO E CALÇADO

maior conhecimento sobre a moda europeia e de outras partes do mundo alterou essa situação. Para essa mudança, contribuiu também a ida mais frequente de senhoras portuguesas europeias a Macau, que troçavam não só do falar das macaenses mas também da sua maneira de vestir.

Ambos os factores alteraram definitivamente o traje da mulher macaense. Primeiro entre as classes altas, posteriormente em toda a população feminina do território. Progressivamente, os *"bajus"* desapareceram e em seu lugar as macaenses começaram a usar blusas brancas de manga comprida, feitas de tecidos leves, normalmente abotoadas à frente e enfeitadas com pregas, refegos, folhos ou rendas.

A *"saraça"* utilizada na cintura, foi sendo substituída por uma saia comprida de chita ou outro tecido, primeiro de cores diversas, depois tendencialmente preta, pregueada e com um ou dois bolsos. Como complemento sobre a cabeça, generalizou-se o *"dó"* do mesmo tecido da saia ou de renda e que substituiu por completo o uso da *"saraça"* colorida. Surgiu ainda outra novidade: os vestidos, que podiam substituir o conjunto de saia e blusa.

Durante o século XIX, o *"dó"* foi progressivamente abandonado pelas classes altas e pelas gerações mais novas mesmo das classes modestas, assim como as tradicionais saias pretas e blusas brancas sendo, no entanto, possível, até meados do século XX, ver em Macau senhoras idosas vestidas dessa forma.[141]

Quanto aos homens macaenses, na rua vestiam-se à europeia, embora em casa pudessem usar calças largas de pano fino e casaco branco com botões dourados de estilo indiano.[142] Com o tempo, a forma de trajar típica dos macaenses foi sendo substituída por estilos ditados por costureiros internacionais, principalmente de Hong Kong, Japão, China e de outros países asiáticos. Esse aspecto, faz com que embora na generalidade a forma de vestir em Macau se baseie nas mesmas tendências da moda europeia, acabe por ter algumas singularidades que a tornam diferente da roupa ocidental.

Pelo que acabámos de referir, verifica-se que apesar da globalização, o vestuário conserva ainda particularidades próprias de cada região, que continuam a reflectir muitos dos aspectos culturais de cada povo.

Por outro lado, existem situações específicas em que determinada moda é deliberadamente adoptada por certos grupos marginais como uma forma de vestir específica, por vezes com carácter provocatório e desafiador, que a utilizam como uma afirmação e identificação com determinada ideologia ou forma de actuar. Também a juventude pode encontrar no vestuário uma forma

---

[141] AMARO, Ana Maria, *O Traje da Mulher Macaense*, pp. 128 a 156.
[142] *Idem, Ibidem*, p. 45.

de identificação com o seu grupo, afirmando-se socialmente ao adoptar determinados estilos, como o "punk, o "retro" ou o "nostálgico".[143]

Porém, para o cidadão comum, a moda é uma das várias referências a seguir para se ser aceite na sociedade em que se está inserido e que afecta todos, em maior ou menor grau. Embora actualmente seja mais original e permissiva que no passado, dando lugar a tendências em substituição de uma forma de vestir rígida, essa flexibilidade não é igual em todos os locais, sendo por vezes necessária coragem, auto confiança e à vontade para isoladamente adoptar estilos de vestuário diferentes daqueles que a maioria usa.[144]

4.2. Amuletos e Jóias

Os amuletos são uma constante etnográfica em todos os povos e épocas desde os persas, sírios, egípcios e chineses, passando pelos incas, azetecas e maias. A arqueologia, por seu turno, revela também o costume milenar de colocar amuletos nas sepulturas encontradas em vários locais da terra.

Amuleto é uma palavra de origem latina "*amuletum*" supondo-se que *Plínio*, escritor latino (23-79 d.C.) tivesse sido o primeiro a usá-la.

O que representam afinal os amuletos, para que os homens de todas as latitudes tenham feito deles uma companhia constante ao longo dos séculos? Considerados objectos protectores, quer durante a vida, quer após a morte (o mais antigo cemitério europeu fora de cavernas, que se presume ter 10 000 anos, foi encontrado no norte da Polónia, com cinco sepulturas, uma das quais continha junto a um esqueleto humano uma bolsa com ossos de javali[145]), já que se acreditava que guardavam o defunto de possíveis perigos e desvios no seu caminho para o além, a sua origem perde-se no tempo. Porém, é possível que o homem primitivo ao trazer consigo dentes, pontas de chifre ou ossos de animais que considerava fortes e destemidos, acreditasse que dessa forma transferiria para si essa mesma força e coragem.

O facto de atribuir a forças mágicas todos os fenómenos para os quais não tinha explicação, fez o homem criar rituais e atribuir poderes a certas pedras, metais e outras coisas variadas que supunha o podiam proteger do mal. Essas crenças transformaram, aos olhos do homem, objectos comuns de diversos materiais, formas e cores em amuletos com poderes mágicos, sendo o poder que lhes era atribuído relacionado com as dificuldades diárias que a humani-

---

[143] Maisonneuve, Jean, *Os Rituais*, p. 111.

[144] Delaporte, Yves, O Vestuário nas Sociedades Tradicionais in Poirier, Jean (dir), *História dos Costumes, o Homem e o Objecto*, p. 82.

[145] Arqueologia (02-03-2006), *Arqueólogos descobrem cemitério mais antigo da Europa* – http://noticias. terra.com.br/interna/0,,O1901319-EI295,00.html.

VESTUÁRIO E CALÇADO

dade enfrentava. Uns eram usados permanentemente, outros apenas em determinadas alturas. De entre os inúmeros amuletos que foram surgindo, havia os que protegiam os homens na guerra, na caça ou nas viagens, os que protegiam as crianças de doenças ou de acidentes, outros que protegiam as mulheres no parto, ou da fragilidade das emoções femininas.

Considerados uma força passiva, os amuletos defendem o seu portador, sendo diferentes do talismã, que possivelmente surgiu na mesma altura e que é considerado uma força activa. Tal como o amuleto, o talismã pode ser qualquer objecto, no entanto, enquanto o amuleto protege contra forças malignas, acredita-se que o talismã contém poderes mágicos que são transmitidos ao seu possuidor. Esses poderes podem ser curativos ou de outra índole, tendo sido transmitidos por deuses ou alguma força superior da natureza. Um dos talismãs mais conhecidos é talvez a espada do rei Artur que, segundo a tradição, lhe transmitia poder a partir do momento em que a retirou da rocha em que estava cravada.

Para adquirirem determinados poderes, os talismãs têm de ser feitos sob condições especiais, ou serem submetidos a elas, como por exemplo certas cerimónias celebradas durante eventos específicos da natureza, como eclipses, ou condições astrológicas raras e julgadas favoráveis.[146]

Por serem mais difíceis de adquirir que os amuletos, o seu uso não é tão vulgar como o destes últimos, que se podem conseguir facilmente e que fazem parte dos ornamentos usados com as peças de vestuário.

Amuleto pode definir-se como sendo um pequeno objecto (figura, medalha, inscrição, ou outro) que alguém traz ou guarda por acreditar no seu poder mágico de prevenir doenças e curá-las, ou afastar desgraças e malefícios.[147]

Na Europa, continente onde impera a religião católica, é comum as pessoas usarem amuletos ligados ao catolicismo, sob a forma de crucifixos e medalhas, gravadas com santos, anjos e imagens de Cristo ou da Virgem Maria, embora talvez pelo seu carácter religioso, raramente se pense neles como sendo amuletos. Simultaneamente, são também vulgares inúmeros amuletos de origem laica e com raízes num longínquo passado pagão, sendo provável que muitas das pessoas que os usam desconheçam a sua verdadeira simbologia.

Um desses exemplos é a figa, um dos amuletos mais antigos contra o "mau-olhado", sendo também um dos mais conhecidos no mundo clássico greco-romano. È a representação de uma mão humana em que o dedo polegar está colocado entre os dedos indicador e médio. Simboliza o acto sexual em que o

[146] The Mystica Mythical, *Folk, Talismans* – http://www.themystica.com/mystica/articles/t/talismans.html
[147] CASCUDO, Câmara, *Dicionário do Folclore Brasileiro, Amuletos* – http://www.terrabrasileira.net/folclore/manifesto.html

polegar é o órgão masculino e o indicador e médio o órgão feminino. Ao significar a reprodução anula as influências negativas da esterilidade.

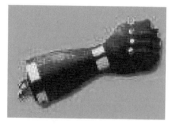

Figura 10 - Figa

Outro amuleto clássico europeu é a ferradura que atrai a boa sorte, afastando o "mau-olhado" e a desgraça. Geralmente, quando em tamanho natural, é pendurada dentro de casa na parte superior das portas. Acredita-se que trará mais sorte se for encontrada ocasionalmente.

Figura 11 - Ferradura

Outros amuletos são menos conhecidos e têm percursos mais sinuosos como a cruz ansata de origem egípcia (*ank*), ligada ao conceito de vida eterna. É conhecida como a "chave do Nilo", representando a união entre Osíris e Iris que originava a cheia periódica do Nilo. Pela sua semelhança com a cruz foi designada por cruz ansata. Mais tarde, identificada como um símbolo pagão, foi adoptada por membros do ocultismo e satanismo.

Figura 12 – **Cruz ansata**

A chamsa é um amuleto de origem árabe-judaica, representando a mão de Deus que abençoa. É o símbolo da bem-aventurança que afasta o "mau-olhado" e atrai a abundância, pois a mão aberta é um gesto que se supõe projectar um fluído mágico capaz de afastar as influências nefastas.

Figura 13 – **Chamsa**

Um dos mais antigos amuletos encontrados é o chamado "olho místico" (também conhecido por olho grego ou olho turco), muito usado para proteger do "mau-olhado". É feito de vidro em tons de azul e com uma forma arredondada, representando um olho que toma conta de quem o usa.[148]

Figura 14 – **Olho místico**

[148] Karan, *Amuletos* – http://www.karantarot.com/blog/category/amuleto/

Tal como na Europa, também na Ásia existem amuletos relacionados com a religião na forma de pingentes representando Buda, ou os diversos deuses em que os povos da Ásia acreditam. Por vezes, são igualmente usados junto ao corpo pedaços de papel ou de tecido de cor amarela ou vermelha, com inscrições budistas e uma representação de Buda, no caso de crentes no budismo. Se, por outro lado, se tratar de seguidores do daoismo, são transcritas passagens do *I Ching*. Estes pedaços de papel ou tecido dobrado formando pequenos quadrados podem ainda ser pregados na parte interna do vestuário, pendurados no interior de automóveis, ou em qualquer ponto estratégico de uma casa. A intenção é sempre a protecção contra o mal. Acredita-se que se as crianças os usarem estarão muito mais protegidas de malefícios, uma vez que, por serem pequenas, não os conseguem combater sozinhas.[149]

Na China, para além dos amuletos referidos, existem também os amuletos laicos igualmente em forma de pingentes com representações de caracteres de significado auspicioso e protector ou com alguns dos muitos símbolos da sorte em que os chineses acreditam, como os peixes (símbolos da abundância e que afasta a miséria) ou a tartaruga e o pêssego (símbolos da longevidade, que protegem contra a morte prematura).

Curiosamente (ou talvez não), a ferradura pendurada dentro da casa é também na China considerada um símbolo de sorte, já que segundo o *feng shui* representa a configuração ideal de qualquer superfície terrestre com o acesso protegido pela meia-lua oposta ao local de entrada.[150]

A fusão e a moldagem artística de metais nobres combinados com pedras preciosas e semipreciosas (com a designação geral de gemas) são os constituintes principais de objectos vulgarmente designados por jóias. Com uma função diferente da que têm o vestuário ou o calçado, são considerados ornamentos, podendo representar animais, figuras geométricas ou outras. Exercendo um grande fascínio sobre os homens desde tempos imemoriais, têm sido valorizadas por todas as civilizações, como mostram descobertas arqueológicas das mais variadas latitudes e épocas.

Conjugando, por vezes, as funções de amuleto, talismã e jóia, o valor desses metais e gemas resulta provavelmente das suas cores, do seu brilho e do simbolismo que lhes é atribuído, levando a humanidade a procurá-los não obstante as inúmeras dificuldades e dispêndio de recursos que muitas vezes a sua extracção acarreta.

Sem a vistosa plumagem dos pássaros, a harmonia das cores dos peixes e répteis, ou a bela pelagem dos mamíferos, o homem enfeita-se com jóias.

---

[149] Too, Lillian, *Feng Shui Symbols of Good Fortune*, pp. 115-116.
[150] *Idem, Guia Prático do Feng Shui*, p. 131.

VESTUÁRIO E CALÇADO

Quando à função de enfeite se reúne a de protecção, surgem amuletos laicos e religiosos de ouro, prata, turquesa, safiras, ametistas, ou brilhantes.

Embora no fabrico das jóias, a maior parte da matéria-prima utilizada seja constituída por metais nobres e gemas de várias origens, formadas ao longo de milhões de anos, por vezes são também utilizados componentes mais recentes de origem animal que são considerados valiosos, como é o caso das pérolas, do marfim e do coral.

As jóias têm acompanhado o homem ao longo da sua história e, tal como o vestuário, marcam com a sua presença os momentos mais importantes da vida.

Com o tempo foi dada uma simbologia própria a cada gema e aos outros materiais componentes das jóias e, tal como a indumentária, a sua utilização valoriza e embeleza certos rituais, de que é exemplo uma coroação real, em que a coroa, sendo o objecto principal, é simultaneamente uma obra-prima de joalharia. Noutras situações, as jóias são a afirmação do estatuto social ou político do seu portador, como o são as jóias usadas em eventos importantes, que incluem a alta sociedade de qualquer país. Podem também ser mensageiras de algo que se quer transmitir como no caso da oferta de um anel de noivado.

Apesar de na sua generalidade todos os povos valorizarem as jóias, o simbolismo que alguns atribuem a determinados materiais e gemas em particular torna-os altamente cotados e procurados em certos locais, embora o seu preço noutros mercados possa ser bastante inferior. O significado que uma pedra semipreciosa designada por jade tem para os chineses é um bom exemplo dessa situação.

Com efeito, embora os chineses utilizem desde a antiguidade metais nobres, pedras preciosas e semipreciosas, o jade é a preferida e para eles a mais valiosa gema.[151]

Há dois tipos de jade: nefrite ou nefrita, e jadeíte ou jadaíta. É um mineral de silicato de alumina e sódio com cal, magnésio e protóxido de ferro[152], característico por ser bastante frio ao toque, resistente ao choque (de dureza entre 6 a 7 na escala de Mohs uma das que é usada para medir a resistência dos minerais e cuja graduação vai de 1 a 10[153]) e com um brilho próprio. A nefrite geralmente apresenta uma só cor, que pode ir do branco ao preto passando pelo azul, vermelho, verde e amarelo. A jadeíte por seu lado, pode apresentar uma cor única ou mais de uma, em simultâneo (para os chineses a cor preferida é o verde). A variação, a cor e tonalidade dependem da proporção de ferro que

---

[151] SILVA, António E. M. R., *Uso e Costumes dos Chineses de Macau, Anos 50*, p. 51.

[152] FIGUEIREDO, Cândido de, *Dicionário da Língua Portuguesa*, p. 160.

[153] BARROS, Leonel, *Macau, Coisas da Terra e do Céu*, p. 155.

contém.[154] O verdadeiro jade é difícil de encontrar e o seu preço é semelhante ao dos diamantes. Existem muitas outras pedras semelhantes e outros materiais que se usam como substitutos, e que são frequentemente vendidos com a designação de jade.[155]

O jade está incluído em muitos aspectos da vida diária dos chineses, que lhe atribuem poderes mágicos, transformando-o, assim, em amuleto. Acredita-se que impede a decomposição dos cadáveres, por esse motivo anteriormente era colocado em grande quantidade nos túmulos dos imperadores, sendo por vezes o próprio caixão feito desse material. Actualmente, a crença mantém-se e é vulgar colocarem na boca dos defuntos um bocado de jade[156], em forma de cigarra, uma vez que estes insectos simbolizam a preservação do corpo e o renascimento, pois vivem em forma de larva sob o solo durante vários anos, e emergem posteriormente para se tornarem cigarras adultas.[157]

Também há o costume de colocar argolas de jade nos bebés, por se acreditar que os acalmam[158] e protegem, uma vez que o jade é considerado protector contra os espíritos malignos e afasta pesadelos e sonhos maus, acreditando-se que evita doenças e traumatismos. Para afugentar estes males, os chineses fervem também um pedaço de jade em água dando posteriormente esta água a beber à criança.[159]

Para os chineses, o jade é considerado um presente com um significado simbólico que se oferece apenas a parentes próximos ou amigos especiais[160], sendo também considerado um símbolo de pureza, beleza e virtude.[161]

---

[154] BARROS, Leonel, *Macau, Coisas da Terra e do Céu*, pp. 155 e 156.
[155] WILLIAMS, C.A.S., *Outlines of Chinese Symbolism and Art Motives*, pp. 234 e 235.
[156] EBLRHARD, Wolfram, *Dictionary of Chinese Symbolism*, p. 153.
[157] BARROS, Leonel, *Macau, Coisas da Terra e do Céu*, p. 156.
[158] PINTO, Isabel, *O Comportamento Cultural dos Macaenses Perante o Nascimento*, p. 69.
[159] INGRAM, Shirley e NG, Rebecca S. Y., *Cantonese Culture*, p. 25.
[160] *Idem, Ibidem*, p. 26.
[161] Imperial Tours, *Crafts* - http://www.imperialours.net/crafts.html

VESTUÁRIO E CALÇADO

Fotografia 11
Pendente budista de pano

Fotografia 12
Pendentes de jade

Fotografia 13
Pendentes de jade em forma de peixe

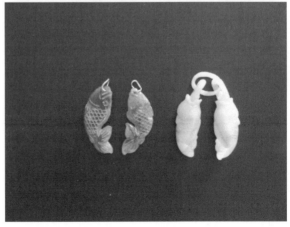

Capítulo 5
Homens e Alimentação

5.1. Alimentação: uma forma de comunicação

O percurso alimentar de cada povo é um importante documento vivo que reflecte aspectos culturais únicos, apesar de ser um assunto que geralmente fica excluído dos programas escolares, talvez por se considerar que constitui matéria de menor importância relativamente à matemática, à química ou à biologia.

No entanto, a maneira como cada sociedade se alimenta é um somatório resultante de aspectos muito variados que vão desde os recursos naturais, à localização geográfica e ao clima, que por sua vez se combinam com factores históricos, religiosos e sociais.

O resultado é uma espantosa diversidade alimentar, já que a maneira como cada povo junta estas variáveis se reflecte naquilo que escolhe ou rejeita como alimento e bebida, na forma como os prepara e no modo de comer que adoptou.

Ao longo do tempo cada sociedade foi criando a sua própria culinária, a par da respectiva linguagem gastronómica, através de um processo contínuo que se vai alterando à medida que a vida dos povos também se altera, embora haja certas características e hábitos alimentares que permanecem quase imutáveis, por estarem associados a rituais ou por terem uma forte tradição cultural.

No fundo, cada povo tem o sentimento de comer aquilo que lhe convém. Por este motivo, a sua alimentação tradicional raramente lhe parece monótona ainda que os de fora a possam considerar assim. A predominância das respostas dadas a três das perguntas de um inquérito sobre alimentação realizado no sudeste francês reflecte esse aspecto:

"... o que come com mais frequência ?
– Ovos com toucinho e sopa.
O que gosta mais de comer?
– Ovos com toucinho e sopa.
Se pudesse mudar, o que gostaria de comer?
– Ovos com toucinho e sopa."[162]

Devido a um maior contacto com o exterior, é nos países desenvolvidos que os hábitos alimentares têm sido alvo de profunda transformação, sendo no entanto os jovens e os habitantes dos meios urbanos os mais receptivos a experimentar novos sabores e eventualmente a incluí-los na sua alimentação. Essa mudança de hábitos deve-se, em grande parte, à globalização que tem contribuído para divulgar diferentes produtos e formas de cozinhar entre os vários países do globo, transformando o acto de comer, que durante milhares de anos foi para o homem apenas a satisfação de uma necessidade básica, numa indústria com regras e leis próprias, alvo de estudos e experiências científicas, sendo com frequência a forma como são produzidos alguns alimentos motivo de contestação e de polémica.

Na sequência desta conjuntura e de um maior esclarecimento dos cidadãos assiste-se, nos países industrializados, a uma valorização dos alimentos produzidos de forma natural e à redescoberta de sabores genuínos e tradicionais. Por esse motivo, determinados alimentos e formas de produção passaram a estar associados a estilos de vida considerados saudáveis e mais próximos da natureza.

Podemos, pois, concluir que aquilo que cada um hoje come é muito mais do que o simples e inocente acto de ingerir alimentos. Transformou-se numa forma de comunicação, numa forma de afirmação daquilo que se é e se escolhe, e que reflecte a cultura, o estatuto social, a religião, a ideologia e, em última análise, a história de vida de cada um. Para se chegar a este estádio, longo e diverso tem sido o caminho da humanidade no que respeita a alimentação. Nele, cada povo trilhou o seu próprio percurso alimentar a par com a sua história, num entrecruzar que se reflecte nos sabores, nos cheiros, e até nas cores daquilo que come e que constitui uma parte fundamental da sua cultura.

---

[162] GARINE, Igor de, As Modas Alimentares; História da alimentação e dos modos de comer in POIRIER, Jean (dir), *História dos Costumes – O Homem e o seu Meio Natural*, p. 138.

HOMENS E ALIMENTAÇÃO

5.2. A Europa à mesa

Provavelmente durante milénios, o acto de comer foi idêntico nas várias partes do mundo, com os homens acocorados ou sentados à volta da mesma fogueira assando e comendo a carne que traziam das caçadas. No entanto, com o passar do tempo, as várias sociedades diversificaram os seus hábitos e formas de comer.

Na Europa, entre as classes ricas das civilizações grega e romana, comia-se semi-deitado em decúbito lateral sobre cadeirões próprios, sendo os alimentos recolhidos de pequenas mesas individuais no caso grego e de uma única mesa central e baixa entre a sociedade romana. Os alimentos eram preparados em forma de almôndegas, patés ou pequenos pedaços, a fim de poderem ser levados directamente à boca com os dedos de uma só mão.[163]

O modo de comer semi-deitado acabou por ser abandonado entre os europeus, que passaram a comer sentados, não a uma mesa fixa, mas à frente de tábuas colocadas sobre cavaletes que se cobriam com toalhas brancas, sobretudo nos banquetes. O uso destas mesas improvisadas para as refeições prolongou-se durante vários séculos, havendo registos que em França se manteve até ao século XVIII.[164]

Desses tempos, ficaram as expressões "pôr a mesa" e "levantar a mesa". Os objectos usados durante as refeições eram as grandes travessas e terrinas colocadas no centro da mesa e as malgas para comer sopas, purés e papas que, com os copos ou taças, eram partilhadas por duas pessoas. As colheres e facas, muitas vezes em número reduzido, eram, em caso de banquetes, levadas pelos convidados para uso pessoal.

Os pequenos pedaços de comida das mesas greco-romanas deram lugar aos grandes assados trinchados com a faca e a ajuda da mão e colocados em travessas no centro da mesa. Os pedaços eram daí retirados com os dedos pelos comensais e colocados sobre pão numa prancheta de madeira ou metal, partilhada com quem estivesse sentado ao lado.[165]

Esse modo e forma de comer mantiveram-se na Europa durante séculos.

O garfo, inventado segundo se crê em Bizâncio, chega à Itália entre os séculos XIV e XV, implementando-se lentamente na Europa, onde a sua utilização a nível individual só foi aceite em pleno no século XVIII, já que inicialmente foi usado apenas para trinchar a carne. O prato raso substitui, a partir do século

---

[163] FLANDRIN, Jean-Louis; MONTANARI Massimo. *História da Alimentação 2: Da Idade Média aos Tempos Actuais*, p. 113.

[164] FLANDRIN, Jean-Louis; MONTANARI Massimo. *História da Alimentação 2: Da Idade Média aos Tempos Actuais*, p. 162.

[165] LAURIOUX, Bruno, *A Idade Média à Mesa*, pp. 96 e 97.

XVI, o trincho medieval e, a pouco e pouco, individualiza-se a loiça utilizada à mesa, com excepção dos utensílios de serviço que acompanham as travessas.[166]

Embora haja registo de manuais de boas maneiras à mesa a partir do século XII, só lhes foi dada verdadeira atenção séculos mais tarde. Podemos hoje ler alguns dos textos sobre o assunto atribuídos a *Erasmo* (c.1466-1536) e adaptados em 1624 para jovens oficiais do Landgraviato da Alsácia, "*...não te assoes ao guardanapo, não cuspas no prato, não voltes a pôr na travessa ossos roídos ou alimentos começados e depois rejeitados...*".[167]

No século XIV começou a ser distribuída água no início e no final das refeições para lavagem das mãos, com o objectivo de "poupar a toalha", já que era hábito limpar nela as mãos e a boca.[168]

É possível que a invenção do guardanapo remonte ao século XV e se deva a *Leonardo da Vinci* (1452-1519). Inicialmente, porém, os convivas que à frente do seu lugar o encontravam, não sabiam o que fazer com ele. Uns utilizavam-no como lenço, alguns atiravam-no a outros convivas como forma de brincadeira, outros ainda embrulhavam nele alimentos que levavam consigo no final da refeição, continuando a limpar as mãos à toalha ou à roupa de quem estivesse ao lado, como era habitual.[169]

Serão necessárias, ainda, várias dezenas de anos para que os hábitos e as maneiras à mesa dos europeus se assemelhassem às que conhecemos actualmente.

Com a sedentarização dos povos europeus e o desenvolvimento da agricultura, a base da alimentação na Europa passou a ser maioritariamente constituída por cereais e leguminosas, cuja farinha se utilizava no fabrico de pão, papas, sêmola ou bolachas, sendo todos os outros alimentos considerados acompanhamento dessa base principal.[170]

O homem europeu aprendeu a misturar os diversos tipos de farinha com o objectivo de os tornar panificáveis e melhorar o seu sabor e textura. De todos, o eleito para essa função foi sempre o trigo, o cereal mais rico em glúten, o que aumenta a sua elasticidade e capacidade de reter ar, fazendo com que, ao ser amassado com água e fermento e submetido ao calor do forno, aumente de volume, ganhando uma crosta estaladiça ao mesmo tempo que a parte interna se mantém macia e leve.[171]

---

[166] FLANDRIN, Jean-Louis; MONTANARI Massimo. *História da Alimentação 2: Da Idade Média aos Tempos Actuais*, p. 163.

[167] *Idem, Ibidem*, pp. 115 e 116.

[168] *Idem, Ibidem*, pp. 116 e 117.

[169] ROUTH, Shelag; ROUTH, Jonathan, *Notas de Cozinha de Leonardo da Vinci*, pp. 118 e 119.

[170] LAURIOUX, Bruno, *A Idade Média à Mesa*, p. 19.

[171] CRUZ, Marques da, *O Pão Nosso, uma História do Pão na Sociedade do Ocidente Europeu*, pp. 24 a 27.

HOMENS E ALIMENTAÇÃO

Entre as variedades de trigo existentes, a mais apreciada tem sido a de trigo-candial (*Triticum monococcum L. subsp. Monococcum Genius*[172]), de que resulta um pão branco e fino, que durante séculos foi reservado aos ricos. Os pobres utilizavam uma mistura de farinhas escuras e grosseiras comidas em forma de papas ou polenta e que, quando panificáveis, resultavam num pão escuro e pesado. Daí se considerar que a hierarquia das pessoas se definia pela cor do pão que comiam.[173] Porém, não era só a cor do pão que definia o estatuto social dos europeus, eram também os restantes alimentos que o acompanhavam.

Durante a Idade Média e o Renascimento, os europeus dividiam os animais e plantas em categorias, e consoante a categoria a que pertencessem, assim era considerada benéfica ou nefasta a sua ingestão, pelas pessoas das diferentes classes sociais. Esta distinção alimentar baseava-se na existência de uma espécie de código que definia a natureza nobre ou inferior de cada alimento, fundamentada em teorias segundo as quais todas as plantas e animais ocupavam um determinado lugar ascendente ou descendente numa cadeia – "a cadeia do ser" – sendo cada um deles considerado mais nobre do que os que se posicionavam abaixo e menos nobre do que aqueles que lhe ficavam acima. A cadeia do ser era composta por quatro grupos representando os quatro elementos: terra, água, ar e fogo (ao elemento Fogo, pertenciam os animais mitológicos como os dragões e a Fénix, e não eram comestíveis).

A Terra, o mais baixo desses elementos constituía o substrato em que cresciam as plantas que, por esse motivo, eram consideradas o grupo inferior, embora não fosse atribuído a todas o mesmo valor. Os bolbos comestíveis eram tidos como os mais inferiores (cebolas, alhos, etc.). Em seguida, vinham as raízes comestíveis como o nabo e a cenoura que, por sua vez, eram consideradas inferiores às folhas como as couves e espinafres, cabendo o lugar cimeiro deste grupo aos frutos das árvores uma vez que se elevavam no ar. Bolbos, raízes, vegetais e leguminosas eram, por essa razão, os alimentos considerados adequados às classes mais baixas da população, enquanto os frutos eram adequados às pessoas de classe elevada, por se acreditar que a seiva ascendente das árvores aperfeiçoava os humores frios e brutos da terra. Por este motivo, os frutos posicionados mais alto na árvore eram melhores do que aqueles localizados mais próximos do chão.

No elemento correspondente à Água, e seguindo a ordem de ideias anterior, os animais mais valorizados, e por isso indicados às classes altas, eram os peixes que nadassem junto à superfície (mais próximo do ar) ou melhor ainda,

---

[172] Agriculture and agri-food, *Trifolium Wormskioldii* – http://pgrc3.agr.gc.ca/cgi-bin/npgs/html/taxon.pl?40597

[173] Laurioux, Bruno, *A Idade Média à Mesa*, p. 19.

os mamíferos que respirassem à tona da água, como os golfinhos e as baleias. Continuando esta linha de pensamento, conclui-se que os alimentos de eleição das classes ricas pertenciam à categoria do ar e eram as aves, com excepção das aquáticas, talvez por mergulharem e descerem ao elemento água, considerado inferior ao do ar.

Quanto aos quadrúpedes, encontravam-se num grupo intermédio pois andavam na terra embora não lhe pertencessem. A vitela foi sempre o animal mais valorizado desse grupo, e a carne mais cara logo a seguir à das aves, enquanto o porco ocupava o lugar mais baixo sendo a sua carne particularmente desprezada pelas classes ricas, sobretudo se fosse salgada. A carne de porco e a dos restantes quadrúpedes, quando velhos, destinavam-se à alimentação das classes baixas, já que a sua carne dura e fibrosa juntamente com os vegetais, as leguminosas e o pão escuro, eram considerados ideais para os resistentes estômagos das pessoas de classes inferiores, que precisavam de uma alimentação forte e energética para poderem trabalhar.

Já o pão branco, a delicada carne das aves e da vitela, os patés, os frutos e outras iguarias, eram a alimentação aconselhada aos ricos, de estômagos sensíveis e possuidores de uma inteligência e sensibilidade superior, que deviam consumir alimentos considerados também superiores e necessários à sua constituição física e mental.

Esta distinção na alimentação estava enraizada nos costumes da época e perdurou por vários séculos.[174]

Verifica-se que, à semelhança do vestuário, os alimentos também possuíam uma conotação estereotipada na hierarquia social. Enquanto os pobres baseavam a sua alimentação em pratos simples e rotineiros compostos por pão, papas e sopa de produtos hortícolas, alguma carne (por vezes de caça) ou peixe e utilizavam ervas aromáticas frescas nos seus temperos, as classes altas dispunham de uma alimentação diversificada, utilizando nos temperos grande variedade de especiarias, pois podiam adquiri-las. As especiarias consideradas "quentes e secas", eram aconselhadas pelos físicos para ajudar a digestão das complicadas receitas de alguns dos pratos, bem como dos excessos alimentares desse grupo social.

Os físicos recomendavam também as especiarias para tornar a carne mais digerível, já que imaginavam a digestão como uma cozedura e as especiarias consideradas quentes e secas contrabalançavam a humidade e a frieza de algumas dessas carnes. Segundo o conceito da época, as carnes consideradas gordas (húmidas) deviam ser assadas, o que as secava e as carnes magras deviam ser

---

[174] FLANDRIN, Jean-Louis; MONTANARI Massimo. *História da Alimentação 2: Da Idade Média aos Tempos Actuais*, pp. 83 a 93.

cozidas. A carne de porco por ser classificada de muito gorda, devia ser conservada em sal, para lhe extrair o excesso de humidade.[175]

Os europeus não se alimentavam todos da mesma maneira. Devido ao clima, à localização geográfica e a condicionantes várias, acabaram por surgir na Europa três estilos principais de dieta alimentar: o estilo continental europeu, o da Europa do Norte marítima e o estilo mediterrânico.

Na Europa continental, caracterizada por um clima frio e chuvoso, tem predominado uma economia agro-pastoril, em conjunto com a caça e recolecção. Embora se comesse carne e peixe fresco (sobretudo de rio, como a perca, o lúcio ou a carpa), a estes sobrepôs-se a carne e o peixe fumados, marinados ou salgados, bem como tubérculos resistentes ao frio, de que são exemplo a beterraba, o nabo ou o rábano. Consumiam-se também leguminosas e legumes secos ou conservados em vinagre. As castanhas, os cogumelos e os frutos secos faziam parte da dieta, que incluía muitos guisados (cozedura simultânea de leguminosas ou tubérculos com carne ou peixe, baseada num refogado ou fritura prévia).[176]

Os produtos lácteos sempre foram consumidos em abundância na forma de queijo, manteiga e natas azedas. Dos cereais cultivados surgiram, além do pão e papas, também crepes, empadas, pastéis e bolos. A fruta, sobretudo em bagas, tem sido utilizada em doces e compotas que se usam nos molhos para acompanhamento das carnes.

Na Europa marítima, a alimentação, embora semelhante à da Europa continental, incluía peixe do mar, consumido quer fresco quer de outras formas.

A gordura utilizada para cozinhar alimentos na Europa continental e marítima tem sido tradicionalmente de origem animal.

Na cozinha mediterrânica, os cereais ganham um lugar de destaque, sendo consumidos em forma de papas espessas ou pão. A farinha é ainda utilizada no fabrico de massas que, em Nápoles, são consumidas (gratinadas, recheadas ou cozidas) desde o século XIII. O azeite foi sempre a gordura principal utilizada na cozinha, sendo os frutos e os legumes abundantes e por vezes consumidos crus.

Um dos pratos centrais da dieta mediterrânica é a sopa, que inclui legumes, leguminosas e por vezes alguma carne que se come fresca ou salgada. O pão acompanha a sopa. O consumo de peixe é de uso corrente, consumindo-se fresco ou salgado. As caldeiradas (cozedura simultânea de vegetais frescos habitualmente com peixe que não passa pelo refogado, por vezes servida como

---

[175] FLANDRIN, Jean-Louis; MONTANARI Massimo. *História da Alimentação 2: Da Idade Média aos Tempos Actuais*, pp. 98 a 100.

[176] FIGUEIREDO, *Cândido de, Dicionário da Língua Portuguesa*, Vol. I, p. 1358; Wikipedia, *Guisado* – http://pt.wikipedia.org/wiki/Guisado

uma sopa cujo tempero pode incluir apenas sal, azeite e ervas aromáticas)[177] são pratos habituais nas regiões litorais. Os produtos lácteos consomem-se sobretudo em forma de queijo.[178]

Relativamente às bebidas, o que bebiam os europeus?

A água foi, durante séculos, considerada uma bebida perigosa e causadora de doenças, já que muitas vezes, principalmente nas cidades, era difícil conseguir água potável. A água simples não era, por isso, uma bebida comum. No norte da Europa bebia-se uma cerveja espessa feita de vários cereais fermentados, aromatizados com mel e outros ingredientes (posteriormente foi utilizado lúpulo que lhe deu o sabor amargo e garantiu a sua conservação). Bebia-se também hidromel (bebida alcoólica fermentada à base de mel e água, cujo consumo remonta à antiguidade, e de fabricação anterior à do vinho e da cerveja).[179]

Os povos germânicos bebiam leite que, como bebida, era desprezada no sul da Europa e associada aos povos bárbaros. Esses mesmos povos no sul da Europa tinham a sua bebida de eleição: o vinho. Fabricava-se também a sidra originária da Biscaia, cuja produção se estendeu às regiões limítrofes, mas que nunca atingiu a importância do vinho e da cerveja.[180]

Os hábitos alimentares dos europeus sofreriam profundas alterações com os descobrimentos marítimos iniciados no século XV por Portugal, seguido pela Espanha, Inglaterra, Holanda e França. Este movimento introduziria na Europa novos produtos comestíveis e novas bebidas que alterariam para sempre os hábitos e as ementas dos europeus. Alimentos como a batata, o milho, o tomate, o pimento, a mandioca, o ananás, o peru, foram alguns dos que, entre tantos outros, passaram a fazer parte das refeições dos europeus, verificando-se também a generalização do consumo de açúcar e de arroz. A introdução gradual destes produtos na alimentação, levou a que substituíssem, em muitos casos, o consumo das papas e do pão.

Relativamente às bebidas, a introdução do chá, do café e do chocolate constituiu a alternativa à cerveja e ao vinho permitindo que, ao ingeri-los mesmo em grande quantidade, as pessoas se mantivessem sóbrias. Por outro lado, alguns alimentos habituais nas mesas europeias da Idade Média foram sendo

---

[177] FIGUEIREDO, Cândido de, *Dicionário da Língua Portuguesa*, Vol. I, p. 490; Wikipedia, *Caldeirada* –http://pt.wikipedia.org/wiki/Caldeirada

[178] FLANDRIN, Jean-Louis; MONTANARI Massimo. *História da Alimentação 2: Da Idade Média aos Tempos Actuais*, pp. 208 a 213.

[179] Wikipedia, *Hidromel* – http://pt.wikipedia.org/wiki/Hidromel

[180] BRAUDEL, Fernand, *As Estruturas do Quotidiano, Civilização Material Económica e Capitalismo, Séculos XV-XVIII*, pp. 194 a 206.

HOMENS E ALIMENTAÇÃO

gradualmente abandonados nomeadamente algumas espécies animais como a cegonha, o cisne, o pavão, a garça-real, a foca e o golfinho, entre outros.[181]

5.2.1. A Alimentação dos Portugueses

O estilo alimentar em Portugal inclui-se no tipo mediterrânico e, à semelhança dos restantes países europeus, foi influenciado a partir do século XV pela introdução de novos produtos originários de outros continentes. Entre as várias alterações que essa situação originou, mencionamos apenas algumas.

O milho-miúdo (*panicum milaceum*), cultivado tradicionalmente, foi progressivamente sendo substituído pelo milho maíz (*zea mays*), originário da América e de maior produtividade.[182] O açúcar de cana passou a ser mais utilizado, substituindo muitas vezes o mel e constituindo, nos séculos seguintes, o ingrediente básico da doçaria nacional.

A batata, que se adaptou facilmente ao continente europeu, revelou-se um tubérculo versátil permitindo diversas formas de cozedura, embora só no século XIX entrasse em pleno nos hábitos alimentares dos portugueses.[183] Além de trazer um novo sabor e consistência às sopas e caldeiradas, passou a ser o substituto do pão como acompanhamento de cozidos e grelhados.

O arroz, que embora passasse a ser consumido pela generalidade da população também só a partir do século XIX se tornaria no ingrediente que, cozinhado com carne, peixe ou vegetais (raramente simples), encontraria lugar nas ementas portuguesas diárias.[184]

Os produtos introduzidos, misturando-se com ingredientes já utilizados anteriormente, enriqueceram e diversificaram a alimentação da população, ao entrar nas suas rotinas diárias alimentares, sendo incluídos mesmo nos pratos mais típicos: os pastéis de bacalhau jamais o seriam sem a batata, tubérculo que, juntamente com tomate e pimento (igualmente de origem americana), passaram também a constituir a base das caldeiradas. E que dizer do arroz doce ou dos bolos de chocolate?

Embora as diferenças alimentares entre ricos e pobres se mantivessem, os novos produtos que se adaptaram ao solo português introduziram outros paladares nas mesas destes últimos, ajudando a quebrar um pouco a monotonia das suas refeições. Porém, essa monotonia só era verdadeiramente quebrada em dias de festa, geralmente associados a eventos religiosos, ou a actividades

---

[181] LAURIOUX, Bruno, *A Idade Média à Mesa*, p. 55.
[182] PAQUETE, Manuel, *Cozinha Saloia, Hábitos e Práticas Alimentares no Termo de Lisboa*, p. 62.
[183] *Idem, Ibidem*, p. 66.
[184] *Idem, Ibidem*.

agro-pastoris.[185] Estas actividades eram quase sempre locais, porque se relacionavam com os produtos próprios de cada região, como as vindimas ou a apanha da azeitona, não adquirindo um carácter tão generalizado como as festividades religiosas celebradas de norte a sul do país por habitantes do campo e da cidade.

As celebrações e festividades ligadas à Páscoa e à quadra natalícia sempre foram consideradas as mais importantes. A elas, está também ligada toda uma variada tradição gastronómica que, consoante os diferentes locais, se repete ritualmente todos os anos.

A Páscoa corresponde, no calendário cristão, ao ciclo da floração ou da renovação. Teve origem numa festa judia *"pessah"*, comemorativa da saída do povo hebreu do Egipto, êxodo este celebrado com o consumo de pão ázimo e o sacrifício de um cordeiro. A transposição desta comemoração para o cristianismo significou a ruptura entre a morte e ressurreição de Cristo, símbolo de renovação.

O domingo de Páscoa tem lugar no primeiro domingo que se segue à primeira lua cheia após o equinócio da primavera. As ementas, embora possam divergir em alguns aspectos entre as várias regiões do país, mantêm pontos comuns. Na sexta-feira santa que, segundo a tradição cristã, está inserida numa quadra de jejum, a ementa é por esse motivo constituída por pratos de peixe, sendo o domingo de Páscoa, o dia em que tradicionalmente se come carne, na maioria dos casos borrego. Os doces tradicionais dessa época são o folar, os ovos e as amêndoas. O folar é um bolo de massa seca e doce de forma arredondada, guarnecido na parte superior com ovos cozidos. Os ovos são símbolos de fecundidade e abundância, sendo grande também o consumo de ovos feitos de chocolate nesta altura. A amendoeira é a primeira árvore a florir na primavera, estando também associada à fecundidade e abundância, pelo que o consumo de amêndoas está relacionado com a Páscoa.[186]

Relativamente ao Natal, presume-se que tenha origem nas festas egípcias dedicadas a Osíris e adoptadas pelos romanos, que celebravam, a 25 de Dezembro, o dia do Sol, ligado ao solstício de Inverno. Este culto foi transferido para o mundo cristão, passando a ser celebrado na mesma data o nascimento de Jesus – o novo Sol do mundo.[187]

Como todas as festas religiosas, também esta incluiu o jejum, constituído por uma ementa à base de peixe. Esse peixe era geralmente o bacalhau, cujo consumo foi provavelmente introduzido pelos vikings que, no século X, o

---

[185] LAURIOUX, Bruno, *A Idade Média à Mesa*, p. 89.
[186] PAQUETE, Manuel, *Cozinha Saloia, Hábitos e Práticas Alimentares no Termo de Lisboa*, pp. 94 e 95.
[187] *Idem, Ibidem*, p. 72.

trocavam por sal entre as populações costeiras da zona de Setúbal.[188] O bacalhau, até meados do século XX, era barato e acessível a todas as bolsas, vendendo-se um pouco por todo o país e podendo ser conservado por longos períodos sem se deteriorar, sendo o peixe ideal para os dias de jejum.

Com o tempo, o prato de bacalhau cozido com batatas, brócolos ou couves juntamente com ovos cozidos e cebolas, passou a ser tradição no jantar de 24 de Dezembro[189], embora em algumas zonas do país se inclua também na ementa polvo cozido.

No dia 25 de Dezembro come-se, em algumas regiões o que sobrou da refeição anterior depois de salteado em azeite e alhos. É a chamada "roupa velha", ao qual se pode seguir um prato de carne que geralmente é peru assado, embora algumas famílias prefiram capão, galinha, borrego ou leitão.

Durante toda a quadra, é grande a variedade de doces tradicionais, já que praticamente todas as regiões têm os seus, embora haja alguns mais populares e que normalmente estão presentes em todas as mesas, como o bolo-rei, as rabanadas ou os sonhos, mesmo nas mesas dos emigrantes onde não falta também o bacalhau, já que o Natal é sem dúvida a festividade com maior tradição e significado entre as famílias portuguesas.

5.3. A Ásia à mesa

A alimentação das civilizações asiáticas baseia-se em princípios e regras diferentes daquelas que regem os europeus. As inúmeras religiões e filosofias aí praticadas, as diferentes culturas e história, bem como a diversidade climática, contribuíram para essa diferença.

A Ásia é um continente densamente povoado, onde coexistem vários ecossistemas, que vão do clima temperado frio ao tropical húmido, passando pelo clima de monções, e cuja geografia engloba estepes geladas, desertos e florestas tropicais. Todo esse conjunto originou uma agricultura, muita diversificada, a par com a recolecção, a caça e a pesca.

Nos climas temperados frios cultiva-se a cevada, o centeio, o milho-miúdo, o sorgo e o trigo, passando nas zonas mais meridionais para uma grande variedade de legumes, tubérculos e oleaginosas, alguns cultivados também na Europa, como a cenoura, o nabo ou os espinafres, outras de cariz asiático como o sésamo, a soja ou a couve chinesa. Nos climas tropicais e de monção surgem o inhame, a medula da palmeira de sagu e o arroz aquático. São consumidos também variados frutos, algas, cogumelos e outros fungos.

---

[188] GUIMARÃES, Manuel, *À Mesa com a História*, pp. 156 e 157.
[189] *Idem, Ibidem*, pp. 106 e 107.

A fauna asiática é tão rica como a flora e quando a religião ou outros factores não restringem o seu consumo, são incluídos, nas ementas, mamíferos, peixes, repteis, insectos, larvas, moluscos e aves. Apenas a utilização de produtos lácteos está confinada a determinadas áreas geográficas, uma vez que o hábito do seu consumo não é generalizado.

A forma de temperar, cozinhar e misturar alimentos, está sujeita a princípios e regras dependentes das várias religiões e filosofias. No entanto, na generalidade, todas têm por base procurar um equilíbrio, combinando e complementando os alimentos, de forma em estabelecer uma harmonia naquilo que se come. Essa harmonia não está apenas no sabor dos alimentos. Está também na forma e no aspecto que apresentam, no seu colorido, no aroma que exalam, na sequência em que são servidos e até na altura do ano em que são ingeridos.[190]

Estes conceitos e a grande variedade de ingredientes disponíveis, a que uma infinidade de especiarias, condimentos e ervas aromáticas acentua as cores, multiplicando os aromas e paladares, levaram a que a cozinha asiática se desdobrasse em milhares de pratos diferentes, que desafiam os sentidos e a imaginação.

Dificilmente se poderia caracterizar, no âmbito desta investigação, os inúmeros estilos de alimentação asiática, (tal como o fizemos relativamente aos três estilos de alimentação europeia) dada a sua diversidade. De uma maneira geral, esta culinária, além de se caracterizar pela grande variedade de ingredientes, sabores e cores, contrasta com a europeia em diversos aspectos que importa salientar.

O pão de trigo fermentado, quase sempre de côdea estaladiça e que é um alimento diário para a grande maioria dos europeus, não é um alimento comum na Ásia. Os países asiáticos consumidores de pão como a Índia, ou os países do Médio Oriente, fabricam um pão ázimo, ou pouco levedado e achatado, em cuja massa são por vezes incorporadas ervas aromáticas ou vegetais e que resulta num pão macio e maleável, de formato arredondado e baixo, que nesses países é vulgarmente o alimento de base em diversos pratos.[191]

É vulgar nestes locais comer-se com a mão e a ajuda do pão, tal como se verificou na Europa. No norte da China, da Índia e do Médio Oriente, comem-se também papas e sêmolas de vários cereais. Porém, nestes países, o arroz também faz parte da alimentação quotidiana, transformando-se no cereal indispensável e de consumo diário entre as populações que por tradição não são "comedoras de pão de trigo", como se verifica em extensas áreas da China,

---

[190] GARINE, Igor de, As Modas Alimentares; História da Alimentação e dos Modos de Comer in POIRIER, Jean (dir), *História dos Costumes, O Homem e o seu Meio Natural*, pp. 162 a 171

[191] CRUZ, Marques da, *Pão Nosso, uma História do Pão na Sociedade do Ocidente Europeu*, pp. 16 a 19.

no Japão, na Tailândia, no Vietname, na Malásia ou na Indonésia. Nestes locais, o arroz cozido apenas em água é o alimento de todos os dias, tal como o pão é no Ocidente, sendo juntamente com as massas, por vezes também feitas de farinha de arroz, outras vezes de trigo, o alimento de base que todos os outros acompanham.

O sucesso do arroz nos terrenos alagados e onde a chuva é abundante, traduz-se numa elevadíssima produtividade, que permite alimentar populações muito numerosas, o que as faz concentrarem-se nas planície junto aos rios e lagos. Esse facto espantava os europeus, conforme registo de um viajante ocidental pela China, em 1734, que considerava um desperdício existirem vastas zonas acidentadas e montanhosas desaproveitadas sem rebanhos, sem exploração florestal ou pecuária. Porém, como o próprio salienta, porque haviam os chineses de as aproveitar, se não consomem leite nem queijo e se comem muito pouca carne? Por não haver animais para lavrar a terra, esta era adubada com os excrementos e o lixo das cidades, que os camponeses iam buscar sobre os ombros, já que a ausência de animais domésticos de grande porte impossibilitava o uso de carroças, uma vez que os únicos animais existentes eram os búfalos que trabalhavam nos arrozais.

Também na Índia os terrenos eram estrumados da mesma forma, não por falta de animais domésticos de grande porte, já que os bovinos sempre foram aí abundantes, mas porque os dejectos por estes produzidos eram, depois de secos, utilizados como combustível, ou para fabricar as paredes das casas quando a madeira era escassa.[192]

Estas situações ainda se podem hoje observar em alguns locais da Ásia, o que mostra a admirável capacidade humana de imaginar, improvisar e encontrar formas por vezes diferentes de resolver os problemas do dia-a-dia.

Um bom exemplo dessa capacidade é a invenção chinesa de um tipo de talheres, diferentes dos que são utilizados na Europa e que os portugueses designam por "pauzinhos". Os "pauzinhos" (筷子, pinyin: kuàizi, cantonense: faai3 ji2) são mencionados na literatura chinesa no ano 206 a.C., mas poderão ser mais antigos.[193] São constituídos por um par de paus finos com mais ou menos 20 cm, que podem ser de madeira, bambu, osso ou outros materiais, e cuja extremidade superior é por vezes trabalhada ou ornamentada com pedras ou metais nobres. Os "pauzinhos" são manuseados com uma das mãos, fazendo a preensão dos alimentos com a extremidade inferior e levando-os até à boca. Não se sabe o que terá levado à sua invenção e à sua utilização generalizada não

---

[192] BRAUDEL, Fernand, *Civilização Material, Económica e Capitalismo, Séculos XV-XVIII, as Estruturas do Quotidiano*, pp. 127 e 128.
[193] WINDRIDGE, Charles, *The Chinese Book of Wisdom*, p. 33

só na China, mas em quase todos os países asiáticos "consumidores diários de arroz", que os adoptaram como talheres.

Para além dos "pauzinhos", são utilizadas também colheres de porcelana geralmente de dois tamanhos: as maiores para servirem os alimentos e as mais pequenas para comer caldos e sopas. O facto de os únicos talheres à mesa serem "pauzinhos" e colheres e de não se utilizarem as mãos para comer, condicionou o tamanho dos alimentos a serem servidos, uma vez que não podem ser partidos facilmente com a colher, levando a que sejam apresentados à mesa já em pedaços.

Os pratos rasos típicos das mesas ocidentais são desnecessários, por não se utilizarem garfos e facas para cortar os alimentos. Por essa razão, além das travessas e dos pratos maiores em que os alimentos são servidos, a loiça utilizada à mesa, é constituída por pratos e tigelas de tamanho reduzido. Desta forma podem ser seguros com uma das mãos e posicionados junto à boca, para evitar salpicos ou a queda acidental dos alimentos, quando são conduzidos a esta, com a ajuda dos "pauzinhos" manobrados com a outra mão. Também os copos são pequenos e de porcelana.

Tudo isto dá às mesas orientais um aspecto muito diferente das mesas europeias, não só pela loiça utilizada, mas também pelo aspecto dos alimentos apresentados, bem como pela bebida consumida durante a refeição pela generalidade da população asiática.

Existem bebidas alcoólicas na Ásia produzidas por fermentação de cereais incluindo o arroz. Entre os povos nómadas do Norte, bebe-se leite submetido a uma fermentação alcoólica, sendo o mais apreciado para este efeito o leite de égua. No entanto, o vinho, a cerveja, a sidra ou o hidromel característicos da Europa não são bebidas tradicionais asiáticas. A bebida de eleição, e a mais comum na Ásia, é o chá. É essa a bebida de todas as horas, incluindo a das refeições. Segundo a lenda, a descoberta do chá deve-se ao imperador *Shen Nong* (神農; pinyin: Shénnóng, cantonense: san4nung4) que viveu durante a *dinastia Xia* (夏朝, pinyin: xiàcháo) (2100-1600 a.C.).[194] Conta-se que este imperador, durante uma viagem, parou para descansar e sentando-se junto a uma árvore, pediu que lhe fervessem água para beber. Assim foi feito. Porém na água fervida, caíram algumas folhas dessa árvore, que lhe deram uma coloração dourada. Curioso, o imperador provou esse líquido tendo gostado muito do seu sabor. Tinha sido descoberto o chá. Essa árvore era a *camellia sinensis*, originária da China, e cujo cultivo se espalhou através dos séculos para outros países.

Embora a *camellia sinensis* seja uma árvore, quando se destina à produção de chá, limita-se o seu crescimento ao tamanho de arbusto para facilitar a apanha

---

[194] WINDRIDGE, Charles, *The Chinese Book of Winsdom*, p. 16.

HOMENS E ALIMENTAÇÃO

das folhas. Segundo *Wenceslau de Moraes* (1854-1929), cônsul de Portugal em Kobe e Osaca, no Japão, de 1899 a 1913, a planta do chá dá-se bem em climas temperados, não se propagando por transplante, estaca ou enxerto, mas apenas através de semente. Refere também que, embora ao fim de quatro anos se possa fazer a primeira colheita, são os velhos arbustos de cem ou duzentos anos que melhor produzem.[195]

As características do chá dependem de muito factores, como a localização geográfica, as condições climáticas em que se desenvolvem as plantas, a posição das folhas nos ramos e a sua consequente exposição solar, bem como o grau de maturidade destas na altura da colheita. Embora o aroma, o sabor e aspecto do chá possam divergir bastante, a sua origem é uma só: as folhas da *camellia sinensis*. O que verdadeiramente diferencia os vários tipos de chá passa não só pelas características das folhas, como pelo tratamento que lhes é dado após a colheita. Por vezes, adicionam-se também às folhas de chá outros produtos provenientes de flores, frutos ou especiarias[196], o que lhe dá um toque de originalidade e exotismo. Talvez nenhuma outra bebida como o chá forme, com a culinária oriental, um conjunto tão perfeito.

Falar na cozinha oriental é lembrar o delicado sabor da comida japonesa e essa belíssima impressão visual que causa a sua apresentação, pela harmonia entre as cores e pela simetria e disposição que os alimentos apresentam entre si.[197] Falar da culinária do oriente, é também falar das cores fortes e aromas intensos da complexa e requintada cozinha indiana, onde combinações milenares de especiarias e condimentos despertam os sentidos e as emoções. É ter de referir também a deliciosa mistura de ingredientes da comida malaia, tailandesa ou vietnamita. E é terminar na gastronomia que é possivelmente a mais imaginativa de todas, pela variedade de ingredientes que utiliza. Referimo-nos à culinária chinesa e aos milhares de pratos que a constituem.

É possível que, durante milénios, a sobrepopulação, aliada à escassez de recursos e à capacidade de sobrevivência, levassem a que tudo tivesse de ser aproveitado. Sem dúvida que nenhum outro povo soube tirar tão bem partido do meio natural no que respeita a alimentação. Ninhos de andorinhas, cana de bambu, bossa de camelo, vermes do arroz, línguas de pato, entre milhares de outros exemplos, são apenas alguns dos ingredientes utilizados, pois tudo na culinária chinesa é passível de ser transformado numa iguaria e de constituir

---

[195] MORAES, Wenceslau de, *O Culto do Chá*, pp. 13 e 14.

[196] PHILLIPS, Edite Vieira, *O Livro do Chá, a História, o Ritual e a Prática*, pp. 67 e 68.

[197] GARINE, Igor de, As Modas Alimentares; História de Alimentação e dos Modos de Comer in POIRIER, Jean (dir), *História dos Costumes, O Homem e o seu Meio Natural*, p. 177.

alimento, sendo esta uma das poucas cozinhas em que não há tabus alimentares específicos.[198]

A imensidão do território chinês, a variedade climática a que está sujeito, bem como as diferentes características da sua população, originaram estilos alimentares diversos. Porém, aquele que internacionalmente se tornou o mais conhecido e apreciado pelo sabor, variedade e textura dos alimentos, é o cantonense, característico da província de Guangdong, onde Macau está inserido. A culinária desta região caracteriza-se pela utilização da técnica de fritura chinesa, em que os alimentos são cortados em pequenos pedaços e mexidos constantemente, geralmente em óleo de amendoim muito quente dentro de um *wok* (鑊, pinyin: huò, cantonense: wok6) (frigideira chinesa de fundo redondo). Esta frigideira que, tradicionalmente, é de ferro, tem a vantagem de, pelo seu formato, necessitar de muito pouco óleo, já que os alimentos regressam sempre ao centro sendo cozinhados rapidamente e de forma uniforme. Por outro lado, o facto de serem partidos em pequenos pedaços, além de facilitar a sua cozedura, faz com que absorvam os temperos.

Desta forma, com o mínimo de combustível, é possível preparar uma infinidade de pratos diferentes em poucos minutos, utilizando o mesmo *wok* de forma sucessiva, alterando quer os temperos quer os produtos a cozinhar. Por outro lado, qualquer *wok* está munido de uma tampa que permite que nele se cozinhe a vapor, para o que geralmente são utilizados cestos de bambu inseridos no *wok*, onde posteriormente são colocados os alimentos, sendo neste caso o óleo substituído por água.[199]

Outras características do estilo cantonense são a grande profusão de legumes, de tubérculos e de condimentos utilizados, bem como a mistura de sabores contrastantes como o agri-doce, o doce-salgado ou a oposição fruta-carne e carne-peixe[200], não sendo fundamental, como na Europa, que as refeições terminem com pratos exclusivamente de fruta ou doce, sendo essa uma das características de toda a culinária chinesa. Os doces chineses são em forma de caldos, pasteis e pequenos bolos fritos ou cozidos a vapor, podendo ser servidos a seguir às refeições ou noutras alturas.

---

[198] MILES, Elizabeth, *O Livro da Culinária Feng Shui Criando Saúde e Harmonia na Sua Cozinha*, p. 44.
[199] HSIUNG, Deh-Ta, *Cozinha Vegetariana Chinesa*, Introdução.
[200] GARINE, Igor de, As Modas Alimentares; História de Alimentação e dos Modos de Comer in POIRIER, Jean (dir), *História dos Costumes, O Homem e o seu Meio Natural*, pp. 170 e 171.

5.3.1. A influência da teoria Yin/Yang na culinária chinesa

Uma outra característica de toda a cozinha chinesa é a influência da teoria dos opostos *yin/yang*.

Estando o ser humano permanentemente sujeito às energias *yin/yang*, quer pela sua própria natureza, quer pelas influências que o rodeiam, ele necessita, segundo a filosofia chinesa, de procurar constantemente o equilíbrio. Este, se não for encontrado conduzirá à doença.

Na vida diária, o equilíbrio é mantido não só através do estilo de vida, mas também através dos alimentos que se ingerem. Estes basicamente dividem-se em quentes e frios. Os primeiros, de natureza *yang*, têm como função aquecer o corpo, enquanto os segundos, de natureza *yin*, o arrefecem. No entanto, consoante as circunstâncias, uma substância *yang* pode tornar-se *yin*, e vice-versa, dependendo da forma como for cozinhada, ou do facto de se encontrar fria ou quente, pois toda a matéria, embora sendo de natureza *yang* ou *yin*, contém em si o princípio antagónico que se pode manifestar se as circunstâncias o favorecerem. Por exemplo, o chá tem uma natureza *yang*, no entanto depois de frio torna-se *yin*.[201]

O quadro que se segue pretende dar uma ideia geral do que foi referido.

QUADRO II – Classificação geral dos alimentos segundo o princípio yin/yang

	TEMPERATURA	COR	LOCALIZAÇÃO GEOGRÁFICA	SABOR	MÉTODO DE COZEDURA	CONSISTÊNCIA FINAL
YIN	Frio	Preto Branco	Debaixo da terra	Amargo Salgado Ácido	Cru Banho-maria Cozido	Molhada
YANG	Quente	Vermelho Verde	Sobre a terra	Doce Picante Aromático	Grelhado Assado Frito Tostado Panado	Seca

Fonte: CHU, Cordia – *Reprodutive Health Beliefs and Practices of Chinese and Australian Women*

Segundo esta linha de pensamento, tudo o que os chineses comem e bebem não tem apenas uma função nutritiva, tem também como objectivo manter ou restabelecer o equilíbrio *yin/yang*. Por esse motivo, a alimentação tradicional chinesa tem em conta as estações, o ano, o sexo, a idade e as carências específicas de cada pessoa em particular, podendo em certas situações procurar deli-

---

[201] WILLIAMS, Tom, *Chinese Medicine*, pp. 1 a 15.

beradamente aumentar a energia *yang* ou *yin* através da ingestão de alimentos que facilitem atingir o estado pretendido. Por exemplo, se uma pessoa se sente nervosa ou agitada, a sua situação é considerada *yang* devendo por isso ingerir alimentos *yin* como saladas e pratos de digestão fácil para que possa reencontrar a calma e o equilíbrio.

Nos dias quentes, os chineses ingerem alimentos considerados *yin* e confeccionados de forma *yin* para combater o calor exterior e, se tiverem uma situação para a qual precisem de reservas de energia, como por exemplo, um exame escolar, é bem possível que comam mais alimentos *yang*. Talvez seja essa filosofia alimentar baseada num contraste que conduz a um equilíbrio o motivo para os baixos índices de obesidade do povo chinês, até porque, segundo a crença chinesa, deve-se parar de comer antes de encher o estômago, pois é necessário deixar algum espaço para o *chi*.[202]

Para além da procura deste equilíbrio alimentar, há, como nas restantes culturas, alimentos que para os chineses estão associados a festividades e que fazem parte do ritual a elas dedicado. Sem dúvida que, a maior de todas elas e à qual ninguém fica indiferente, é a do Ano Novo Chinês, cujos festejos duram pelo menos três dias, prolongando-se geralmente por muito mais.

Além do calendário gregoriano, os chineses seguem, para certos eventos, o lunar, que no passado era o calendário oficial chinês. Neste, o ano é dividido em doze luas, umas de vinte e nove e outras de trinta dias, o que resulta num ano com menos onze dias que o do calendário gregoriano. Para "acertar" o tempo, em períodos de dois ou três anos inclui-se um mês lunar que é chamado o mês intercalar. Por esse motivo o ano novo chinês tem uma data móvel.[203]

A ementa do almoço do primeiro dia do ano é constituída por um prato vegetariano denominado "*chai*" (齋, pinyn: zhāi, cantonense: jaai1) que inclui, entre outros ingredientes, sementes de flor de lótus, algas, queijo de soja seco e rebentos de bambu. Nesse dia, há outros pratos obrigatórios: come-se peixe e galinha que devem ser apresentados inteiros para representar a totalidade. Come-se também massa, que não deve ser cortada uma vez que representa "vida longa".[204]

O prato doce mais comum é uma espécie de bolo feito de um tipo de arroz aglutinante, que em conjunto com açúcar e farinha, é cozinhado a vapor.[205]

---

[202] Miles, Elizabeth, *O Livro da Culinária Feng Shui Criando Saúde e Harmonia na Sua Cozinha*, pp. 43 a 45.

[203] Silva, António da, *Usos e Costumes dos Chineses de Macau, Anos 50*, pp. 73 e 74.

[204] Chinese New Year, *Traditional New Year Foods* – http://www.edc.uvic.ca/faculty/mroth/438/CHINA/traditional_foods.html

[205] Lee, Siow Mong, *Chinese Culture*, p. 164.

5.4. A alimentação dos Macaenses

Depois de tudo o que foi dito relativamente aos hábitos alimentares dos povos europeus e asiáticos, é provável que qualquer um de nós se questione em relação aos ingredientes incluídos na gastronomia macaense, aos métodos de confecção utilizados e ao estilo alimentar adoptado.

Com efeito, essa curiosidade tem razão de ser, pois não é fácil definir uma culinária onde é grande a influência portuguesa, e por vezes inglesa, mas onde é igualmente notória a presença asiática, sobretudo indiana, malaia, indonésia e chinesa, entre outras, além de incluir também influência africana[206], o que reflete o longo e diversificado percurso histórico e cultural dos macaenses.

Ao folhear livros de culinária macaense e sobretudo ao participar em refeições de membros desta etnia, não podemos deixar de nos surpreender com a perfeita adaptação ao meio e aos recursos existentes em Macau que se observa em muitos pratos de origem europeia. Por outro lado, e em contrapartida, em vários pratos de raiz asiática nota-se uma certa influência ocidental que os torna "macaenses".

Se a tudo isto, juntarmos o facto de que, dependendo da ementa a confeccionar, os macaenses utilizarem com a mesma mestria a fritura à chinesa no "*wok*", a cozedura a vapor, ou o assado no forno à maneira portuguesa, talvez consigamos então definir a culinária macaense: uma culinária euro-asiática que, inspirando-se nas raízes que lhe deram origem e nos ingredientes disponíveis, se foi formando num estilo muito próprio, único, diferente e original. Este estilo reflecte-se até na maneira como os macaenses tradicionalmente comem, uma vez que os talheres que utilizam são o garfo e a colher[207], pois a comida é servida à mesa já em pequenos pedaços, à semelhança da comida chinesa.

Praticamente em todos os pratos se nota uma interculturalidade que resulta numa fusão de sabores e estilos, que se reflecte numa simples canja, onde aos produtos habituais portugueses (galinha, água, sal e arroz ou massa), se junta gengibre e pimenta, sendo confeccionada sempre com arroz.[208]

De entre os inúmeros exemplos de interculturalidade alimentar, podemos falar no "arroz mouro", em que os ingredientes são o arroz, feito num estrugido de azeite, cebola, louro, tomate e açafrão, sobre o qual, depois de pronto, se colocam pedaços de galinha frita ou assada, chouriço de carne português, passas de uva, pinhões e ovo cozido.

Podemos mencionar também o "*chau chau pele*", também designado por "tacho", que tem algumas semelhanças com o cozido à portuguesa, mas onde

---

[206] Direcção dos Serviços de Turismo de Macau, *Petisquera Saboroso di Macau*, p. 1.
[207] VIANA, António in MELLO e SENNA, M. Celestina, *Cozinha de Macau*, prefácio.
[208] JORGE, Cecília, *Á Mesa da Diáspora*, pp. 54 e 74.

A COMUNIDADE MACAENSE EM PORTUGAL

o inhame ou o nabo substitui a batata. Este prato não inclui feijão e os enchidos portugueses são substituídos por chouriço chinês (que é adocicado), pato fumado, toucinho e presuntos chineses. Não inclui carne de bovino, mas em contrapartida é incluída pele de porco seca (que é necessário demolhar antes de cozer), sendo este prato acompanhado com arroz branco.[209]

E que dizer de uma receita de arroz doce, em que o arroz é cozido em leite de coco ao qual se junta açúcar, leite condensado, leite evaporado e que, depois de pronto, se polvilha com canela?[210]

É assim a culinária macaense, surpreendente nos ingredientes que utiliza, diferente nas combinações que faz, deliciosa no paladar. Para além da influência portuguesa, em vários dos ingredientes utilizados como o bacalhau, o pão, as azeitonas e o azeite, é também usada, por vezes, a base de estrugido à maneira portuguesa, com cebola e tomate, a que se adicionam outros temperos, geralmente, de influência asiática. No entanto, talvez seja na doçaria que a influência é mais notória, não só nos doces de colher, como nos bolos e biscoitos feitos no forno, o qual, por norma, não é utilizado na gastronomia da Ásia. Por outro lado, há também, na culinária macaense, receitas de compota, o que não faz parte das ementas asiáticas.

Quanto à influência da Ásia na alimentação dos macaenses, para além do que já foi referido, verifica-se uma predominância da ingestão de arroz e massa relativamente às batatas, da frequente utilização de coco, bem como de uma grande variedade de especiarias e condimentos. Constata-se em relação às sopas, a ausência de uma base espessa feita com batatas ou leguminosas (como é hábito em Portugal), sendo estas mais líquidas (tipo caldo).[211] Verifica-se ainda a ausência de pão na mesa durante as refeições principais (almoço e jantar).

Os macaenses, tal como os chineses, adoptam preferencialmente uma culinária sazonal, baseada em produtos, sempre que possível, frescos (não congelados), e como os chineses, tendo em atenção as variações climáticas e as pessoas a quem se destinam os alimentos.[212]

O tempero característico da comida macaense é o *"balichão"*. A sua origem é malaia segundo autores como *Graciete Batalha*[213] e *Ana Maria Amaro*.[214] Este tempero, que actualmente se encontra em lojas de produtos asiáticos, era em tempos feito em casa, variando a sua receita de família para família, e tendo

---

[209] JORGE, Cecília, *Á Mesa da Diáspora*, p. 90.

[210] LAMAS, João António, *A Culinária dos Macaenses*, p. 199.

[211] JORGE, Graça Pacheco, *A Cozinha de Macau da Casa do Meu Avô*, pp. 25 a 29.

[212] JORGE, Cecília, *Á Mesa da Diáspora*, p. 17.

[213] BATALHA, Graciete, Cozinha Macaense, p. 73 e 74

[214] AMARO, Ana Maria, *Filhos da Terra*, p. 40.

por base camarões pequenos que marinavam durante meses em sal, piri-piri e outros ingredientes que faziam parte dos segredos familiares.[215]

Tradicionalmente, a refeição macaense característica dos dias de festa como aniversários, casamentos ou baptizados, é o *"chá gordo"* que consiste numa merenda ajantarada e para a qual existe uma extensa lista de pratos habituais, desde as entradas denominadas *"salgadinhos"* até aos doces. O *"chá gordo"* não é hoje tão frequente e faustoso como foi no passado, em que era vulgar conter entre vinte a trinta pratos e onde havia oportunidade de saborear o património gastronómico de cada família. Nessa altura, cada travessa ou prato era primorosamente enfeitado com papéis de seda recortados, o que os tornava bastantes decorativos.[216]

Em relação a outras festividades que têm culinária associada, existem as de cariz oriental, que abordámos anteriormente, e que consoante as diversas famílias são festejadas ou não, e as de tradição portuguesa, principalmente o Natal e o Ano Novo, que por norma são festejados pelos macaenses. Todavia, embora a tradição de comer peixe na noite de Natal também se verifique, esse peixe não é o bacalhau cozido, mas sim a empada de peixe em que, para o recheio, é utilizado cherne, corvina ou garoupa que, depois de frito e limpo de peles e espinhas, é misturado num estrugido com condimentos, amêndoas, queijo, ovos cozidos e azeitonas, sendo um prato muito apreciado pelo exotismo do seu sabor.

Relativamente aos doces da quadra natalícia, para além de outros que se possam confeccionar, existem três que são tradicionais pelo seu simbolismo. São eles os coscorões (idênticos aos que se fazem no Alto Alentejo), que representam o lençol do Menino Jesus, os fartes (uns bolinhos cuja receita se utilizava já em Portugal na Idade Média), que representam o travesseiro do Menino Jesus, e o *"alua"* que representa o colchão.[217] O *"alua"* é um doce muito apreciado, feito à base de farinha de trigo e arroz, coco, amêndoa, pinhão e açúcar.[218]

Outro prato que no passado estava associado aos dias festivos, já que tinha por base as carnes que sobravam das grandes festas outrora frequentes nalgumas casas macaenses, é o *"diabo"*. A sua confecção incluía um estrugido com tomate ao qual se juntava vinho do Porto, mostarda, pimenta, bem como o conjunto das carnes partidas. Por vezes, juntava-se caril, o que lhe mudava o nome para *"diabo furioso"*. Era um prato muito usado em piqueniques.[219]

---

[215] AMARO, Ana Maria, *Filhos da Terra*, p. 40.
[216] *Idem, Ibidem*, pp. 39 e 40.
[217] JORGE, Cecília, *Á Mesa da Diáspora*, pp. 122 a 124.
[218] LAMAS, João António, *A Culinária dos Macaenses*, p. 45.
[219] AMARO, Ana Maria, *Filhos da Terra*, p.71.

Relativamente às bebidas utilizadas pelos macaenses, tal como nos alimentos, nota-se a interculturalidade que os define, uma vez que é frequente o consumo de chá. Também o café, vinho ou cerveja são apreciados e muitas vezes escolhidos para acompanhamento de refeições, dependendo dos pratos e da ocasião, ajudando a caracterizar esta culinária como um entrecruzar de sabores entre o oriente e o ocidente.

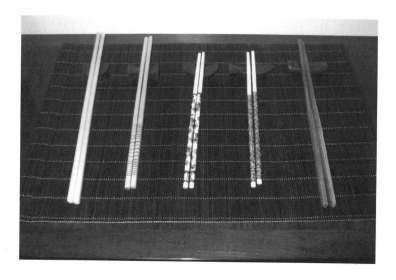

Fotografia 14 – **Pauzinhos (faai ji) de diversos tipos**

Fotografia 15 – **Frigideira chinesa (wok)**

Capítulo 6
Ocupação de Tempos Livres

6.1. Música

Preencher os tempos livres com actividades que proporcionem satisfação e bem-estar é um objectivo intrínseco a qualquer ser humano, independentemente do seu local de nascimento. Passatempos ligados à informática, à leitura, ao cinema e à televisão, são comuns nas sociedades ditas "civilizadas" e, embora transmitindo os valores culturais dos povos que os produziram, a transculturalidade das suas mensagens faz com que sejam compreendidos e apreciados em muitos outros locais.

De entre as várias formas de ocupação dos tempos livres, a música é uma das que possui uma expressão praticamente universal, já que uma mesma melodia é passível de ser escutada e apreciada por pessoas de qualquer parte do mundo.

A música está incluída em muitas das actividades de vida diária e, seja vocal, instrumental ou um conjunto de ambas, tem acompanhado o homem ao longo do tempo, nos seus rituais e nos momentos alegres ou tristes, desde os mais marcantes aos mais comuns. A variedade de instrumentos utilizados na sua produção revela a enorme capacidade de improvisação do ser humano e o seu imenso espírito criativo. É talvez esta criatividade que, ao transportar para a música todas as emoções e sentimentos do homem, a torna simultaneamente universal e pessoal. O tango, a valsa, o samba, o fado ou a ópera chinesa, são todos estilos que reflectem a cultura e o sentir do povo que os criou.

Na Europa e na Ásia existem formas musicais e instrumentos muito diversos, quer sejam de sopro, de corda, de ressonância ou percussão, feitos de materiais igualmente diversificados como pedra, metal, madeira, pele, certos tipos de cana, seda, cabaças, etc. Assim se produzem notas de vários timbres a que se podem juntar vozes e sons da natureza, de forma a produzir melodias.[220]

---

[220] MACHADO, Isabel, *A Belle Epoque da Vida Cultural de Macau*, pp. 62 a 69.

Quer a China quer Portugal possuem uma antiga e longa tradição musical. Talvez devido a esse facto a comunidade macaense fosse por tradição grande apreciadora de música sendo vulgar as crianças terem iniciação musical, aprendendo muitas delas a tocar instrumentos.[221] Embora não fosse originário do território nenhum estilo musical em particular, surgiram em Macau canções bastantes originais por serem cantadas em *"patuá"*. De entre estas "criações" salientam-se, talvez, como as mais emblemáticas, as tunas macaenses. Tendo surgido por influência das tunas portuguesas, tiveram o seu auge nas décadas de 30 e 40 do século passado. Eram tunas que se organizavam por altura do carnaval, tendo cada freguesia a sua, o que por vezes dava origem a rivalidades. Estes agrupamentos eram constituídos por rapazes que cantavam ao som de instrumentos de corda, principalmente bandolins, violas e violinos. Por altura do carnaval, participavam em "assaltos" carnavalescos a várias casas macaenses. Segundo registos, os carnavais eram de tal forma animados que estes festejos e cantorias se prolongavam por quarenta dias após o Entrudo (facto que não agradava aos párocos, uma vez que abrangia a quaresma), sendo este período designado por *"micareme"*.

As tunas interpretavam músicas portuguesas consideradas alegres, por vezes cantadas em português, outra vez adaptadas ao dialecto macaense (*patuá*). Caindo em desuso na década de 50, as tunas ressurgiram na década seguinte em moldes semi-profissionais, com reportório alargado e passando a actuar permanentemente em festas e chás dançantes. A partir daí, a sua existência deve-se sobretudo à persistência e empenho de alguns macaenses que, tanto em Macau, como na diáspora, se esforçam por manter viva a tradição e por cativar os mais novos para que continuem a mantê-la.

É de salientar que a "Tuna Macaense", designação do único grupo profissional que existe em Macau, foi escolhida para actuar no espectáculo de encerramento dos Jogos Olímpicos de 2008 que se realizaram em Beijing, por ser representativa de uma herança cultural que o governo chinês reconhece ser necessário manter e preservar.

Outro hábito ligado à música nas escolas frequentadas pelos filhos dos macaenses, era a existência de grupos folclóricos de dança e cantares portugueses interpretados por alunos. Nestes grupos, crianças e jovens vestidos com trajes regionais portugueses, actuavam em datas festivas ou em comemorações oficiais. Em Macau, continuam a existir dois grupos folclóricos portugueses, constituídos por macaenses, portugueses aí radicados e chineses naturais de Macau, grupos esses apoiado e incentivados pelo Governo local.

---

[221] JARDIM, Veiga, *Tunas de Macau: Convívio e Folia*, pp. 42 a 50.

Para além das tunas e do folclore ouvia-se em Macau outros tipos de música, oriental e ocidental, que testemunhavam o carácter cosmopolita da cidade e a interculturalidade que abrangia as diferentes facetas da vida macaense.

6.2. Cinema e Literatura

Através da leitura e do cinema, podemos conjugar relaxamento e aprendizagem, podemos descobrir realidades diferentes, ou encontrar descrições familiares, memórias conhecidas e ideias que sentimos partilhar. Tudo isto depende de cada um de nós, da nossa experiência e história de vida.

Devido ao seu percurso histórico, é natural que para um macaense nunca sejam totalmente estranhos os assuntos abordados em livros e filmes sobre as realidades europeia ou asiática, já que estas não lhe são alheias. Por outro lado, habituou-se a vê-las retratadas dessa forma, pois ambos os continentes possuem uma longa tradição escrita e cinematográfica, sobre os mais variados temas (embora em relação à China se saiba que a autoria dos livros e filmes mais polémicos, que focam aspectos da vida naquele país, se deva aos chineses na diáspora).

Relativamente ao cinema, Macau nunca foi, ao contrário de Hong Kong, um local de produção de filmes, embora tal como em qualquer cidade desenvolvida a sua população seja consumidora frequente de cinema. Contudo, os filmes exibidos são maioritariamente de produção norte americana e chinesa, produzida em Hong Kong. Esporadicamente, em algumas sessões e ciclos de cinema organizados por entidades privadas de Macau como o Instituto Português do Oriente ou a "Alliance Française", são exibidos filmes portugueses, franceses ou de outras nacionalidades. Porém, nessas sessões, a assistência é habitualmente bastante reduzida, já que normalmente são filmes de carácter diferente daquele que a maioria das pessoas de Macau se habituou a ver.[222]

Nem sempre foi assim, pois segundo alguns artigos consultados, em décadas anteriores, existiram em Macau mais salas de cinema e maior variedade de filmes disponíveis. Embora nessa altura a produção fosse, tal como hoje, maioritariamente norte-americana, não existiam tantos filmes chineses em exibição, como actualmente. É possível que a redução do número de salas de cinema nesta última década se deva à facilidade com que hoje as pessoas alugam ou compram filmes em formato digital, que podem ver nas suas casas.

Em relação à literatura, é provável que nas habitações macaenses existam livros sobre inúmeros assuntos quer europeus quer asiáticos. Todavia, é nossa convicção (só a análise a esta investigação o poderá comprovar) que, para além

---

[222] VASQUES, António P., *Cinema Fast-Food*, pp. 32 a 35.

das preferências literárias de cada um, todos os macaenses possuem livros escritos por outros macaenses, ou por aqueles que não o sendo por nascimento, conheceram ou conhecem a realidade de Macau e sobre ela escreveram. Acreditamos que, independentemente do assunto abordado, esses livros são lidos com uma atenção diferente e conservados com um carinho especial.

Os livros registam factos e ideias de um tempo, transportam-nos para lugares e épocas que podemos conhecer, ou que existem apenas na nossa memória ou imaginação. Vários têm sido os portugueses que se deixaram seduzir pelo exotismo de Macau, pelo seu ambiente alegre e colorido, pelas suas gentes e pela sua cultura. Talvez da força deste impacto com o Oriente tenha surgido a necessidade de registarem todos esses aspectos por escrito, tendo alguns deles dedicado a sua vida a escrever sobre temas relacionados com esses locais, de tal forma que muito do que tem sido escrito relativamente a Macau, se deve a pessoas que não nasceram nesse território, sendo a grande maioria natural de Portugal.

Vários têm sido os assuntos abordados, desde a investigação à poesia, às crónicas, contos, diários, artigos e romances, assim como diversos têm sido os seus autores. De entre tantos que poderíamos mencionar, referimos, a título de exemplo, a controversa presença de *Camões* em Macau, defendida por vários investigadores incluindo *José Hermano Saraiva* (1995).[223] Segundo registos, *Bocage* (1765-1805) também esteve em Macau, tendo igualmente escrito sonetos inspirados na vida de Macau do seu tempo.[224]

Wenscelau de Morais (1854-1929) que, em finais do século XIX também aí viveu, registou na sua obra "Traços do Extremo Oriente" aspectos e costumes do território.[225] *Camilo Pessanha* (1867-1926), que viveu longos anos em Macau, onde foi professor e advogado, escreveu poemas (publicados postumamente numa colectânea "Clepsidra"), de inspiração oriental. Traduziu ainda oito elegias chinesas das *dinastias Ming*[226] (明朝; pinyin: Míngcháo, cantonense: ming4chiu4) e *Tang*[227] (唐朝; pinyin: Tángcháo, cantonense: tong4chiu4) e escreveu artigos sobre a cultura chinesa, publicados também postumamente num volume "China".[228]

---

[223] SARAIVA, José Hermano, *Camões em Macau*, p. 161.

[224] CANIATO, Benilde Justo, *Literatura de Macau em Língua Portuguesa* in lusofonia, plataforma de apoio ao estudo da língua portuguesa no mundo – http://lusofonia.com.sapo.pt/macau.html

[225] *Idem, Ibidem.*

[226] *Idem, Ibidem.*

[227] CANIATO, Benilde Justo, *Literatura de Macau em Língua Portuguesa* in lusofonia, plataforma de apoio ao estudo da língua portuguesa no mundo – http://lusofonia.com.sapo.pt/macau.html

[228] *Idem, Ibidem.*

OCUPAÇÃO DE TEMPOS LIVRES

Manuel da Silva Mendes (1867-1926), contemporâneo de *Camilo Pessanha*, também ele professor e advogado, dedicou-se ao estudo da língua chinesa, registando as suas impressões sobre Macau em múltiplos artigos de jornais e revistas.[229]

Para além destes, podemos ainda referir *monsenhor Manuel Teixeira* (1912--2003), o padre *Benjamim Videira Pires* (1916-1999), *Ana Maria Amaro, Graciete Batalha* (1925 -1992) *Beatriz Basto da Silva*, tendo praticamente todos eles dedicado a sua vida a escrever sobre temáticas relacionadas com Macau.[230]

Relativamente aos escritores macaenses, vários deles são considerados referências, não abarcando no entanto um leque tão variado de assuntos nem um número tão vasto de obras como verificámos relativamente aos autores portugueses. Talvez o facto de só na década 80 ter sido criada uma universidade em Macau, tenha contribuído para esse aspecto. Por outro lado, é possível que os portugueses, ao chegarem a Macau, se tenham deixado fascinar por essa singularidade de num espaço tão reduzido viverem várias culturas lado a lado e esse factor se tenha tornado numa fonte de inspiração, que os tenha levado a escrever sobre esse local tão peculiar.

Seja qual for o motivo, é opinião de vários nomes ligados à literatura, nomeadamente *Graciete Batalha,* que no III Congresso de Escritores Portugueses realizado em 1990 no Brasil comentou não existir uma literatura macaense, apenas literatura sobre Macau, sendo também essa a opinião do jornalista *Beltrão Coelho* (2008), principal editor privado em língua portuguesa na RAEM e que defende como principal problema o facto de não existir em Macau um ambiente que promova tertúlias, por não haver uma comunidade literária.[231]

6.3. Outras formas de ocupação de tempos livres

Como já foi mencionado, ouvir música, ler ou ir ao cinema são formas de ocupação de tempos livres incluídas nos hábitos tanto de europeus como de asiáticos.

No entanto, estas não são as únicas formas que estes povos têm de ocupar o tempo, sendo igualmente populares, em ambos os continentes, jogos e desportos quer de interior, quer de exterior, vulgarmente designados por jogos de salão e jogos de rua.

---

[229] Rego, José de Carvalho, *Figuras d´Outros Tempos,* pp. 345 a 348.
[230] Reis, C. João, *Trovas Macaenses,* p. 15.
[231] Jornal Tribuna de Macau on Line, *Uma Dúvida Chamada Literatura Macaense* – http://www.jtm.com.mo/news/20060621/03local_d03.html

6.3.1. Ocupação de tempos livres na Europa

Na Europa, há uma longa tradição de jogos e desportos ao ar livre, e embora a tecnologia seja umas das responsáveis pela alteração desses hábitos, já que actualmente para muitas pessoas parte do tempo livre é passado em frente da televisão ou do computador, existem apesar disso, jogos e desportos extremamente populares e que fazem parte dos hábitos de vida dos cidadãos. Por oposição, existem outros que, por razões várias, foram caindo no esquecimento ou ficaram confinados a determinadas regiões.

Para além de toda uma gama de jogos e desportos ao ar livre, desde os mais tradicionais aos mais inovadores, verifica-se que muitos habitantes das grandes cidades europeias de faixas etárias mais elevadas, ocupam grande parte do tempo livre em actividades calmas como a jardinagem e a horticultura, transformando-se estas muitas vezes nas actividades principais do fim-de-semana.

"O agricultor de domingo" é um produto das sociedades industriais, é alguém que sente prazer no contacto com a terra, no regresso periódico à natureza, na satisfação de ver crescer o que plantou. Essa necessidade resulta no facto de muitas destas pessoas, nas suas profissões, não verem o produto final do seu trabalho, no qual se sentem apenas uma peça intermediária. A relação tradicional com a terra, que lhes permite colher o que semearam, assume uma importância de grande simbolismo, preenche por vezes uma necessidade que nem o grau de instrução ou nível de vida alcançado fazem diminuir.[232]

Outras actividades dentro da mesma linha de complementaridade para muitas pessoas são as designadas por trabalhos manuais, dentro dos quais se incluem a bricolage, o artesanato, o tricôt, os bordados, entre outras. Enquanto na Europa, principalmente nas cidades, as profissões ligadas a esses sectores estão em declínio, a sua popularidade tem aumentado como actividades de tempos livres, mesmo quando aquilo que se faz fica mais caro do que produtos semelhantes comprados nas lojas.

Por entre o universo de tarefas ligadas à mecanização e burocracia dos sectores secundário e terciário, as pessoas encontram um genuíno prazer na autonomia de construir o que quiserem e na liberdade de no fim poderem desmanchar tudo se assim o entenderem[233], tendo estas actividades ainda a vantagem de poderem ser praticadas no interior da habitação.

Já os tradicionais jogos de salão, que ocuparam tantos serões familiares durante gerações, vêem-se hoje praticamente restringidos a períodos de férias, uma vez que no dia-a-dia são geralmente substituídos por passatempos ligados

---

[232] DUMAZEDIER, Joffre, Lazer: Valores Residuais ou Existenciais in POIRIER, Jean (dir), *História dos Costumes, Ética e Estética*, pp. 181 e 182.
[233] *Idem, Ibidem*, pp. 202 a 205.

à tecnologia, principalmente entre as gerações mais novas. No entanto, entre os homens de faixas etárias mais elevadas, os jogos de salão tradicionais continuam a ser uma companhia frequente. Quando o clima o permite, como no caso português, esses jogos são muitas vezes transferidos para o espaço calmo de um jardim público onde, nas tardes amenas, é vulgar encontrar grupos de homens entretidos a jogar cartas, damas ou dominó. Já o xadrez, talvez pelo grau de concentração e destreza mental exigida, é jogado quase exclusivamente no interior da habitação.

Relativamente às mulheres, não é vulgar encontrá-las a jogar num jardim público. Geralmente, entre as faixas etárias mais elevadas, fazem tricôt, rendas e bordados dentro de casa, ou sentadas na soleira da porta, quando vivem em aldeias. Quanto às de faixas etárias mais baixas, os seus gostos não variam muito dos do sexo oposto. Apreciam desportos radicais, o ambiente frenético das discotecas e, quando estão em casa, geralmente dão preferências a actividades relacionadas com a tecnologia.

6.3.2. Ocupação de tempos livres na Ásia

Entre as gerações mais novas, as actividades de tempos livres não diferem muito das que são praticadas pelos jovens europeus. Verifica-se, no entanto, na Ásia que quando a disponibilidade monetária o permite (às vezes mesmo sem ela), quer os jovens quer as pessoas de faixas etárias mais elevadas, passam muito do seu tempo livre no interior dos casinos, junto às máquinas electrónicas (vulgarmente chamadas caça-níqueis) e nas mesas tradicionais de jogos de fortuna e azar.

Nas cidades superpovoadas da Ásia, onde o espaço é exíguo e as casas pequenas, não há espaço para jardins, hortas ou bricolage. Além disso, muitos dos seus habitantes emigraram das aldeias onde estas tarefas eram o seu trabalho diário, do qual quiseram afastar-se. Por este motivo, essas actividades não possuem para eles a conotação de passatempo, pois estão ligadas a memórias recentes de trabalho árduo.

No entanto, isso não significa que estas pessoas não gostem do contacto com a natureza. Gostam e fazem dela o cenário de muitas das suas actividades, quer sejam em caminhadas a pé, piqueniques, ou lançamento de papagaios de papel, muito populares na Ásia.

Também a prática de desportos ao ar livre é vulgar, sendo estes, na generalidade, os mesmos que são praticados na Europa. No entanto, verifica-se uma excepção entre a população adulta e de faixas etárias mais elevadas, principalmente se for chinesa: a prática bastante vulgarizada de *qi gong* (氣功, pinyin:

qìgōng, cantonense: hei3 gong1, *gi gong*, ou *chik kung* para além de muitas outras designações).

O *qi gong* é um tipo de exercício preferencialmente de ar livre, que pode combinar movimentos respiratórios regulados e controlados, determinados exercícios físicos e concentração. Desta forma procura-se aumentar a energia, fortalecê-la e controlá-la: *qi* (氣, pinyin: qì, cantonense: hei3, outra designação: *chi*) significa energia e *gong* (功, pinyin: gōng, cantonense: gong1, outra designação: *kung*) significa cultivar, no sentido de conservar, com o objectivo de prevenir e tratar doenças, fortalecer o corpo e prolongar a vida.[234]

É possível que o *qi gong* tivesse surgido através da dança, a que se foram juntando determinados movimentos respiratórios e corporais pré-determinados que se consideravam benéficos. A partir desta base, o *qi gong* foi-se desenvolvendo ao longo dos séculos. O reconhecimento dos seus benefícios levou a que, com o tempo, vários estudiosos se debruçassem sobre o assunto. Os princípios do *qi gong*, os seus exercícios e os benefícios da sua prática, são descritos no clássico de Medicina Interna *Huang Ti Nei Ching*, (黃帝內經, pinyin: Huángdì Nèijīng, cantonense: wong4dai3 noi6ging1)), atribuído ao Imperador Amarelo (軒轅黃帝, pinyin: Xuanyuan Huangdi, cantonense: hin1yun4wong4dai3)[235], compilado entre 770-221 a.C.[236], sendo este o mais antigo livro de medicina que se conhece.

Também a descoberta de um rolo de seda datado de há dois mil anos, o *dao yin tu* (導引圖, pinyin: *daoyin tu*), que contém descrições de mais de quarenta exercícios físicos combinados com auto-massagens e exercícios respiratórios destinados a promover a saúde, comprova o interesse pelo *qi gong* e a crença que os chineses tinham nos seus benefícios.

Os exercícios que constituem o *qi gong* são inspirados nos movimentos de alguns animais, por se ter observado que estes através da forma como relaxam, saltam, respiram, se movem e se deitam, conseguem um equilíbrio natural do corpo. Concluiu-se que o homem não consegue por vezes encontrar esse equilíbrio porque usa técnicas crradas de respiração, posicionamentos incorrectos e não sabe como descontrair os músculos. Tudo isto, ao longo do tempo, provoca doenças que se poderiam evitar se o ser humano respeitasse alguns princípios naturais básicos.

Foi *Hua Tou* (華佗, pinyin: Huà Tuó, cantonense: wa4to4), médico famoso que viveu entre 280-220 a.C., que partindo desses princípios desenvolveu uma série de exercícios a que chamou "as cinco mímicas de animais", com base nos

---

[234] MacRitchie, James, *Chi Kung Mais Energia*, pp.27 a 29.
[235] MacRitchie, James, *Chi Kung Mais Energia*, p. 55
[236] Yin, Huihe and others, *Fundamentals of Traditional Chinese Medicine*, p. 1.

movimentos anatómicos do urso, do macaco, do veado, do tigre e do falcão.[237] Ao longo do tempo, o *qi gong* continuou a desenvolver-se e a aperfeiçoar-se, dando origem a duas categorias: o *qi gong* interno ou estático (*Nei-Dan*) (內丹, pinyin: nei dan), que é realizado internamente, pois não inclui gestos exteriores, e tem por base exercícios de relaxamento, de respiração e de posicionamento. Durante a sua prática não há consumo de energia, mas sim o seu restabelecimento, tendo o corpo a possibilidade de se auto regenerar. Este método é utilizado para controlar e dirigir o *chi*.

Relativamente à outra categoria, designada "*Wei-Dan*", (外丹, pinyin: wai dan), é o *qi gong* externo ou dinâmico, executado exteriormente através de movimentos e comportando um vasto número de exercícios, séries, formas e sequências. Embora estas duas categorias de *qi gong* possam ser combinadas e integradas de várias maneiras, sem uma técnica respiratória correcta, ninguém conseguirá praticar o *qi gong* dinâmico.

Os benefícios da prática do *qi gong* foram sendo reconhecidos ao longo do tempo, aumentando a sua popularidade e os seus adeptos entre ambos os sexos.[238] Esse facto levou a que fossem surgindo escolas para as várias combinações de *qi gong*, dinâmico e estático. Esta foi a origem de todas as artes marciais, incluindo o boxe chinês (sendo este praticado geralmente pelas camadas mais jovens), o *qi gong* vocacionado para a medicina, para a religião, e também um tipo de *qi gong* que se pratica com espadas, sabres e outras armas brancas, ou com as mãos livres, como se fosse um boxe suave e imaginário. Seja ele qual for, a opinião dos que o praticam é que deixa o corpo e a mente equilibrados, contribuindo para o relaxamento e a tranquilidade.[239]

Embora o *qi gong* nas suas várias formas seja muito popular entre ambos os sexos, sendo praticado muitas vezes em zonas verdes, não são apenas os praticantes de *qi gong* que podemos ver nos jardins públicos chineses. Nos bancos, junto aos canteiros ou em pequenos recantos, é vulgar reunirem-se grupos de homens de faixas etárias mais elevadas a jogar xadrez chinês, rodeados pelos seus pássaros nas respectivas gaiolas que levam ao jardim, para que se sintam bem e melhorem o seu canto, ouvindo os pássaros que vivem em liberdade.

O xadrez chinês "*xiàng qi*" (象棋, pinyin: xiàngqí, cantonense: cheong1 kei3), apesar do grau de concentração que exige, constitui para estes grupos etários um jogo de rua que atrai muito observadores. Embora seja um jogo bastante popular entre a população chinesa de Macau, não o é tanto como o jogo denominado "*mah jong*" (麻将, pinyin: májiàng, cantonense: ma4jeung3) que

---

[237] Tse, Michael, *QiGong for Health and Vitality*, pp. 10 e 11.

[238] MacRitchie, James, *Chi Kung Mais Energia*, pp. 36 a 40.

[239] Feng, Lingyu; Shi, Wiemiin, *A Cultura Chinesa*, pp. 163 a 165.

é considerado o jogo das cem inteligências, pois exige habilidade, inteligência, perspicácia e sorte. É um jogo tradicional chinês de salão, praticado indiferentemente por pessoas de ambos os sexos e de todas as idades, sendo muito popular na zona geográfica onde Macau se insere.

Provavelmente com origem noutros jogos hoje desaparecidos, é referido na literatura ocidental por volta de 1900, quando ingleses, americanos e japoneses tiveram contacto com ele. É um jogo de tipo figurativo, jogado habitualmente por quatro pessoas em simultâneo, em que, quer os números, quer os diferentes símbolos que o compõem, formam naipes de diversos valores.[240] Embora possa ser jogado com cartas, os chineses preferem peças feitas de materiais duros que, ao serem baralhadas e colocadas na mesa, façam bastante ruído (sinal de alegria e sorte).[241]

6.3.3. Ocupação de tempos livres entre os Macaenses

Até às primeiras décadas do século passado, Macau era ainda uma pacata cidade, onde a comunidade macaense conservava muitas das suas antigas formas de ocupação dos tempos livres. Nos dias amenos faziam-se piqueniques, jogava-se ténis e por vezes os homens iam caçar à China. Quando as condições não permitiam estar ao ar livre, dançava-se em festas privadas, ou nos clubes locais e sobretudo os homens jogavam bilhar.

Quanto às mulheres, tradicionalmente faziam trabalhos de costura, com missangas e lantejoulas denominadas localmente "*mutri*" e "*escarrachada*"[242], assim como bordados que, com o passar do tempo, adquiriram um estilo híbrido, conjugando motivos portugueses e chineses. Era também muito popular a arte de "*bater saia*", que consistia em recortar papéis de seda colorida e com eles enfeitar bolos, cestinhos e vestir bonecas, que iam alegrar as mesas em que eram servidos os "*chás gordos*".

Na arte de "bater saia", que na pronúncia local se designava por "*batê saia*", adquiriam especial importância as armações de madeira onde os bolos e doces eram colocados. Essas armações, por vezes com três andares, eram revestidas por folhos de papel, dando ideia de saias sobrepostas, dando assim origem ao nome desta arte. É provável que todas as macaenses tenham executado e aperfeiçoado algumas destas actividades. Porém, enquanto as das classes mais favorecidas o faziam como passatempo, as das classes mais modestas faziam-no com objectivo monetário.[243]

---

[240] AMARO, Ana Maria, *Três Jogos Populares em Macau*, p. 71.
[241] BARREIRA, Ninélio, *OU-MUN Coisas e Tipos de Macau*, p. 89.
[242] AMARO, Ana Maria, *A mulher Macaense, Essa Desconhecida*, p. 10.
[243] *Idem*, *Filhos da Terra*, pp. 48 e 49.

Para além destas actividades, a culinária era também uma das ocupações das macaenses, existindo em algumas famílias segredos relativamente a certos pratos e condimentos utilizados.

Em relação aos jogos tradicionais dos macaenses, há registos de três cuja tradição é muita antiga e que acabaram por ser substituídos pelo *"mah jong"* talvez por ser mais elaborado e interessante.[244] No entanto, mesmo tendo caído em desuso, não queremos deixar de lhes fazer uma breve referência, já que foram durante muitas décadas, passatempos eleitos para ocupar o tempo livre.

A – JOGO DA CHONGA

Segundo a opinião de *Ana Maria Amaro* (1984), este é um jogo de origem africana que chegou a Macau provavelmente via Malaca, quer por influência das mulheres malaias que acompanharam os primeiros portugueses, quer trazido pelos escravos africanos que, de Malaca, acompanharam os portugueses até Macau. É um jogo de tabuleiro onde há um determinado número de concavidades, nas quais se introduzem e retiram marcas através de determinadas regras. É jogado por dois jogadores, sendo vencedor aquele que conquistar maior número de marcas.[245]

B – JOGO DO TALU

Segundo a mesma autora (1984), este era um jogo de rapazes introduzido em Macau provavelmente por padres jesuítas. Joga-se com um pau, com mais ou menos 10 centímetros, ao qual se aguçavam as extremidades: os rapazes formavam dois grupos entre os quais o pau era lançado através de uma pancada com outro pau mais comprido segundo certas regras. O vencedor era aquele que conseguisse atirar o pau mais longe.[246]

C – JOGO DE BAFÁ

Também segundo *Ana Maria Amaro*, o jogo do *"bafá"* era um jogo de cartas (que podiam ser peças em osso ou marfim com o reverso em bambu ou pau preto semelhantes ao dominó) ilustradas com flores, tendo provavelmente sido um jogo introduzido por escravas chinesas. Este jogo exigia que se soubesse o nome das peças e das suas séries, sendo jogado por três jogadores que tinham como objectivo final emparelhar todas as peças.[247]

---

[244] AMARO, Ana Maria, *Três Jogos Populares em Macau*, p. 98.
[245] *Idem, Ibidem.*
[246] *Idem, Ibidem*, pp. 64 a 67.
[247] *Idem, Ibidem*, pp. 86 e 87.

Estes três jogos, devido às alterações sociais que Macau sofreu, acabaram por ser substituídos, como foi referido anteriormente, pelo *"mah jong"* e por jogos tecnológicos, principalmente entre a juventude. Contudo, marcaram uma época e fazem parte da história de Macau e dos macaenses.

Fotografia 16 – **Disposição das peças para o início do jogo de** *mah jong*

Fotografia 17 – **Decurso do jogo**

Capítulo 7
Utilização de Plantas e Outros Ingredientes com Objectivos Terapêuticos

Perde-se no início dos tempos a altura em que a humanidade começou a utilizar plantas, pedras e minerais triturados, extractos de animais e banhos de lama (entre outros) com fins medicinais.[248]

As qualidades e poderes que lhes eram atribuídos faziam com que fossem procurados, não só para curar doenças, mas também para proporcionar protecção ou bem-estar. Por isso, durante milhares de anos, esses ingredientes foram usados como medicamento, alimento, incorporados em cosméticos e perfumes, incluídos em rituais, transformados em amuletos e talismãs.

Com a evolução das diferentes sociedades, diversificaram-se não só a forma de aplicação desses ingredientes, como também a filosofia que está na base da sua utilização. Nos países ocidentes e industrializados, a medicina tradicional foi sendo progressivamente abandonada e substituída pela biomedicina científica e a sua abordagem alopática, que emprega predominantemente drogas (muitas das quais de origem sintética) e procedimentos contrários à natureza da doença, ou do problema identificado com o intuito de os combater. Esta abordagem parte da premissa que todos os distúrbios têm causas biológicas, sendo classificados de acordo com o tecido, órgão ou sistema afectado.

Nos meios de diagnóstico, são utilizadas substâncias químicas, aparelhos sofisticados e de alta tecnologia. O corpo é encarado como uma máquina complexa que pode ser descrita cientificamente, onde matéria e espírito são tratados como partes distintas.

---

[248] GONTHIER, Érik, O Homen e o Mineral in POIRIER, Jean (dir),, *História dos Costumes, O Homem e seu Meio Natural*, pp. 113 e 114.

Em muitos outros países, embora também se pratique este tipo de medicina por influência ocidental, coexistem igualmente as medicinas tradicionais que mantiveram a sua importância nos sistemas de tratamento adoptados. Estas medicinas consideram o indivíduo como parte de uma ordem social, moral e religiosa, na qual a mente e o corpo são uma só identidade que deve estar em equilíbrio, sendo o processo curativo direccionado a restabelecê-lo. Os instrumentos médicos são feitos artesanalmente e no fabrico dos remédios são utilizados ingredientes cultivados de forma biológica, ou colhidos na natureza. Utilizam-se, por vezes, substâncias que produzem sintomas idênticos aos da doença que se quer tratar (abordagem homeopática), com o objectivo de estimular as defesas naturais do organismo.[249]

Na generalidade, os vários tipos de medicina tradicional utilizam meios de diagnóstico baseados na auscultação da pulsação e na observação do aspecto da língua, olhos, rosto, lábios e unhas, com base no princípio de que os vários órgãos internos e respectivos problemas se reflectem no aspecto daqueles locais específicos. Os processos terapêuticos são amplos e globais e podem combinar dieta, massagens, exercício, ginástica respiratória, acupunctura, moxibustão, ervanária, entre outros.

7.1. Utlização na Europa de plantas e outros ingredientes com objectivos terapêuticos

Quando se fala nos primórdios da medicina europeia, não se pode deixar de mencionar a obra de *Hipócrates* (460-370 a.C.), *"Matéria Médica"*, uma compilação com informação sobre mais de quatrocentas plantas medicinais e respectivo receituário relativo à sua utilização. Essa investigação foi sendo aumentada e aprofundada, tendo contribuído para que *Aristóteles* (372-287 a.C.) pudesse escrever *"A História das Plantas"*, um compêndio de dez volumes que significou um importante contributo no âmbito da botânica e da utilização das plantas com fins medicinais.

No século I d.C., *Galeno,* médico romano (ca.131-ca.200) baseado nos trabalhos anteriores, classificou e agrupou várias receitas à base de plantas, para que pudessem ser ensinadas e seguidas por outros médicos. A criação desse receituário padronizado para cada doença específica originou uma divisão entre os médicos e os curandeiros tradicionais, uma vez que para estes últimos as receitas são elaboradas individualmente, sendo os ingredientes utilizados nos remédios escolhidos consoante os problemas específicos de cada pessoa. Não obstante o contributo de *Galeno* no campo da medicina, a metodologia que

---

[249] LIPP, Frank, *O Simbolismo das Plantas*, pp. 17 a 25.

implementou levou a que os médicos deixassem de encarar o doente como um todo e passassem a dar mais importância à doença e ao seu tratamento.

Estes princípios conduziram a prática médica na Europa durante aproximadamente mil e quinhentos anos, quando *Paracelso*, médico austríaco (1493--1591), os pôs em causa. Durante a Idade Média, acreditava-se que a doença era resultado de um desequilíbrio dos quatro humores que o corpo continha: fleuma, bílis negra, bílis amarela e sangue. O tratamento clássico era a sangria, para retirar o excesso de humor, utilizando em seguida remédios geralmente à base de plantas. As sangrias também eram efectuadas preventivamente para manter o equilíbrio entre os vários humores, sendo ainda utilizadas plantas para o mesmo fim preventivo.

Paracelso considerou redutora a visão de *Galeno*, pois o seu método tratava a doença e não o homem. Por isso, propôs uma abordagem de diagnóstico diferente da que existia. Segundo ele, a doença tinha origem numa de cinco causas: influências siderais e astrais, entrada no corpo de substâncias prejudicais, hábitos de vida incorrectos, desequilíbrios emocionais e psicológicos, causas espirituais como a desobediência a leis de nível religioso, moral e ético. *Paracelso* considerava que se devia analisar a pessoa nas suas varias vertentes, até porque era de opinião que havia uma unidade entre o macrocosmo (o universo) e o microcosmo (o corpo humano), sendo o corpo constituído por um conjunto de minerais e espíritos astrais (a essência).

Outra das ideias de *Paracelso* consistia na teoria de que na terra existiam animais, vegetais e minerais úteis ao homem, colocados aí por Deus para usufruto humano e que teriam sido devidamente marcados através da sua forma, cor e textura, para que o homem reconhecesse a sua utilidade e a grandeza divina. Assim, um fruto com a forma de um coração teria a marca da sua utilidade para as doenças cardíacas, outro com a forma de um fígado, para as doenças hepáticas e assim sucessivamente. Por essa razão, se criaram crenças e ritos que durante séculos acompanharam a raiz de uma planta europeia denominada mandrágora. Com uma raiz bifurcada semelhante ao corpo humano e contendo alcalóides alucinogénicos, eram-lhe atribuídos poderes sobrenaturais.[250]

Para as crenças e misticismo que a envolviam, contribuía o facto de um dos locais onde se desenvolvia ser debaixo dos cadafalsos. Era desenterrada próximo do solstício de Verão, antes do sol nascer e na última fase da lua. Aqueles que se dedicavam à sua apanha criaram mitos em redor dessa operação, quer para afastar possíveis concorrentes, quer para manter elevado o seu preço que, em 1690, chegava a igualar o salário médio de um artesão.[251]

---

[250] WEBB, Marcos; CRAZE, Richard, *O Guia das Plantas e Especiarias*, p.11.
[251] LIPP, Frank, *O Simbolismo das Plantas*, p. 11.

Para isso, afirmavam que para imobilizar a planta, esta tinha de ser molhada com sangue ou urina e os que ousavam colhê-la, tinham de tapar os ouvidos a fim de se protegerem contra a surdez e a loucura provocada pelos gritos da planta ao ser arrancada.

Não admira, pois, que a raiz de mandrágora adquirisse a fama de que para além de curar doenças como artrites, úlceras, furúnculos e inflamações, servia também para lançar feitiços amorosos. Além disso, com a sua raiz talhavam-se bonecas que se dizia terem o poder de tornar o seu possuidor invisível. Supunha-se que estas bonecas revelavam também a localização de tesouros escondidos. No entanto, esses tesouros traziam má sorte, pois podiam conduzir o possuidor da boneca à morte no mesmo cadafalso onde a mandrágora fora arrancada.[252]

Entre as plantas medicinais utilizadas na Europa tiveram também um lugar importante as especiarias. Entende-se por especiarias, as várias partes secas das plantas aromáticas: sementes, folhas, frutos, caules, cascas e raízes.[253] Embora posteriormente passassem a ser usadas como tempero, foram, entre os séculos XII a XVI, consideradas remédios e ingeridas por prescrição médica, para tratar malefícios vários, como cólicas, digestões difíceis, dores de dentes, além de beneficiarem os olhos, o fígado, o coração e o estômago.[254]

O uso de pedras e de minerais na medicina europeia tem origens mais remotas, estando ligado à alquimia que, por sua vez, se apoiava em crenças muito antigas, já que há referências ao uso destes materiais a partir do segundo milénio antes de Cristo, onde se descreve a utilização de pedras que, depois de reduzidas a pó, eram prescritas em poções. Algumas dessas utilizações tinham lendas associadas, que as relacionavam com a cura de determinadas doenças, e outras ainda eram usadas porque se assemelhavam a órgãos do corpo humano.

Os bezoares (pequenas pedras calcárias cujo termo médico é "cálculos" e que se formam em alguns órgãos humanos ou animais) eram triturados e ingeridos, pois acreditava-se que combatiam vários problemas relacionadas com o fígado, sendo usados também para combater a histeria e fortificar o coração. Alguns *bezoares simiae* (bezoar de macaco) foram encontrados fossilizados em Itália.[255]

Relativamente às gemas, acreditava-se que o jade nefrítico ou nefrite, uma rocha verde denominada em Portugal por pedra-de-ilharga, quando colocada sobre os rins, diminuía as cólicas renais, podendo ser ingerida em pequenos

---

[252] LIPP, Frank, *O Simbolismo das Plantas*, p. 11..

[253] WEBB, Marcos; CRAZE, Richard, *O Guia das Plantas e Especiarias*, p.191.

[254] FLANDRIN, Jean Louis, MONTANARY Maximo, *História Da Alimentação da Idade Média aos Tempos Actuais*, pp. 96 a 99.

[255] GONTHIER, Érik, O Homem e o Mineral in POIRIER, Jean (dir), *História dos Costumes, O Homem e seu Meio Natural*, p. 116.

UTILIZAÇÃO DE PLANTAS E OUTROS INGREDIENTES COM OBJECTIVOS TERAPÊUTICOS

grãos para o mesmo efeito.[256] A própria igreja católica atribuía qualidades medicinais a certas gemas.

É *Hildegarda de Bingen*, beata alemã (1098-1179), autora dos dois únicos livros de medicina escritos na Europa durante o século XII[257], que refere que o diabo odiava as gemas, porque antes da sua queda brilhava como elas e porque algumas foram produzidas pelo fogo, que é o seu tormento. Acrescenta ainda que Deus o despojou delas, mas deixou que os homens as conservassem para que as pudessem usar na cura de doenças.[258]

Existem também registos que na antiguidade eram usados pedaços de fósseis de animais pré-históricos como pendentes, por se acreditar que eram um remédio e um antídoto contra as picadas venenosas e as febres malignas.[259]

Em relação aos minerais, o seu uso com fins terapêuticos na Europa remonta à pré-história (Período Aurinhacense). Existem vestígios que, há 30.000 anos, os homens utilizavam argila para cicatrizar feridas.

O banho de lama nas proximidades de fontes hidrotermais (Sicília, Islândia, França) é, desde tempos pré-históricos, associado à cura de várias doenças. Também os romanos, e outros povos contemporâneos, utilizaram amplamente as águas de termas ricas em minerais para banhos e ingestão, utilização essa que perdura até aos dias de hoje, para tratar vários problemas de saúde.[260]

No entanto, embora pedras, minerais e estratos animais tenham sido e sejam ainda importantes na medicina ocidental, o maior contributo para esta tem sido dado pela ervanária. A expansão europeia dos séculos XV e XVI introduziu novas plantas medicinais na Europa que, a partir daí, têm sido largamente usadas. Porém, com a revolução industrial, teve início a produção em série (século XIX), que contribuiu para que as drogas sintéticas passassem a dominar a prática médica, apesar do emprego de plantas medicinais nunca ter sido completamente abandonado.

Actualmente, a utilização de plantas medicinais na sua totalidade é novamente uma área em crescimento, à medida que a sociedade se vai apercebendo dos efeitos secundários de alguns medicamentos. A utilização da parte activa da planta (na sua forma não natural, pois é utilizada apenas uma parte específica desta e não a planta na sua totalidade), purificada no laboratório, embora potencie e acelere o seu efeito curativo, aumenta também os efeitos colaterais ou negativos.

---

[256] GONTHIER, Érik, O Homem e o Mineral in POIRIER, Jean (dir), *História dos Costumes, O Homem e seu Meio Natural*, pp. 115 a 117.

[257] Wikipédia, *Hildegarda de Bingen* – http://pt.wikipedia.org/wiki/Hildegarda_de_Bingen

[258] GONTHIER, Érik, O Homen e o Mineral in POIRIER, Jean (dir), *História dos Costumes, O Homem e seu Meio Natural*, p. 117.

[259] *Idem, Ibidem*, p. 118.

[260] *Idem, Ibidem*, pp. 113 e 114.

Esses factores levam cada vez mais pessoas a interessarem-se pela medicina natural, pelo facto desta utilizar plantas não purificadas, cujos efeitos benéficos embora demorando mais tempo a fazerem-se sentir, têm como contrapartida não terem praticamente efeitos secundários. Isto sucede porque o princípio activo da planta actua em conjunto com factores essenciais importantes que não lhe foram retirados.

As plantas e as ervas medicinais em conjunto com outras formas de terapêutica como as terapias estruturo-corporais (massagens, ioga, acupunctura, xiatsu, entre outras), as terapias mentais (relaxamento e/ou meditação) e as terapias que utilizam cores, sons, ou cheiros, surgem como resposta ao bulício e à vida agitada das grandes cidades. Este aspecto leva o homem a procurar, nas várias medicinas tradicionais, a calma, a vitalidade e a energia reparadora preventiva, de que necessita no seu dia-a-dia e, no caso de surgirem distúrbios, também um possível tratamento.

Em Portugal, a utilização de plantas e outros ingredientes com fins medicinais teve um percurso idêntico ao que foi referido, uma vez que a medicina biomédica é utilizada desde há longa data. No entanto, a ervanária com objectivos terapêuticos mantém o seu lugar nos hábitos da população, embora o seu uso seja restrito. Normalmente, é utilizada na forma de chás principalmente ingeridos como calmantes, digestivos e diuréticos, sendo o mel outro ingrediente bastante utilizado para combater constipações. A ingestão de água mineral é também um hábito generalizado entre os portugueses, por se considerar que possui efeitos preventivos, contribuindo para reduzir alguns transtornos nomeadamente digestivos.

O interesse pela medicina natural tem aumentado entre os portugueses à semelhança do que sucede noutros países, principalmente nos sectores da população que procuram estilos de vida mais saudáveis.

A investigação médica e a medicina ocidental encaram actualmente certos aspectos das medicinas tradicionais como uma mais-valia, que complementa e melhora a abordagem terapêutica. E é nessa linha de pensamento que dão mais atenção às propriedades curativas e às potencialidades de muitas plantas das florestas tropicais e equatoriais, olhando-as como uma fonte de recursos terapêuticos ainda em grande parte inexplorados, dando mais credibilidade às indicações dos povos indígenas que as utilizam há séculos.[261] Sem dúvida que todos terão a ganhar com essa nova abordagem, incluindo as florestas, já que esse factor pode contribuir para a sua preservação.[262]

---

[261] STARCK, Marcia, *Manual Completo de Medicina Natural*, pp. 205 a 231.
[262] LIPP, Frank, *O Simbolismo das Plantas*, pp. 12 e 13.

7.2. Utlização na Ásia de plantas e outros ingredientes com objectivos terapêuticos

Embora nos países asiáticos se pratique a medicina ocidental, os sistemas médicos tradicionais continuam simultaneamente a ser aí estudados e utilizados. Estes sistemas caracterizam-se, na sua globalidade, por uma abordagem inicial idêntica, registando, no entanto, algumas diferenças nas formas de prevenção, diagnóstico e tratamento.

Perde-se no tempo o início de algumas dessas correntes médicas, que com o passar dos séculos acabaram por influenciar as formas de tratamento de outras regiões próximas dos locais onde tiveram origem.

Abordando de uma forma geral alguns desses sistemas médicos, podemos dizer que um deles, conhecido por *"aiurvédico"*, é praticado sobretudo na Índia, Paquistão, Nepal e Sri Lanka, tendo influenciado também a prática curativa no Tibete, Birmânia e Malásia. Por sua vez, o que é designado por medicina tradicional chinesa, além de ser praticada na China (incluindo Macau e Hong Kong, mesmo durante a administração europeia), espalhou-se pela Coreia, Japão, Tailândia e regiões adjacentes onde se juntou ao sistema *"aiurvédico"* e *"unani"* da medicina tradicional árabe. Para além destes sistemas de influência mais alargada, coexistem outros espalhados por todo o oriente e circunscritos a determinadas zonas, de que é exemplo o *"kampo"*, um tipo de medicina utilizado no Japão.

Apesar de distintas, todas estas medicinas tradicionais partem de uma abordagem holística do paciente, que integra a parte física, mental e espiritual, e cujo foco de actuação é a prevenção, através de um contínuo fortalecimento das defesas do organismo.

Um dos conceitos básicos comuns é a crença na existência de uma energia vital. Esta energia é denominada *"prana"* no sistema *"aiurvédico"*, *"qi"* na medicina tradicional chinesa e *"ki"* nas medicinas do Japão, acreditando-se que existe em todos os organismos do universo, como já foi referido anteriormente.[263]

Uma vez que Macau tem sido sobretudo influenciado pela medicina tradicional chinesa, iremos fazer apenas uma abordagem sucinta aos princípios em que esta se baseia, embora, como já salientámos, todos os sistemas médicos tradicionais asiáticos têm semelhanças nos seus fundamentos.

A medicina tradicional chinesa tem bases muito antigas, já que inspirou o mais antigo e abrangente livro de medicina que se conhece *"Huang Ti Nei Ching,"* já referido atrás. Esta medicina baseia-se sobretudo em ervanária, embora também utilize animais, ou partes de animais, assim como minerais, centralizando a sua acção na prevenção das doenças. Com este objectivo, pre-

---

[263] Lipp, Frank, *O Simbolismo das Plantas*, p. 72.

coniza a conjugação da prática regular de exercício físico, ginástica respiratória e massagens. Aconselha também a ingestão de tónicos, que devem acompanhar uma dieta considerada apropriada a cada pessoa. Este facto torna-a numa medicina personalizada, onde o objectivo é ajudar cada indivíduo a encontrar o seu próprio equilíbrio.[264]

Os princípios pelos quais se rege esta medicina são os mesmos que orientam os aspectos da filosofia de vida chinesa no que se refere à noção *"yin/yang"* e aos cinco elementos. Segundo esta ideia, num organismo saudável, as forças *"yin/yang"* equilibram-se constantemente tanto no estado emocional como físico. Assim, os estados de excitação e euforia corresponderão à vertente *"yang"*, enquanto os de calma e quietude corresponderão à vertente *"yin"*. A sensação de calor está relacionada com o estado *"yang"* e a de frio com o de *"yin"*. Despertar corresponderá a *"yang"* e adormecer a *"yin"*. Desta forma, numa pessoa saudável, as vertentes *"yin/yang"* vão-se alternando sucessiva e harmoniosamente, englobando todas as sensações, atitudes e gestos do dia-a-dia. Quando se verifica o domínio prolongado de um estado relativamente ao outro, surge o desequilíbrio, logo a doença.[265]

Para além dos estados emocionais e físicos, também os vários órgãos e partes do corpo, bem como a localização entre si se classificam como *"yin/yang"*. A parte posterior do corpo é *"yang"* e a anterior *"yin"*, à semelhança de um feto no útero materno, em que as costas se exteriorizam relativamente à parte abdominal dobrada sobre si própria. No entanto, se pensarmos em termos de dentro/fora, a parte exterior do corpo é *"yang"* em relação à camada que se encontra debaixo da epiderme que por oposição é considerada *"yin"*.

Consoante a sua classificação, os órgãos têm funções distintas: as funções dos órgãos *"yin"*, são produzir, transformar, regular e armazenar, enquanto aos órgãos *"yang"* cabem as funções de receber, decompor e absorver.

Exemplo de um órgão *"yin"* – o coração.
Exemplo de um órgão *"yang"* – os intestinos.

No entanto, segundo esta medicina tradicional, os órgãos não têm o mesmo nível de importância entre si, uma vez que cinco deles são considerados órgãos vitais e, por sua vez, estão associados aos cinco elementos da seguinte forma.[266]

---

[264] LIPP, Frank, *O Simbolismo das Plantas*, pp. 82 e 83.
[265] FENG, Lingyu, SHI Wiemin, *A Cultura Chinesa*, pp. 152 a 154.
[266] STARCK, Marcia, *Manual Completo de Medicina Natural*, p. 185.

ÓRGÃOS	ELEMENTOS
Coração	Fogo
Fígado	Madeira
Baço	Terra
Pulmões	Metal
Rins	Água

Estes órgãos interligam-se com os restantes por meio de uma rede de canais principais e colaterais, através dos quais circula a energia *"qi"*. Estes canais são chamados meridianos e, embora a ciência médica ocidental não os tenha identificado fisicamente, comprovou a sua existência através de testes laboratoriais. Os meridianos são os circuitos de ligação dos órgãos internos e externos. Segundo esta teoria, todos os órgãos internos se ligam aos órgãos externos, o que permite aos conhecedores avaliar a sua condição observando zonas exteriores específicas.[267]

O mestre de medicina tradicional chinesa sabe que, pelo facto do fígado ser um órgão pertencente ao elemento madeira, um problema aí localizado se reflectirá na cor da face do doente, dando-lhe uma tonalidade baça amarelo--esverdeada (cor da madeira). Por outro lado, alguém com problemas cardíacos terá a face avermelhada, uma vez que o coração pertence ao elemento fogo.[268] Porém, não é apenas a observação dos órgãos exteriores e a associação aos cinco elementos, que permitem ao mestre de medicina chinesa elaborar um diagnóstico. Ele sabe também que uma desordem num órgão origina problemas no meridiano a ele ligado, originando perturbações nos locais onde passa. É assim que um problema no estômago pode causar dor no maxilar superior, pois o mesmo meridiano une ambos os locais.

É igualmente importante desenvolver uma conversa atenta com o paciente, a análise dos seus hábitos de vida, da sua dieta, a observação dos olhos, do aspecto da pele, da língua e sobretudo a palpação do pulso.

O pulso é a forma de diagnóstico mais importante na medicina tradicional chinesa. Um bom mestre consegue, através da pressão exercida na palpação da artéria radial, detectar em cada pulso inúmeros tipos de batimentos diferentes, correspondentes aos vários órgãos do corpo e assim verificar o seu funcionamento.[269]

Nesta medicina não são efectuados testes laboratoriais ou testes invasivos.

---

[267] FENG, Lingyu, SHI Wiemin, *A Cultura Chinesa*, p. 155.
[268] TSE, Michael, *Qi Gong for Health and Vitality*, pp. 20 e 21.
[269] FENG, Lingyu, SHI Wiemin, *A Cultura Chinesa*, p. 156.

Os remédios, quando necessários, são prescritos e executados nas farmácias de medicina tradicional para cada paciente individualmente, não existindo duas receitas iguais. A sua base é sobretudo a ervanária, embora recorram também a uma gama variada de outros ingredientes, que vão desde animais utilizados integralmente, como ratos, cobras ou cavalos-marinhos, ou apenas certas partes destes, como chifres de veado ou pénis de cão. São utilizados também metais, como o ouro, além de outros ingredientes, como conchas, pérolas, fungos, ou até órgãos humanos como a placenta. Os produtos utilizados surpreendem pelo seu grande número e variedade, pois se contabilizarmos apenas as plantas, são mais de dez mil as que foram estudadas e identificadas para uso medicinal.[270]

Para além dos remédios, da dieta e dos exercícios físicos, são igualmente muito importantes outros métodos de tratamento tradicionais, como a reflexologia que é uma técnica com cinco mil anos e que consiste na massagem de zonas específicas dos pés, que se acredita terem relação com determinados órgãos internos. Estimulando estas zonas, produz-se um efeito benéfico nos órgãos que lhes correspondem.

A acupunctura (針灸, pinyin: zhēnjiǔ, cantonense: jam1gau3) e a moxibustão (ou moxabustão – 灸, pinyin: jiǔ, cantonense: gau3 – significa, literalmente, "longo tempo de aplicação do fogo") são também técnicas milenares frequentemente usadas com efeitos semelhantes, e que têm como objectivo corrigir o equilíbrio *"yin/yang"* no organismo. Beneficiam também o fluxo de qi, desbloqueando determinados pontos nos meridianos, com o fim de aliviar e curar várias patologias e distúrbios corporais. Essas técnicas são feitas através da inserção de agulhas específicas (acupunctura) ou através duma espécie de acupunctura térmica, que consiste na combustão de uma erva (*"artemisia sinensis"* ou *"artemisa vulgaris"*), directamente sobre locais específicos do corpo, por vezes com a ajuda de uma campânula (moxibustão).[271]

Outra forma de tratamento considerada eficaz, é a acupressão, que é uma combinação de massagem e acupunctura, através da pressão feita com a ponta dos dedos nos mesmos pontos onde é executada a acupunctura, conseguindo-se assim o alívio da dor ou mal-estar. A acupunctura na orelha é igualmente uma técnica muito utilizada. Baseia-se no princípio de que a orelha tem a mesma forma que um feto em posição cefálica (de cabeça para baixo) no útero materno. Seguindo esse raciocínio, o corpo humano pode, na sua totalidade, ser representado na orelha, o que possibilita, através da acupunctura nesse órgão, direccionar o tratamento para qualquer parte do corpo.[272]

---

[270] Revista de MacaU na Internet, *O Equilíbrio da Vida*, http://www.revistamacau.com/rm.asp?id= 010071
[271] WINDRIDGE, Charles, *Tong Sing – The Chinese Book of Wisdom*, pp. 244 e 245.
[272] WINDRIDGE, Charles, *Tong Sing – The Chinese Book of Wisdom*, pp. 245 e 246.

UTILIZAÇÃO DE PLANTAS E OUTROS INGREDIENTES COM OBJECTIVOS TERAPÊUTICOS

Devido ao sucesso dos seus métodos curativos através de uma forma de tratamento não agressivo para o paciente e à minimização dos efeitos secundários verificados, a medicina tradicional chinesa é hoje encarada com seriedade no mundo ocidental, sendo usada em várias situações em pé de igualdade e muitas vezes com vantagem relativamente à medicina ocidental. Com o objectivo de tornar mais fácil a sua prática, desenvolveram-se aparelhos eléctricos, magnéticos, de laser e raios infravermelhos, com o intuito de estimular os pontos de acupunctura.[273]

Por outro lado, muitos dos remédios utilizados na medicina tradicional chinesa têm actualmente efeito científico comprovado, e já existem na forma de medicamentos no ocidente. Cada vez mais os conhecedores de ambas as medicinas as encaram como um complemento e uma mais-valia, pois se em determinados problemas é mais indicada a medicina ocidental como nos casos de emergências ou operações cirúrgicas, a medicina tradicional chinesa tem conseguido muito bons resultados em casos de viroses, fobias ou depressões. É, por isso, importante saber tirar o melhor partido de cada uma e encará-las como um valor adicional, de que asiáticos e europeus podem beneficiar.[274]

7.3. Utlização pelos Macaenses de plantas e outros ingredientes com objectivos terapêuticos

Segundo os registos consultados, os ingredientes utilizados em Macau pelos macaenses com objectivos terapêuticos, caracterizaram-se por influências asiáticas, europeias e também africanas, tal como se verificou nos restantes aspectos da sua cultura. Esse factor, como já foi anteriormente explicitado, ficou a dever-se ao seu hibridismo euro-asiático e à presença em Macau, durante séculos, de escravos, criados e outros trabalhadores de várias proveniências. Uma das consequências deste prolongado contacto com outros povos foi a incorporação de uma grande variedade de ingredientes nas mézinhas caseiras, que começaram provavelmente a ser utilizadas pelas primeiras famílias que se fixaram no território, as quais, segundo *Ana Maria Amaro* (1997), terão muito possivelmente recorrido também aos curandeiros chineses.[275]

Entre 1562 e 1563, os jesuítas estabeleceram-se em Macau, fundando aí um colégio denominado de São Paulo. Esse colégio e a Igreja da Madre de Deus que lhe estava anexa, foram destruídos por um incêndio em 1835. Do conjunto,

---

[273] FENG, Lingyu, SHI Wiemin, *A Cultura Chinesa*, p. 160.
[274] Revista de MacaU na Internet, *O Equilíbrio da Vida*, p. 5 – httt://www.revistamacau.com/rm.asp?id=010071
[275] AMARO, Ana Maria, *Introdução da Medicina Ocidental em Macau e as Receitas de Segredo da Botica do Colégio de São Paulo*, p. 101.

143

A COMUNIDADE MACAENSE EM PORTUGAL

resta a fachada da igreja em granito, e que é, ainda, o ex-libris da cidade (cons-truída em estilo barroco, foi trabalhada por cristãos japoneses e artistas locais sob a orientação do jesuíta *Carlo Spinola* (1564-1622), sendo considerada uma peça arquitectónica rara, dado que apresenta elementos de influência euro-peia, chinesa, japonesa e de outras partes da Ásia).

À semelhança das grandes casas jesuítas na Europa, em Goa, Malaca e Japão, funcionavam, além do colégio e da igreja, uma enfermaria e uma botica onde se preparavam e vendiam medicamentos. O colégio que se tornou desde logo um pólo de atracção para os intelectuais, tendo começou a funcionar como univer-sidade a 1 de Dezembro de 1594, tornando-se, assim, na primeira universidade ocidental na Ásia.[276]

A sua biblioteca já então famosa, recebeu sete mil livros em 1616, 500 dos quais oferecidos pelo papa.[277]

A botica e a enfermaria não foram menos importantes, adquirindo fama em todo o oriente, não obstante os jesuítas, como todos os eclesiásticos, estarem proibidos de exercer medicina pelo Concílio de Trento (1545-1563). Porém, a sua sabedoria como boticários e a eficácia das suas receitas eram testemu-nhos do seu valor na arte de curar, até porque vários jesuítas tinham estudado medicina antes de terem ingressado na ordem. A aceitação destes por parte da população local ficou a dever-se à atitude que tradicionalmente os caracte-rizava quando se instalavam numa região e que consistia no estudo imediato da língua, dos costumes locais e das plantas curativas utilizadas. Desta forma, conseguiam interagir com a população de uma forma quase familiar e ganhar a sua confiança.

No campo curativo, embora as preparações que utilizavam seguissem as ideias e normas vigentes na Europa, incluíam também muitos produtos com eficácia comprovada, usados pelos povos nativos. Por isso, as suas receitas tinham muita aceitação, tornando-se extremamente populares.[278]

Este interesse que os jesuítas revelavam pela medicina utilizada pelos povos com quem contactavam e o empenho em conhecer os seus idiomas, levava os a escrever e a traduzir livros, quer em português e noutras línguas europeias, quer nas línguas nativas. Como exemplo, entre muitos outros, podemos citar o *Padre João Terrenz (Johann Terrenz Schreck* – 1576-1630) que publicou em chinês o primeiro livro escrito por um europeu sobre o corpo humano, denominado *"A Estrutura do Corpo Humano"*; e o *Padre Miguel Boym (Michal Piofr Boym* – 1612-1659)

---

[276] MALATESTA, Edward J., *O Colégio Universitário de São Paulo: Academia de Religião e Cultura*, pp. 7 a 9.

[277] AMARO, Ana Maria, *Introdução da Medicina Ocidental em Macau e as Receitas de Segredo da Botica do Colégio de São Paulo*, pp. 9 e 10.

[278] AMARO, Ana Maria, *Influência da Farmacopeia Chinesa no Receituário das Boticas da Companhia de Jesus*, pp. 54 e 55.

UTILIZAÇÃO DE PLANTAS E OUTROS INGREDIENTES COM OBJECTIVOS TERAPÊUTICOS

que traduziu para latim os quatro livros em chinês de *Wang Cho Ho,* a que deu o nome de *"Medicus sinicus".* Nesta obra eram vários os assuntos tratados, como o diagnóstico através do pulso, os sinais de doença pelas cores da língua, os benefícios de alguns remédios, bem como uma relação de frutos de árvores do reino da China, com descrição das suas propriedades. O padre *Domingos Parrenin (Dominique Parrerin –* 1165-1741), um dos professores do *Imperador Kang Xi* (康熙帝, pinyin: Kāngxīdi, cantonense: hong1hei1dai3) traduziu para manchu um livro de anatomia humana.[279]

A importância dos tratamentos orientados por mestres de ordens religiosas, como os jesuítas ou os franciscanos, foram fundamentais no oriente, principalmente porque a carência de médicos com formação ocidental era muito grande. Os problemas eram tão graves que, em 1691, dois médicos foram enviados de Coimbra para Goa com o objectivo de, no espaço de oito anos, formarem médicos locais. É de supor que esses médicos recém-formados juntassem à sua prática a utilização de remédios indígenas, cujos benefícios conhecessem.[280] Assim sendo, provavelmente durante décadas, a população de Macau poderá ter beneficiado de tratamentos feitos por médicos de formação ocidental, em simultâneo com os dos boticários das ordens religiosas.[281] Porém, esta situação sofreu um revés quando, em 1762, os jesuítas foram expulsos de Macau.[282]

Embora seja provável que muitas das suas receitas se tenham perdido, segundo *Ana Maria Amaro* (1997), trinta e seis delas fazem hoje parte do espólio da biblioteca da casa dos jesuítas em Roma.[283] Através da leitura dos ingredientes que compunham essas receitas, verifica-se uma fusão na utilização de ervanária originária da Europa e da Ásia. Algumas receitas incluem também especiarias asiáticas, pedras e metais preciosos pulverizados, como o ouro. Ingredientes de origem animal, como chifre de veado e rinoceronte, fel de urso ou carne de víbora, eram também utilizados. Existem ainda receitas que incluem produtos de origem humana, como leite de mulher e urina de menino. Esta breve análise é reveladora da grande variedade de ingredientes utilizados e, a acreditar no sucesso que lhes foi atribuído, comprova a seriedade do estudo que está por detrás da sua utilização. Foram conhecimentos que se perderam na farmacologia ocidental, desconhecendo-se se são utilizados actualmente.

---

[279] TEIXEIRA, Pe. Manuel, *A Medicina em Macau,* Vol III-IV, pp. 9 e 10.

[280] AMARO, Ana Maria, *Introdução da Medicina Ocidental em Macau e as Receitas de Segredo da Botica do Colégio de São Paulo,* p. 15.

[281] TEIXEIRA, Pe. Manuel, *Macau e a sua Diocese,* Vol. III, p. 451.

[282] MALATESTA, Edward J., *O Colégio Universitário de São Paulo: Academia de Religião e Cultura,* p. 8

[283] AMARO, Ana Maria, *Introdução da Medicina Ocidental em Macau e as Receitas de Segredo da Botica do Colégio de São Paulo,* p. 15.

A COMUNIDADE MACAENSE EM PORTUGAL

Ao invés, na medicina tradicional chinesa, esses ingredientes continuam a ser incorporados em receitas actuais.

É natural que, com o afastamento dos jesuítas, os macaenses guardassem com especial cuidado, o maior número que puderam, de receitas da sua botica. Simultaneamente, a influência da medicina tradicional chinesa fazia-se sentir, até porque os seus ingredientes eram fáceis de obter. Essa situação, aliada à escassez de médicos ocidentais, levou não só à proliferação de curandeiros de várias origens[284], como ao aparecimento de muitas mezinhas caseiras, entre a população macaense. Muitas destas mezinhas tinham um cariz híbrido, como já se verificava com a sua culinária. Tal como esta, também o seu registo oral e escrito terá passado de geração em geração entre as várias famílias. Porém, ao contrário da culinária que se transformou num dos aspectos mais fortes de identidade cultural, as mezinhas utilizadas em casa, segundo constatou *Ana Maria Amaro* (2002), caíram em desuso por razões várias, a partir da segunda metade do século XX.[285]

O tempo trouxe mudanças na política de saúde em Macau, trazendo também mais médicos do ocidente que, no entanto, talvez por nem sempre demonstrarem uma atitude de abertura em relação aos costumes locais (como fizeram os jesuítas), sentiam, por vezes, dificuldade na implementação das suas práticas, principalmente entre a camada mais baixa da população macaense.[286] Esse problema fazia-se sentir sobretudo em relação às doenças que não necessitavam de cirurgia, já que normalmente as mezinhas e a medicina chinesa as resolviam. O mesmo não se passava relativamente aos problemas do foro cirúrgico e situações urgentes, para as quais a medicina ocidental tem uma resposta mais rápida e eficaz, sendo este aspecto reconhecido pelos próprios mestres de medicina tradicional chinesa.[287]

Embora muitas das mezinhas macaenses possam ter caído em desuso, persistem muitos hábitos ligados à culinária (talvez por influência chinesa), cujo objectivo é prevenir alguns problemas de saúde. Esta atitude verifica-se entre os chineses, que incluem na sua alimentação determinadas substâncias com fins medicinais, com base na teoria dos opostos, *yin/yang*. Estas substâncias são preparadas em caldos, chás ou de outra forma, com várias finalidades, como a limpeza do organismo, a cura de constipações, o alívio da flatulência ou da rouquidão.[288]

---

[284] TEIXEIRA, Pe. Manuel, *A Medicina em Macau*, Vol. I - II, p.13.

[285] AMARO, Ana Maria, *Influência da Medicina Tradicional Chinesa nas Mezinhas de Casa das Nhonhonha de Macau*, p. 65.

[286] AMARO, Ana Maria, *Introdução da Medicina Ocidental em Macau e as Receitas de Segredo da Botica do Colégio de São Paulo*, p. 103.

[287] Revista de MacaU na Internet, *O Equilíbrio da Vida*, p.5 – htt://www.revistamacau.com/rm.asp?id=010071

[288] JORGE, Cecília, *Á Mesa da Diáspora*, p. 19.

UTILIZAÇÃO DE PLANTAS E OUTROS INGREDIENTES COM OBJECTIVOS TERAPÊUTICOS

Por outro lado, numa investigação por nós realizada, entre 1998 e 1999, num universo de 90 mulheres macaenses residentes em Macau verificámos que, durante as várias etapas ligadas ao nascimento de uma criança, as mulheres macaense seguem a teoria *yin/yang* no que respeita à alimentação em percentagens superiores a 50%. Segundo esta teoria, considera-se que durante o primeiro trimestre de gravidez a mulher se encontra num estado *yin* pelo que deverá comer ingredientes *yang*. A partir do segundo trimestre a situação inverte-se.[289] Também no período que se segue ao parto e que é designado por puerpério, a alimentação é tida em conta, considerando-se que a mulher está num estado *yin* devendo por este motivo consumir alimentos e bebidas *yang*. A ingestão diária, durante um mês, de cerveja preta e vinho do porto foi referida respectivamente por 17% e 11% das entrevistadas que, a conselho do pai (quando natural de Portugal) as ingeriram (à semelhança do que anteriormente nessa situação era também recomendado em Portugal).[290] Porém, não é apenas a alimentação que os macaenses, à semelhança dos chineses, consideram ter um objectivo terapêutico. Ainda na mesma investigação constatámos que, na fase do puerpério, a água com a qual 52 mulheres se lavaram foi previamente fervida com cascas de gengibre, por acreditarem que este transmite à água propriedades *yang*.[291]

Verificámos igualmente que 43 mulheres que não amamentaram os seus filhos no primeiro mês de vida, lhes deram outros líquidos para além do leite, nos quais se incluiu água de arroz e água de cevadinha, onde o pó do leite foi dissolvido. O chá de crisântemo e o "chá de sete estrelas" (um tipo de chá feito à base de plantas), foram também dados a beber aos bebés, com o objectivo de refrescar os intestinos e as vias urinárias, anulando o efeito *yang* que o leite em pó provoca.[292]

Os resultados desta investigação mostraram que, relativamente às várias etapas relacionadas com o nascimento, as mulheres macaenses seguem muitos dos costumes chineses, muitas vezes por influência da sogra e da própria mãe. Porém, apesar deste facto, a assistência médica que procuram durante a gravidez é a ocidental, muito embora tenham referido acreditar na medicina tradicional chinesa para a resolução de situações patológicas. Contudo, não a consideram indicada para o seguimento de uma gravidez.

Também neste campo, os macaenses são um exemplo de comunhão entre duas culturas, pois conseguem conciliar ambos os tipos de medicina aparentemente de uma forma natural e parecendo saber (como se não pudesse ser de outra forma) com que objectivo e em que situações o devem fazer.[293]

---

[289] Pinto, Isabel M. R. C., *O Comportamento Cultural dos Macaenses Perante o Nascimento*, pp. 146 a 148.

[290] *Idem, Ibidem*, pp. 160 e 161.

[291] *Idem, Ibidem*, pp. 163 e 164.

[292] Pinto, Isabel M. R. C., *O Comportamento Cultural dos Macaenses Perante o Nascimento*, pp. 165 e 166.

[293] *Idem, Ibidem*, p. 144.

Capítulo 8
Gestos e Atitudes Adoptados com Objectivos Protectores

8.1. Gestos e atitudes adoptados na Europa com o intuito de proteger e afastar malefícios

O facto de o homem não ter o poder de controlar todas as situações que interferem com a sua vida faz com que se sinta, por vezes, vulnerável e desprotegido perante forças e acontecimentos que ultrapassam o seu conhecimento e a sua vontade. Por esta razão, provavelmente desde sempre, tem tentado proteger-se contra estas energias desconhecidas através de gestos e atitudes que, ele acredita, as podem neutralizar ou transformar em forças benéficas para si próprio.

O acto de controlar estas energias pode envolver objectos, animais ou plantas, que em determinadas circunstâncias o homem crê terem o poder de interferir favoravelmente no decurso de certos acontecimentos.

Muitas dessas crenças são ancestrais, e a sua origem é desconhecida. No entanto, apesar disso, a sua prática manteve-se e, conscientemente ou não, está incluída nos hábitos da vida diária de muitas pessoas. Os exemplos são variados.

Quem não conhece o hábito de bater na madeira três vezes com os nós dos dedos, para afastar acontecimentos negativos?

Segundo os registos, é um procedimento muito antigo com origem celta. Os celtas acreditavam que as faíscas resultantes das trovoadas eram utilizadas por entidades sobrenaturais para descerem à terra. Segundo a mesma crença, essas entidades faziam das árvores a sua morada, introduzindo-se nelas quando as faíscas as atingiam (essa crença foi comum a vários povos como os egípcios e os índios). Por esse motivo, as árvores eram consideradas sagradas, representando um elo entre o céu e a terra. Quando se pretendia afastar os maus espíritos, invocavam-se as entidades protectoras batendo com os nós dos dedos nas árvores. Com o tempo, a crença generalizou-se a tudo o que fosse de madeira e, embora o cristianismo tenha substituído os antigos cultos e tenha surgido uma explicação científica para a trovoada, o costume perdurou até aos dias de hoje. [294]

Outra atitude que também é vulgarmente utilizada é a de verbalizar expressões como saúde, viva ou de bênção a quem espirra. Supõe-se que esta seja também uma crença muito antiga, do tempo em que se acreditava que a cabeça de cada pessoa albergava o seu espírito. Por esse motivo, existia o receio de que ao espirrar o espírito saísse e simultaneamente espíritos malignos entrassem e ocupassem o seu lugar. Para o evitar, sempre que alguém espirrasse, os presentes deveriam invocar os deuses para que essa situação não se verificasse. Com a implantação do cristianismo, o hábito manteve-se, porém a invocação passou a estar relacionada com a religião cristã.[295] Para além destas há muitas outras crenças que são ainda hoje vulgares.

Quem nunca ouviu dizer que partir um espelho dá azar?

Esta antiga crença resulta no facto de que, durante séculos, se acreditou que o reflexo da imagem de alguém, à semelhança de uma pintura ou um retrato, fazia parte da própria pessoa. Por isso, partir um espelho era quebrar o indivíduo que ele reflectia, significando má sorte para essa pessoa.[296]

A associação do número 13 com o azar e com a crença de que esse azar se torna duplamente negativo quando coincidente com uma sexta-feira, é também uma das mais conhecidas crenças com significado negativo.

A sua origem está relacionada com a mitologia do norte da Europa. Segundo esta, houve um banquete na casa dos deuses, tendo sido convidadas doze divindades. Porém, o espírito do mal apareceu furioso por não ter sido convidado, dando origem a um conflito que levou à morte de *Balder*, o favorito dos deuses. De acordo com outra versão, *Friga*, a deusa do amor e da beleza, foi transformada em bruxa quando as tribos nórdicas se converteram ao cristianismo. A partir daí, ela passou a reunir-se com outras onze bruxas e o diabo, às sextas-feiras, para rogarem pragas e amaldiçoarem os cristãos.

Estas lendas tiveram como resultado a crença de que, para afastar a má sorte, à mesa nunca se devem sentar treze pessoas. Para além desse facto, quando a sexta-feira coincide com o dia treze, passou a ser considerado um dia de azar

---

[294] DANNEMANN, Fernando, *Superstições – Bater na Madeira* – http://www.fernandodannemann.recanto dasletras.com.br/visualizar.php?idt=419819

[295] Canal lesbians, *Superstição* – http://www.cnallesbians.com/trocandoideias30.html

[296] Geocities, *Superstições* – http://br.geocities.com/scaryworld2004/supersticoes.html

duplo. Por outro lado, o que contribuiu para aumentar o significado negativo destas crenças foi o facto de, segundo a bíblia, na última ceia de Cristo se terem sentado à mesa treze pessoas, uma das quais era um traidor. Para além disso, segundo a bíblia, Jesus foi crucificado a uma sexta-feira.[297]

O que pode ser nefasto para o ser humano e aquilo que o pode beneficiar representa um conjunto de crenças que variam entre os vários locais e abarcam quase todas as facetas da vida diária, abrangendo animais, alimentos, objectos, vestuário ou atitudes, além de muitos outros assuntos, constituindo um rico e vastíssimo conjunto, sem dúvida difícil de enumerar.

De entre os animais com os quais o homem mantém uma relação mais próxima, os gatos, talvez devido às suas características, são possivelmente aqueles que mais crenças têm motivado, principalmente os gatos pretos que, devido à sua cor e movimentos silenciosos, nas noites mais escuras, se tornam praticamente invisíveis distinguindo-se apenas os seus olhos na escuridão. Por esse motivo, na Idade Média foram associados às bruxas, sendo perseguidos. Ainda hoje, há quem não goste de passar por gatos pretos à noite. No entanto, os gatos pretos estão também associados a acontecimentos positivos: diz-se que, se durante um casamento se ouvir um gato espirrar e ele for de cor preta, a noiva será sempre feliz. Por outro lado, acredita-se que se um gato preto andar na direcção de uma pessoa lhe trará sorte e em muitas comunidades pesqueiras existe a crença de que ter um gato preto em casa afastará o perigo de se sofrer tempestades no mar.[298]

Além dos gatos, também outros animais são alvo de várias crenças. Na Alemanha crê-se que matar aranhas traz má sorte. Mas essa mesma sorte e saúde não faltarão aos moradores de uma casa em cuja chaminé um casal de cegonhas fizer ninho.[299]

Relativamente à alimentação, acredita-se que derramar acidentalmente vinho sobre a mesa durante a refeição é sinal de alegria mas, se em lugar de vinho for sal, será sinal de má sorte.[300] Por outro lado, se se colocar sal grosso num copo de vidro num dos cantos da sala, os malefícios afastar-se-ão.

Por sua vez, o pão não deve ser colocado sobre a mesa com a parte convexa para baixo por se acreditar que traz azar.

São inúmeros os objectos que são alvo de crenças, desde decorativos a utilitários. Acredita-se que ter um par de chifres a decorar um estabelecimento atrairá clientes; deixar uma vassoura com o cabo para baixo atrás da porta afasta

---

[297] Delírios da Eva (Blogue), *Superstições* – http://deliriosdaeva.blogspot.com/2008/06/supersties.html

[298] MOORE, Glenda, *Folklore, Superstitions, and Proverbs* – http://www.xmission.com/~emailbox/ folklore.html

[299] ASHLIMAN, D. L., *Superstitions from Europe* - http://www.pitt.edu/~dash/superstition.html

[300] Correio Gourmand, *Alimentando o saber, aprimorando o paladar...* – http://correiogourmand.com.br/ info_curiosidadesgastronomicas.html

as visitas indesejáveis. Porém, crê-se que essa mesma vassoura adquire poderes nefastos se for utilizada para varrer a casa à noite, pois varre a felicidade para fora do lar. Além disso, nunca deve ser deixada encostada a uma cama, pois permite que os espíritos malignos lancem feitiços através dela para quem estiver deitado.[301]

Manter três velas ou três lâmpadas acesas na mesma divisão atrai a morte. Diz-se, ainda, que nunca se deve deixar uma cadeira de baloiço a baloiçar sem ocupante pois é um convite a que um espírito maligno se sente nela.[302]

Também os chapéus-de-chuva são alvo de crenças, pois muitas pessoas não os abrem dentro de casa por acreditarem que dessa forma eles trarão má sorte e desgraça aos moradores.

Relativamente ao vestuário, diz-se que se uma noiva usar roupa interior azul, morrerá cedo. Vestir inadvertidamente uma camisola do avesso é sinal de má sorte.[303] Mas se for uma meia crê-se que uma boa notícia estará para chegar.[304]

O calçado nunca deverá ser arrumado com a sola para cima porque traz má sorte.[305]

Identicamente, as atitudes são alvo de várias crenças, algumas das quais bastante curiosas. Nunca se deve coser uma peça de roupa que se traz vestida sem a despir, pois traz azar. [306]

Ao observar uma estrela cadente, deve fazer-se um pedido. Acredita-se que esse desejo será concretizado. Depois da meia-noite não se deve passar por cruzamentos, principalmente a pé, pois são locais de encontro de bruxas e lobisomens.[307] Crê-se que, ao passar por um cemitério, se deve conter a respiração ou corre-se o risco do espírito de alguém recentemente falecido aproveitar os movimentos inspiratórios de quem passa e introduzir-se no seu corpo.[308]

Provavelmente muitas das crenças que referimos são anteriores à implementação da religião cristã na Europa. À medida que o Cristianismo começava a fazer parte da vida das populações, as crenças favoráveis ligadas a divindades pagãs passaram a ter por detrás um novo Deus cristão, anjos ou santos. As crenças

---

[301] Portal de Astrologia e Esoterismo, *Superstições – Glossário de Superstições* http://www.astrologos astrologia.com.pt/superstições.html.

[302] Universia, *Histórias do Mês de Agosto* – http://www.universia.com.br/materia/materia.jsp?id=4735

[303] Portal de Astrologia e Esoterismo, *Superstições – Glossário de Superstições* http://www.astrologos astrologia.com.pt/superstições.html.

[304] Universia, *Histórias do Mês de Agosto* – http://www.universia.com.br/materia/materia.jsp?id=4735

[305] Portal de Astrologia e Esoterismo, *Superstições – Glossário de Superstições* http://www.astrologos astrologia.com.pt/superstições.html.

[306] ASHLIMAN, D. L., *Superstitions from Europe* – http://www.pitt.edu/~dash/superstition.html

[307] Portal de Astrologia e Esoterismo, *Superstições – Glossário de Superstições* http://www.astrologos astrologia.com.pt/superstições.html.

[308] OldSuperstitions, *Superstition* – http://www.oldsuperstitions.com/índex.php?query=death

nefastas relacionadas com seres malignos que geravam temor e ansiedade ganharam novas origens, povoadas de bruxas e demónios.

Passaram-se décadas e séculos, mudaram as religiões e os hábitos das sociedades, mas as crenças e os medos e esperanças que lhes estão associados mantiveram-se no imaginário do homem europeu. A luta empreendida pela igreja para que o cristianismo substituísse as religiões pagãs e as velhas crenças não foi fácil.

A comprová-lo podemos citar parte de um discurso que na altura ficou famoso, atribuído a *Santo Elói* (590-660), bispo de Noyon-Tournai,[309] em que este pedia aos crentes que abandonassem as práticas pagãs *"...eu vos peço e exorto que renuncieis aos costumes sacrílegos dos pagãos... Não observeis os cantos das aves nem as diversas maneiras de espirrar quando quiserdes fazer uma viagem... Que nenhum cristão acenda candeias nem faça votos junto às arvores ou nas encruzilhadas...Não temeis começar qualquer obra na lua nova... Não acrediteis na fortuna, fatalidade ou nos horóscopos. Não digais que um homem há-de ser o que o seu nascimento o fez..."*.[310]

8.1.1. Gestos e atitudes adoptados em Portugal com o intuito de proteger e afastar malefícios

Provavelmente em relação a este tema, Portugal não terá diferido muito dos restantes países da Europa. Também aqui as crenças reflectiam o dia-a-dia das pessoas e aquilo que as rodeava. Sendo Portugal por tradição um país agrícola, muitas das suas crenças estão relacionadas com o mundo vegetal. Na região do Minho, acreditava-se (acredita-se?) que se o primeiro fruto de uma árvore não fosse comido por um homem, essa árvore daria fruto apenas em anos alternados.

Existe a crença de que nunca se deve queimar lenha de oliveira, pois ficou consagrada através da pomba, que viajou na arca de Noé e também porque se diz que foi com essa madeira que se fez a cruz de Cristo. O cheiro de alecrim queimado afugenta os raios quando há trovoadas e o cheiro de alecrim fresco, protege contra os feitiços.[311]

Ainda hoje se defumam as casas com alfazema para purificar o ar, o que já se fazia na primeira metade do século XVI, mas nessa altura, para expulsar os espíritos.[312]

---

[309] Catholic Encyclopedia, *St. Eligius* – http://newadvent.org/cathen/0538a.html

[310] *Acta Sanctorum Belgii*, t. III, p. 245 in BRAGA, Teófilo, *O Povo Português nos Seus Costumes, Crenças e Tradições*, Vol. II, pp. 48 e 49.

[311] BRAGA, Teófilo, *O Povo Português nos Seus Costumes, Crenças e Tradições*, Vol. II, p. 57.

[312] *Idem, Ibidem*, p. 59.

Também algumas aves são consideradas como tendo poderes mágicos. No Minho, acredita-se que se o galo cantar quatro vezes antes da meia-noite, é sinal de morte. Julga-se também que o cuco ao cantar, prognostica com o seu canto quantos anos as raparigas ficarão solteiras.[313]

Outros animais são, do mesmo modo, alvo de crenças, de que é exemplo o gato, tal como nos restantes países europeus. Se é preto, na casa onde vive não entram espíritos. Se lava o focinho, é sinal de visitas. Se lambe as unhas, é sinal de que vai entrar dinheiro em casa.[314]

Existem crenças baseadas no mundo mineral, vegetal e animal, com base em atitudes e gestos, cores e peças de vestuário e até alimentos, sendo difícil não encontrar um aspecto da vida diária que não seja alvo de alguma crença baseada numa força ou poder superior ao homem e que este tenta dominar, para que o resultado não lhe seja adverso. Podíamos acrescentar que este aspecto é comum a todas as sociedades europeias. No entanto, esta situação não ocorre apenas na Europa. Observemos o que sobre, este assunto, se passa na Ásia.

8.2. Gestos e atitudes adoptados na Ásia com o intuito de proteger e afastar maleficios

Na Ásia, tal como na Europa, as crenças acompanham os homens onde quer que estes se encontrem. No entanto, uma vez que o seu dia-a-dia e os princípios em que se baseia são geralmente bastante diferentes daqueles que gerem os europeus, também as suas crenças o são, pelo menos aparentemente.

Observemos alguns exemplos:

Nas Filipinas não se oferecem objectos pontiagudos como prenda de casamento sob pena do matrimónio acabar em separação (objectos pontiagudos cortam a união). Por outro lado, se a noiva se enfeitar com pérolas para o casamento, terá desgosto e muitas lágrimas depois de casada (por uma possível semelhança entre pérolas e lágrimas).[315]

Na China, no Japão e na Coreia, o número quatro é considerado extremamente nefasto, já que nos idiomas desses países se assemelha à palavra morte. De tal forma se leva a sério esta crença, que muitos hotéis e hospitais coreanos e japoneses, não têm 4º nem 14º andar, passando directamente do 3º e 13º pisos para o 5º e 15º.[316]

---

[313] BRAGA, Teófilo, *O Povo Português nos Seus Costumes, Crenças e Tradições*, Vol. II, pp. 62 e 63.
[314] *Idem, Ibidem*, p. 64.
[315] Asia Recipe, *Philippine Wedding Culture and Superstitions* – http://asiarecipe.com/phiwedding.html
[316] OAG Travel Information, *Scouting Superstitions* – http://www.oag.com/0ag/website/com/en/Home/Travel+Magazine/Frequent+Flyer/Cultural+Briefings/Scouting+Superstitions+1409065

No Japão consideram-se nefastas palavras homófonas a outras relacionadas com morte ou sofrimento. Por outro lado, no passado, existiu nesse país
um forte culto animista, pelo que muitas crenças japonesas são baseadas no
facto de que tudo o que é vivo possui um espírito a ele associado. Entre outras
crenças, os japoneses acreditam que nunca se deve dormir com a cabeça para
o Norte sob pena de se poder ter uma vida curta por ser nessa direcção que
a cabeça dos mortos é colocada nos funerais. Também não se deve deixar os
"pauzinhos" com que se come na posição vertical sobre a comida, por ser dessa
forma que são colocados quando se oferecem alimentos no altar familiar aos
parentes já falecidos.[317]
Os japoneses acreditam também que se após escurecer uma pessoa assobiar
ou tocar flauta atrairá serpentes.[318]

8.2.1. Gestos e atitudes adoptados na China com o intuito de proteger e afastar maleficios

Por tudo o que se tem dito relativamente à cultura chinesa e às regras e princípios pelos quais se rege, não é de admirar que também relativamente às crenças, estas se baseiem no *feng shui*. Na literatura consultada sobre o tema, são
inúmeras e variadas as referências que o comprovam. Enquanto na Europa
muitas das crenças estão relacionadas com a religião cristã, na China o *feng shui*
surge como um tipo de geomância orientadora, que se acredita ter o poder de
melhorar o quotidiano das pessoas, através de pequenos gestos e atitudes regi-
dos pelos princípios e normas que preconiza.

Esse vasto conjunto de princípios acompanha o homem na sua vida diária e
embora estes sejam diferentes na forma de expressão e simbolismo, daqueles que
se praticam no ocidente, têm o mesmo objectivo comum de afastar maleficios e
atrair forças positivas. Seguem-se alguns exemplos dessas crenças, verificando-se
que em muitas delas uma aparente diferença esconde afinal muito de semelhante.

É um hábito chinês manter as janelas abertas para entrar o ar fresco, promovendo assim um fluxo constante de *chi*. Acredita-se que o *chi* estagnado, se
transforma em energia yin, que em excesso torna o ambiente "parado", não
permitindo que a vida evolua. É o calor do sol e a circulação do ar que trazem
energia yang. No entanto, o percurso do ar que entra deve ser sinuoso, para que
vagueei e lentamente preencha todos os cantos da casa com o *chi* benéfico. Por
este motivo, as janelas e portas abertas não devem estar em linha recta.

---

[317] OAG Travel Information, *Scouting Superstitions* – http://www.oag.com/0ag/website/com/en/Home/
Travel+Magazine/Frequent+Flyer/Cultural+Briefings/Scouting+Superstitions+1409065
[318] Wikipédia, *Japanese Superstitions* – http://en.wikipedia.org/wiki/Japanese_superstitions

Também na Europa se aconselha a abertura diária das janelas, mas neste caso para renovar o oxigénio, sendo igualmente desaconselhável que as janelas se situem em linha recta para evitar correntes de ar prejudiciais à saúde.[319]

Segundo o *feng shui*, todos os objectos têm uma energia própria, que se pode reflectir de forma negativa ou positiva, dependendo do local onde se encontram e daquilo que os rodeia. Por outro lado, todos pertencem a um elemento (metal, terra, ar, água, fogo) e o seu posicionamento dentro de casa deve estar relacionado com o ponto cardial que permita tirar o melhor partido dessa conjugação, para que a sorte traga boas energias, beneficiando os moradores. Idealmente essa disposição de móveis e objectos deveria ser aconselhada por um geomante (que na China tem um papel idêntico ao decorador); não sendo possível, recorre-se ao bom senso, à intuição e aquilo que a tradição ensinou.

Dentro de casa há regras que geralmente são seguidas. Uma delas, é nunca dispor os quartos sobre ou por baixo de casas de banho, já que dormir em linha recta com uma superfície instável, onde é feito o escoamento de águas sujas, afecta o desenvolvimento e a aprendizagem de crianças e jovens e traz má sorte aos adultos. A cama e a secretária por outro lado, nunca devem ser colocadas numa parede partilhada com a casa de banho igualmente pelo mesmo motivo. Para minimizar a associação quarto-casa de banho, a tampa da sanita deve estar sempre fechada bem como a porta da casa de banho.[320] Outro aspecto a ter em atenção, é evitar passar por cima de livros escolares que possam estar espalhados pelo chão, já que este gesto cria um campo de forças negativas em torno deles. Se inadvertidamente os livros forem pisados, devem ser limpos e purificados com fragrâncias ou paus de incensos.

É também considerado altamente prejudicial dormir com um espelho ou um televisor virado para a cama, por reflectirem quem dorme em duplicado, o que significa energia *yin* a dobrar (*yin* é energia dos corpos parados). Além disso, duplicar as pessoas deitadas, pode contribuir para que um dos elementos do casal seja infiel. É também considerado negativo dormir por baixo de um viga exposta, pois se simbolicamente atravessar a cama, provoca dores de cabeça e além disso pode contribuir para separar o casal que dormir por debaixo.[321]

Segundo o *feng shui*, qualquer espaço habitado seja a casa de habitação, a escola, o local de trabalho ou de lazer, deve estar devidamente arrumado e desimpedido e quer o mobiliário quer os restantes objectos, devem corresponder apenas às exigências práticas e estéticas, procurando evitar-se que sejam acumulados, sem possuírem qualquer utilidade aparente. Acredita-se que a

---

[319] Too, Lillian, *Feng Shui Planear a Vida*, pp. 12 a 15.
[320] *Idem, Enciclopédia Ilustrada do Feng Shui*, p. 217.
[321] *Idem, Ibidem*, p. 206.

acumulação sobrecarrega a casa de energia estagnada, não deixando espaço a que o novo *chi* se instale. Além disso, acredita-se que todos os objectos transportam consigo a sua história em forma de energia negativa ou positiva. Por esse motivo, os móveis velhos e antigos não são apreciados pelos chineses, por não se saber o que guardam do seu passado. Quem os quiser conservar deve lavá-los com vinagre e água ou com uma mistura de essência de rosas, álcool e agua, para os libertar de energias nefastas.[322]

Porém nem todos os objectos antigos são considerados negativos. Os que têm um significado positivo e trazem boas recordações, devem ser guardados pois reforçam as boas emoções.[323]

Embora muitas das crenças chinesas estejam relacionadas com a ocupação dos espaços, existem muitas outras direccionadas para outros aspectos da vida diária. Na China (tal como na Europa antes da introdução do cristianismo) acredita-se na energia positiva das árvores e na sua protecção, uma vez que estas canalizam o *chi* da terra. Aconselha-se por isso, um passeio a um parque ou floresta antes de iniciar um trabalho ou um projecto importante, para entrar em sintonia e receber a energia que se crê superior e se acredita existir nas árvores. Os sinuosos caminhos dos parques e florestas, são considerados como tendo um bom *feng shui*, por permitirem que nas suas reentrâncias se acumule um bom chi.[324]

As flores naturais ou artificiais são tidas como excelentes intensificadores de energia positiva (no entanto se tiverem espinhos estes devem ser cortados por serem nefastos). O mesmo não se passa com as flores secas ou prensadas em quadros, que se julga acumularem muita energia yin.[325]

Grande parte dos chineses, acredita na simbologia dos números e procura fazer coincidir acontecimentos importantes da vida com números considerados positivos. Os números considerados bons são: um, seis, sete, oito e nove, sendo o oito particularmente bom pois a sua pronunciação em chinês é idêntica a "crescimento próspero". O quatro deve ser evitado, pela semelhança que a sua sonoridade tem com a "morte". A combinação dos algarismos dois e três é nociva, porque pode dar origem a mal entendidos e o cinco é também considerado um mau número. De tal forma os números são considerados importantes, que quando é possível se compram as matrículas dos carros que se julga conterem os números mais favoráveis, passando-se o mesmo com o número do telefone e a escolha da numeração da casa que se vai habitar.[326]

---

[322] SATOR, Gunther, *Feng Shui do Lar Saudável*, pp. 55 e 56.

[323] Too, Lillian, *Feng Shui, 168 Maneiras de Desimpedir a sua Casa*, p. 148.

[324] Too, Lillian, *Enciclopédia Ilustrada do Feng Shui*, p. 333.

[325] *Idem, Ibidem*, p. 341.

[326] *Idem, Ibidem*, p. 345.

A COMUNIDADE MACAENSE EM PORTUGAL

Curiosamente tal como para os europeus, também para os chineses as vassouras podem ser portadoras de má sorte, principalmente se forem deixadas na casa de jantar, onde simbolicamente representam o sustento da família a ser varrido. Tornam-se benéficas se forem deixadas fora de casa, numa parede em frente á porta e na posição invertida, pois tal como na Europa acredita-se que afastam os indesejáveis.

O vestuário também é alvo de crenças, acreditando-se que influencia o tipo de energia que a pessoa atrai, desempenhando por isso um importante papel, na boa ou má sorte. Crê-se que roupas rotas ou rasgadas atraem a energia da pobreza e do infortúnio. Usar roupa feia ou deselegante deixando o seu portador pouco à-vontade, tem igualmente efeito nefasto pois esgota a energia *yang* levando a uma sensação de letargia.[327]

Estas são apenas algumas das muitas crenças que povoam o universo chinês. Segui-las ou não, depende de diversos factores, onde a fé e a cultura se misturam e onde o racional e o irracional muitas vezes se entrecruzam. Foi entre esta realidade que os macaenses viveram, conhecendo simultaneamente as crenças europeias, principalmente as portuguesas. O facto de serem católicos, levou-os a seguirem crenças portuguesas ligadas ao catolicismo. Porém as crenças chinesas não foram esquecidas, como se pode constatar através do que recolhemos na literatura consultada.

8.3. Alguns gestos e atitudes adoptados em Macau com o intuito de proteger e afastar malefícios

O ambiente específico de Macau levou a que, por vezes, os macaenses misturassem nas suas crenças influências portuguesas e chinesas. Por essa razão, podemos observar registos de procissões católicas, que no século XVIII e XIX se realizavam em Macau, com o objectivo de "pedir chuva" quando a época das monções tardava.[328]

Segundo *Ana Maria Amaro* (2002), os macaenses recorriam a monges budistas, benzedeiras e mulheres chinesas, que serviam de médium entre homens e espíritos para tratar certas doenças e males de inveja. Estas consultas originavam sempre uma prescrição cujos ingredientes eram preparados e adquiridos numa farmácia chinesa. Geralmente os remédios prescritos eram ingeridos na forma de chás ou caldos. A crença nos efeitos benéficos de determinados chás e caldos é ainda muito comum entre os macaenses.[329]

---

[327] Too, Lillian, *Enciclopédia Ilustrada do Feng Shui*, p. 354.
[328] Amaro, Ana Maria, *Shen Cha e Xian Cha de Macau. O Sobrenatural na Medicina Popular da China do Sul*, p. 110.
[329] Idem, *Influência da Medicina Tradicional Chinesa nas Mezinhas de Casa das Nhonhonha de Macau*, pp. 69 a 72.

Outra prática a que alguns macaenses também recorrem em Macau, com o objectivo de prever e prevenir malefícios, é a arte da adivinhação sob várias formas, desde o formato que as folhas de chá tomam no fundo da chávena após a ingestão deste, até à leitura das mãos (linhas, formato dos ossos, unhas e cor) bem como consultas às divindades dos templos budistas e taoistas, através do lançamento dos pauzinhos adivinhatórios.[330]

---

[330] AMARO, Ana Maria, *Shen Cha e Xian Cha de Macau. O Sobrenatural na Medicina Popular da China do Sul*, p. 110.

Capítulo 9
Os Homens e o Tempo

O que é o tempo? É como um plano indefinido onde o que já passou e o que ainda não aconteceu se juntam num presente que, por sua vez, desaparece incessantemente. Esta constatação não terá preocupado muito os homens durante milénios, já que provavelmente mais importantes seriam aspectos objectivos, como as migrações dos animais ou o resultado das colheitas. Porém, foi a sucessão desses ciclos, a necessidade de planear o dia-a-dia em função deles e simultaneamente a observação repetida dos fenómenos astrológicos, que acabou por levar à associação entre uns e outros.

Como resultado, surgiria a quantificação do tempo e sua calendarização, que se transformaram numa base orientadora dos aspectos mais importantes na vida de cada povo. Terão aparecido, dessa forma, os calendários baseados na chegada das monções, na floração das plantas, na queda dos primeiros nevões ou na sucessão dos dias e das noites. Porém, não era apenas a quantificação do tempo que variava entre os diversos povos, também a percepção deste se tornou diferente consoante a religião, as vivências e a filosofia de vida que os caracterizava.

A título de exemplo podemos referir como africanos e europeus percepcionam o tempo. Os primeiros vêem o passado e o presente como uma linha contínua sem uma separação definida. Este aspecto faz com que acreditem que mesmo os mortos se mantêm no presente sobre uma existência diferente. Quanto ao futuro, entra no espaço do não-tempo e a médio e longo prazo não é motivo de grande preocupação. É um tempo irreal, um espaço aberto e infinito.[331]

---

[331] MOLET, Louis, História do Cômputo e de Alguns Calendários in POIRIER, Jean (dir), *A História dos Costumes, o Tempo, o Espaço e os Ritmos*, pp.131 a 136.

Já os europeus concebem separações muito objectivas entre passado, presente e futuro, fazendo deste último uma meta que vai avançando sempre e que se tornou na justificação e motivação de quase todas as atitudes diárias. Os europeus levaram para a África estas ideias e implementaram a noção de que tempo é dinheiro. Embora esse ponto de vista possa contribuir para o progresso e a melhoria do nível de vida dos africanos, não é fácil alterar a sua forma de pensar e toda uma estrutura mental que os leva a sentarem-se aparentemente sem fazer nada, a "fazer tempo" ou simplesmente à "espera dele". Enquanto isso, os europeus tornaram-se escravos desse mesmo tempo e correm a vida inteira atarefados e frenéticos tentando não o perder.

Provavelmente o passar dos séculos e o desenvolvimento do comércio entre os vários povos levaram à necessidade de uniformizar a quantificação do tempo para tornar mais fáceis as relações e trocas comerciais. Dessa situação, terá resultado a adopção praticamente generalizada de calendários astronómicos, já que a divisão do tempo, baseada no movimento dos astros, era percepcionada de uma forma mais generalizada do que a migração de certos animais ou a chegadas das chuvas. E assim, os calendários passaram a assinalar a duração do ano, as suas subdivisões, o seu início e fim. Estes aspectos levantaram questões, a que os vários povos tiveram de dar resposta ao longo do tempo.

Como consequência, foram surgindo vários calendários, uns mais simples sem semanas ou estações do ano, outros altamente complexos e alvo de complicados cálculos matemáticos. No entanto, uns e outros tinham como ponto de referência o ciclo lunar ou solar e por vezes ambos. Os mais antigos calendários conhecidos são os calendários caldaicos da Mesopotâmia, que foram usados desde 2450 a.C. até 650 a.C. Através deles se regularam os sumérios, os assírios, e os babilónios, entre outros.

Os caldeus conheciam o sol, a lua e as constelações que eram visíveis a olho nu no espaço que os circundava: demarcaram as estações do ano, traçaram a elíptica e dividiram o dia em doze horas duplas; traçaram e dividiram a circunferência em 360º e subdividiram-na em 60º ou minutos. A subdivisão elíptica em doze casas originou o zodíaco e cada uma dessas divisões recebeu o nome da constelação em que o sol parecia nascer, durante o correspondente período do ano. O ano, por sua vez, foi dividido em doze meses de trinta dias cada um.[332]

A adaptação que cada civilização ia fazendo aos calendários existentes, acabou por diversificar a sua função e dar origem a calendários agrícolas, rituais e festivos, que consoante as tradições e a cultura de cada povo, passaram a ser utilizados para orientação de eventos de âmbito variado, incluindo prognósticos

---

[332] MOLET, Louis, História do Cômputo e de Alguns Calendários in POIRIER, Jean (dir), *A História dos Costumes, o Tempo, o Espaço e os Ritmos*, pp. 144 a 151.

em actos importantes da vida. Foi do latim que surgiu a palavra *"calendarium"* que significa registo do vencimento da *"calendæ"*, que entre os romanos era o dia da cobrança das dívidas, coincidindo com o primeiro dia do mês.

Quando um calendário, além de incluir a sucessão dos dias do ano e a sinalização das festas religiosas e civis, inclui também previsões astronómicas, meteorológicas e horoscópicas, além de conselhos diversos, toma o nome de almanaque. Do calendário e do almanaque derivam as agendas que, em latim medieval, significava *"os ofícios a celebrar em cada dia"*. Foi *Júlio César* (100-44 a.c.) que, em 46 a.c., decidiu introduzir várias alterações ao calendário utilizado em Roma, procedendo, entre outras coisas, a uma nova ordenação dos meses relativamente às estações do ano. Desse calendário denominado juliano, de 365 dias e 6 horas, subsiste hoje a designação dos meses e, na generalidade (embora com algumas alterações posteriores), o número de dias atribuído a cada um.

Esta reforma revelou-se imperfeita logo nas primeiras décadas, pelo excesso de anos bissextos (ano bissexto é o ano que totaliza 366 dias, acontecendo presentemente de quatro em quatro anos, quando se acrescenta um dia ao mês de Fevereiro). Foi o imperador Augusto que tentou remediar o problema, espaçando os anos bissextos e introduzindo pequenas mudanças no número de dias de alguns meses. Em sua honra, o mês que se seguia a *"Julius"* (Julho), recebeu o nome de *"Augustus"* (Agosto). Este calendário vigorou perto de dezasseis séculos. No entanto, os problemas mantinham-se embora, em menor escala, pois o ano trópico ou solar (ano de 365 dias e seis horas, o tempo que a terra demora no seu movimento de translação em volta de sol) tem mais seis horas que o ano comum (ano de 365 dias), criando-se assim uma diferença de tempo entre ambos que, ao cabo de dezasseis séculos, se considerou ser necessário corrigir.

A igreja católica, em 1582, levou a cabo essa tarefa, com a colaboração de uma comissão de astrónomos. Após efectuados estudos e cálculos, o Papa Gregório XIII através da bula *"Inter Gravisimas"* decidiu que o dia seguinte à quinta-feira de 4 de Outubro de 1582 seria sexta-feira 15 do mesmo mês, recuperando-se assim 10 dias de diferença acumulados em dezasseis séculos. Por outro lado, segundo ficou estipulado através dessa reforma, os anos continuariam a ser bissextos de quatro em quatro anos, de acordo com a regra Juliana, exceptuando-se os anos seculares, que só o seriam se o seu número de centenas fosse divisível por quatro, suprimindo-se assim três dias em cada quatro séculos. Esse facto permite, em grande parte, a correcção do erro anterior.

A fiabilidade do calendário gregoriano fez com que fosse adaptado universalmente para a vida civil e relações internacionais por todos os países, embora alguns tivessem mantido os seus antigos calendários para determinados acontecimentos internos.

Em Portugal, essa reforma foi aplicada três meses após a sua instauração, sendo esse o calendário oficial que também serve de referência aos calendários religiosos e festivos, bem como aos almanaques e agendas.[333]

Para a generalidade dos europeus, as várias épocas do ano diferenciam-se pelas estações e respectivas festas e actividades a elas associadas, não se estabelecendo, *a priori*, uma distinção dos anos entre si, à excepção da existência de um ano bissexto de quatro em quatro anos.

Porém, o mesmo não se passa entre os povos asiáticos, cuja adopção do calendário gregoriano teve lugar, em muitos casos, já no decurso do século XX. Embora actualmente a sua utilização seja generalizada para assuntos oficiais, em quase todos eles vigoram simultaneamente antigos calendários, cuja simbologia e significado fazem parte da tradição cultural. Um destes calendários, conhecido em toda a península indochinesa e também no Japão, representa o zodíaco oriental e os doze animais que lhe estão associados.[334]

Não se conhece com exactidão a origem deste calendário, supondo-se que poderá ter influência turca ou do médio oriente. As referências ao seu uso são anteriores a Cristo, estando associado aos doze anos do ciclo de translação do planeta Júpiter em volta do Sol.[335] É um calendário lunissolar, de doze ciclos lunares completos de 29 ou 30 dias (que formam os meses) e que tem início na primeira fase de lua nova entre 20 de Janeiro e 19 de Fevereiro. Uma vez que o ano lunar tem cerca de onze dias a menos que o ano solar, tenta-se suprimir essa diferença acrescentando-se mais um mês, de dois em dois ou de três em três anos. Esse mês denomina-se "mês lunar intercalar".[336] Neste calendário, a passagem de ano não corresponde a um dia fixo, sendo estabelecida através de cálculos astronómicos.[337]

Segundo a lenda, o zodíaco chinês terá surgido quando Buda convocou todos os animais para comparecerem à sua presença. Foram apenas doze aqueles que o fizeram e, para os recompensar, Buda atribuiu um ano lunar a cada um, distribuído segundo a ordem de chegada: rato, búfalo (boi), tigre, gato (coelho, lebre), dragão, serpente, cavalo, cabra, macaco, galo, cão e porco. Como consequência, acredita-se que, além do facto de a cada um desses anos corresponder uma configuração astrológica que influencia a vida dos que nasceram nesse período, também a personalidade de cada pessoa terá características que a tradição associa ao animal que rege o seu ano de nascimento.[338]

---

[333] MOLET, Louis, História do Cômputo e de Alguns Calendários in POIRIER, Jean (dir), *A História dos Costumes, o Tempo, o Espaço e os Ritmos*, pp. 171 a 181.

[334] *Idem, Ibidem*, p. 169.

[335] ONG, Hean-Tatt, *Chinese Animal Symbolism*, pp. 23 a 126.

[336] SILVA, António E M R, *Usos e Costumes dos Chineses de Macau Anos 50*, pp. 73 e 74.

[337] AUBIER, Catherine, *Astrologia Chinesa*, p. 15.

[338] TA-LIANG, H., *A Astrologia Oriental*, p. 19.

OS HOMENS E O TEMPO

Desta forma, tal como no Ocidente são atribuídas a cada signo do zodíaco características que se diz afectarem os que nasceram sob a sua influência, no Oriente, além de se considerar esse aspecto igualmente verdadeiro, o facto de os signos serem anuais e possuírem características mais ou menos do conhecimento geral permite estabelecer prognósticos, não só a nível individual mas também relativamente ao próprio ano em si. Assim, é possível antever que um ano do "rato" (animal irrequieto, impetuoso e perspicaz) será um ano muito activo em todos os sentidos, repleto de mudanças e transformações, ao contrário do ano que lhe sucede: o ano do" búfalo ou boi" (animal paciente, pouco flexível e de aspecto sólido), que se acredita ser o ano de colher o que se semeou nos anos anteriores, não sendo por tradição um ano propício à aventura, ou a investimentos que envolvam riscos imprevisíveis.

É comum, antes do início de cada ano, os astrólogos orientais apresentarem as suas previsões mundiais relativamente aos aspectos que consideram mais relevantes.[339]

Os chineses, por seu turno, incorporaram no zodíaco a teoria dos cinco elementos e o princípio do *"yin-yang"*, considerando que cada signo possui uma predominância *"yin"* ou *"yang"* (sendo seis signos *"yin"* e seis *"yang"*). Esse facto leva a que cada ano esteja sob uma influência *"yin"* ou *"yang"*. Para além disso, todos os signos percorrem sequencialmente o ciclo dos cinco elementos (madeira, fogo, terra, metal e água), o que lhes confere características um pouco diferentes entre si (num ano búfalo metal, a pouca flexibilidade do búfalo é mais acentuada do que num ano búfalo água). Esse aspecto faz com que cada signo só se repita de doze em doze anos e esteja sob a influência do mesmo elemento apenas de sessenta em sessenta anos.[340]

Tudo isto pode parecer simples brincadeira, no entanto para muitos chineses esse zodíaco é um guia nas suas vidas, que faz com que antes da realização de actos importantes, como um casamento, ou o início de um negócio, se consultem astrólogos e almanaques que aconselhem sobre as datas consideradas mais favoráveis para esses eventos.[341]

Embora convictos de que os macaenses conhecem esse zodíaco, já que ele está ligado à maior festividade chinesa (o Ano Novo), que se realiza quer na China quer em Macau, não sabemos até que ponto a sua influência se faz sentir entre essa comunidade. Esperamos que esta investigação nos possa dar essa resposta.

---

[339] RAFAEL, Natacha, *Astrologia Chinesa*, pp. 19 a 28.
[340] *Idem, Ibidem*, p. 9.
[341] ORTET, Luís, *Astrologia Chinesa*, p. 8.

Capítulo 10
Festividades em Macau

As festividades públicas mais importantes que se realizavam em Macau até à passagem de soberania daquele território para a China celebravam maioritariamente momentos culturais portugueses ou chineses.

Esta simbiose reflectia o ambiente intercultural da cidade, onde festas cristãs e pagãs se sucediam, sendo aparentemente festejadas por todos, embora em cada uma delas houvesse quem participasse por sentimento e tradição, por hábito, curiosidade, ou por simples vontade de festejar. Foi por nós constatado que relativamente às festas portuguesas e à semelhança do que sucede em Portugal, as mais celebradas eram o Natal, a passagem de Ano e a Páscoa. Os festejos que lhes estavam associados eram idênticos aos que se realizam em Portugal, diferindo sobretudo a gastronomia, que inicialmente, talvez por necessidade, depois por hábito, se foi alterando e adaptando aos ingredientes e paladares locais.

Relativamente ao Natal e Ano Novo, os presépios e árvores de Natal, a troca de prendas e a missa do Galo, a contagem decrescente no último dia do ano, os votos de felicidade e o champanhe, podiam fazer surgir a sensação de que se estava em Portugal. No entanto, na mesa posta para a ceia de Natal, não se via o bacalhau, as couves com batatas ou o polvo. Em vez disso, surgia uma vistosa *"empada de peixe à moda de Macau"*[342] ou *"peixe com molho pinhão"*[343] e *"sopa lacassá"*, feita de aletria e pequenos camarões.[344] Também no dia de Natal e de Ano Novo a *"roupa velha"*, o capão, o peru ou o cabrito assado não figuravam na ementa

---

[342] JORGE, Cecília, *À Mesa da Diáspora*, p. 124.
[343] JORGE, Graça Pacheco, *A Cozinha de Macau da Casa do Meu Avô*, p. 52.
[344] JORGE, Cecília, *À Mesa da Diáspora*, p. 52.

macaense. Comia-se *"capela"*, prato cuja receita, segundo *Cecília Jorge* (2004), será provavelmente de origem portuguesa, já que existe uma semelhante na região de Coimbra. É um prato que inclui carne de porco picada, azeitonas, ovos e miolo de pão, entre outros ingredientes, que se levam ao forno.[345]

O *"tacho"* é também um prato muito apreciado nesta quadra, que como já foi referido, é uma versão do cozido à portuguesa, onde o inhame substitui a batata e os enchidos são de origem chinesa e que inclui presunto e pato fumado chinês.[346] *"Diabo"* é como também já referimos, a designação de outro prato característico das quadras festivas, já que é uma espécie de "roupa velha" de carne, pois resulta de um guisado feito com uma mistura de carnes que sobraram de grandes jantares e almoços, às quais se juntam batatas, temperando-se depois a mistura com malaguetas, pickles, mostarda e outros condimentos. Nas quadras festivas não podem faltar os doces, alguns deles tradicionais de Natal, como o trio do qual falámos anteriormente, formado por *"coscorões"* (que representam o lençol do menino Jesus), pelos *"fartes"* (que representam a almofada) e pelo *"alua"* (que representa o colchão), e que é um doce de provável origem goesa à base de coco, manteiga, frutos secos e açúcar, entre outros ingredientes.[347]

O *"bolo menino"* é também comum nas quadras festivas, sendo um dos mais apreciados bolos macaenses, característico pela grande quantidade de ovos que inclui e pela ausência de farinha.[348]

Entre os macaenses não era costume comer-se *"bolo-rei"*. No entanto, eram confeccionados bolos e pudins com frutas secas e cristalizadas, dos quais o mais conhecido era o *"cake"*, de influência inglesa e semelhante ao bolo inglês consumido em Portugal.[349]

Uma outra versão gastronómica do *"cake"* era o *"pudim de pão"* onde a farinha era substituída por miolo de pão.[350]

A Páscoa era outra festividade religiosa, em cuja celebração se envolviam muitos dos habitantes católicos de Macau, sendo as celebrações idênticas às que se realizam em Portugal. Não encontrámos registo de qualquer prato típico dessa quadra entre a comunidade macaense, excepto o consumo das tradicionais amêndoas e posteriormente também de ovos de chocolate.

Antecedendo a Páscoa, no primeiro domingo da Quaresma, realizava-se a procissão do Senhor dos Passos, o que ainda se verifica, sendo esta a procissão mais importante que se realiza em Macau. No andor, é transportada uma

---

[345] JORGE, Cecília, *À Mesa da Diáspora*, p. 76.
[346] *Idem, Ibidem*, p. 90.
[347] JORGE, Graça Pacheco, *A Cozinha de Macau da Casa do Meu Avô*, p. 110.
[348] JORGE, Cecília, *À Mesa da Diáspora*, p. 114.
[349] *Idem, Ibidem*, p. 118.
[350] LAMAS, João António Ferreira, *A Culinária dos Macaenses*, p. 239.

imagem em tamanho natural de Jesus carregando a cruz. Consta que essa imagem pertenceu desde o seu início a uma igreja de Macau: a Igreja de Santo Agostinho. Porém, as entidades eclesiásticas decidiram levá-la para a sé catedral. Contudo, pelo facto de, segundo a tradição, a imagem ter regressado milagrosamente à sua igreja, ficou decidido que ela aí permaneceria. Assim tem sido desde então, excepto durante a noite que antecede a realização da procissão, em que é levada para a Sé (ficando aí em vigília, durante a noite), a fim de que a procissão possa iniciar-se no dia seguinte, a partir desse local. A procissão segue o percurso pelas estações da via-sacra, através de algumas ruas de Macau, terminando na Igreja de Santo Agostinho.[351]

Esta procissão caracteriza-se ainda por incluir uma jovem que encarna Verónica (segundo a tradição Verónica limpou o rosto de Cristo com o seu manto quando este carregava a cruz a caminho do calvário. Segundo essa crença, no manto ficou gravada a face de Jesus) e que entoa um cântico de lamentação em cada uma das estações, que simbolizam as paragens que Jesus fez até ao calvário.[352]

Conta-se que esta procissão foi interrompida após a expulsão dos agostinianos de Macau, em 1712. Todavia, essa interrupção coincidiu com uma escassez alimentar, tendo os chineses associado essa falta de mantimentos ao cancelamento da procissão. Pediram então que "o homem com a cruz" viesse novamente às ruas. Assim aconteceu e, coincidência ou não, a situação alimentar normalizou-se.[353]

A aura de misticismo e fé que envolve esta procissão faz com que tenha um grande acompanhamento de clero, em conjunto com muitas centenas de participantes, muitos dos quais são emigrantes macaenses, que escolhem esta altura para visitar a cidade e participarem neste evento religioso.

Além destas festividades, comemoravam-se os feriados oficiais, sendo o mais simbólico o dia 10 de Junho. A sua comemoração incluía uma romagem à gruta onde, segundo a tradição, terá vivido Camões, a fim de nesse local serem depositadas flores pelas crianças das escolas.

Relativamente ao Carnaval, como referimos anteriormente, foi, até à década de cinquenta, uma festividade considerada importante, após o que foi perdendo gradualmente popularidade.

---

[351] Wikipédia, *Igreja de Santo Agostinho* – http://pt.wikipedia.org/wiki/Igreja_de_Santo_Agostinho_ (Macau)

[352] Veritatis Splendor, *Porque os Santos Ficam Cobertos na Quaresma e Verónica Canta no "Enterro" do Senhor* – http:// www.veritatis.com.br/artice/4959

[353] Wikipédia, *Igreja de Santo Agostinho* - http://pt.wikipedia.org/wiki/Igreja_de_Santo_Agostinho_ (Macau)

Em relação às festividades chinesas celebradas em Macau, o Ano Novo Chinês é, sem dúvida, a que adquire maior importância e que, devido à dimensão da comunidade chinesa em Macau, dificilmente passa despercebida. Como já foi referido relativamente à calendarização do tempo, o Ano Novo Chinês marca o início de um novo ano no antigo calendário lunissolar chinês, que vigorou oficialmente na China até 1912. Neste calendário, onde o tempo é dividido segundo as fases da lua, o primeiro dia de ano novo coincide com o primeiro dia de lua nova depois de o Sol entrar na constelação da águia, fazendo corresponder o início do ano com uma data situada entre o dia 21 de Janeiro e 20 de Fevereiro do calendário gregoriano. Esta festividade assinala a festa da Primavera.[354]

Para receber o novo ano é costume serem levadas a cabo limpezas gerais nas casas e lojas, deitando fora o que é considerado velho e supérfluo. Desta forma, acredita-se que o espírito de renovação do novo ano tem espaço para se instalar. Roupa e calçado novo, bem como uma ida ao cabeleireiro fazem parte do ritual, sendo esta a única altura do ano em que os chineses interrompem o trabalho pelo menos por três dias seguidos.

Talvez por ser associada à festa da Primavera, em Macau é grande a procura e a consequente venda de flores nesta quadra. Porém, não são todas as flores as eleitas, mas sim aquelas que, pela designação ou significado, estão associadas à prosperidade, boa sorte ou riqueza. Narcisos, crisântemos, camélias, tangerineiras anãs e flores de pessegueiro enchem as casas, as ruas e as praças de perfume e cor, sendo impossível a quem passa não sentir alegria e serenidade entre uma tal profusão colorida.[355]

As ofertas aos amigos e familiares são comuns, geralmente compostas por cestos de fruta (habitualmente laranjas, que pela sua cor lembram ouro), vinho, pato fumado, bolinhos e chocolates. Nesta altura do ano (à semelhança dos frutos secos e bolo rei da época natalícia em Portugal) vêem-se em todas as casas pedaços de frutas e legumes cristalizados (tiras de coco, sementes de lótus, pedaços de gengibre, raiz de lótus, abóbora, cenoura, entre outros), pevides de melancia, fios de inhame torrado, bolinhos de gergelim e uma espécie de pudim seco e compacto feito de farinha de arroz e açúcar, que é envolvido em folha de bananeira e cozinhado a vapor.[356]

As casas são decoradas com enfeites vermelhos e dourados contendo símbolos auspiciosos e, na véspera de ano novo, toda a família se reúne em casa dos pais para jantar, à excepção das filhas casadas que jantam em casa dos sogros,

---

[354] AMARO, Ana Maria, *Ano Novo Chinês Festa da Primavera*, pp. 199 a 201.
[355] JORGE, Cecília, *Festejar a Primavera no Ano do Galo*, pp. 3 a 17.
[356] GOMES, Luís Gonzaga, *Macau, Factos e Lenda*, p.103.

já que, segundo o costume chinês, as raparigas após o casamento deixam de pertencer à família de origem, passando a pertencer à família do marido.

Após o jantar, as famílias deslocam-se aos templos, especialmente ao de A-Má, também chamado templo da Barra, em sinal de agradecimento aos deuses pelas benesses recebidas. Antes da meia-noite, há o regresso a casa para acolher em família o Ano Novo. À passagem da meia-noite, é altura de queimar *"panchões"* (cartuchos vermelhos cheios de pólvora revestidos por papel que rebentam sem subir no ar)[357] (鞭砲, pinyn: bian pau, cantonense: bin1paau4), fazendo um barulho ensurdecedor para saudar os deuses, mostrar alegria e contentamento, afugentar os maus espíritos e amedrontar os demónios.[358] Esta queima de *"panchões"* pode prolongar-se mais ou menos por um mês.

No primeiro e segundo dias do ano visitam-se amigos e parentes, e inicia-se a distribuição de pequenos envelopes vermelhos com dinheiro (紅包, pinyin: lì shì, cantonense: lai6 si6) que são oferecidos aos familiares e amigos mais novos ou solteiros. O primeiro dia do ano caracteriza-se por uma paz simbólica no reino animal, já que se comem apenas refeições vegetarianas, sendo os pratos principais compostos por uma espécie de guisado com vários tipos de algas, cogumelos e outros fungos, soja, rebentos de bambu e frutos secos.[359]

Durante as festividades são frequentes as visitas aos templos e aos casinos, até que, a pouco e pouco, a vida retoma a sua normalidade.

Outra festividade chinesa importante, em Macau, é a festividade do *"dragão embriagado"*. É um estranho e antigo ritual celebrado por pescadores, que actualmente é praticado apenas em alguns locais, entre os quais a cidade de Macau. Segundo se crê, esta festividade teve início durante a *dinastia Qin* (秦朝; pinyin: Qín cháo, cantonense: cheun4chiu4) (221-206 a.C.). Conta a lenda que um dia um homem caiu a um rio onde vivia uma enorme serpente que aterrorizava as povoações ribeirinhas. Os conterrâneos correram em seu auxílio e retiraram-no da água. Para o reanimar deram-lhe a beber aguardente levando-o a um estado de embriaguez tal, que esquecendo o pavor, o homem entrou na água e desafiou a serpente, matando-a. Esse feito passou a ser celebrado anualmente a partir dessa data, com uma serpente simbólica. Com o passar do tempo, as pessoas foram alterando as características da serpente usada na festividade, acabando por transformá-la num dragão.[360]

A celebração começa na manhã do oitavo dia da quarta lua junto a um dos mercados de Macau (mercado de S. Domingos), onde membros das Associações

---

[357] BATALHA, Graciete, *Glossário do Dialecto Macaense*, p. 504.

[358] CHAN, Víctor, *A Grande Festa Chinesa*, pp. 26 e 27.

[359] JORGE, Cecília, *Festejar a Primavera no Ano do Galo*, pp. 3 a 17.

[360] *Idem, Embriagar o Dragão*, p. 5.

A COMUNIDADE MACAENSE EM PORTUGAL

de pescadores, envergando adereços que imitam um dragão, levam a cabo uma dança em que o dragão finge estar embriagado. Com grande alarido, vão-se deslocando pela beira-mar visitando os moradores e lojas que ficam no percurso, ingerindo vinho até não poderem avançar mais, sendo nessa altura substituídos por outros. A festividade acaba com um jantar onde convivem e confraternizam aqueles que, apesar do que beberam conseguem comparecer.[361]

No dia cinco da quinta lua, os chineses comemoram a festa dos barcos dragão (端午節, pinyin: duānwǔ jié, cantonense: dyun1 ng5 zit8), que é celebrada com uma regata de estreitos barcos a remos de dez a quinze metros de comprimento, pintados de cores diversas e cuja proa é levantada, imitando a cabeça de um dragão. Cada barco comporta entre 24 a 30 remadores, conduzidos por um timoneiro e um sinaleiro que, de pé e voltado para os remadores, os conduz ao som compassado de um tambor.

Quando se inicia a regata, cada barco procura avançar o mais rapidamente possível na direcção da meta, sendo os remadores instigados pelo ritmo do tambor.

Esta festividade está ligada a um episódio que, segundo a lenda, se passou num dos estados que actualmente faz parte da China, quando reinava a *dinastia Zhou Oriental* (東周, pinyin: Dōng Zhōu, cantonense: dung1jau1) (770-221 a.C.).

Conta-se que o rei no poder, devido a calúnias e intrigas, afastou da corte o seu conselheiro *Qu Yuan* (屈原; pinyin: Qū Yuán, cantonense: wat1yun4) (340 a.C.-278 a.C.) que, tendo embora tentado convencer o rei da sua inocência, nada conseguiu. Pouco tempo depois, o rei é alvo de uma cilada e é morto. O seu filho e herdeiro, também alvo de más influências, não quis seguir os sábios conselhos de *Qu Yuan* que, desgostoso, resolve pôr termo à vida lançando-se a um rio. Após saberem do ocorrido, todos aqueles que nele acreditavam, dirigiram-se a esse rio batendo em tambores para afugentar os peixes, evitando que atacassem o seu corpo. Ao mesmo tempo, lançavam à água, pequenos embrulhos feitos com folhas de bambu, que continham no seu interior porções de arroz e outros ingredientes doces ou salgados cozinhados a vapor *"Chong"* (糭 ou 糭子, pinyin: zhong ou zòngzi, cantonense: joong1 ou joong1 zi1). O objectivo era alimentar os peixes, evitando assim que, por terem fome, comessem o corpo de *Qu Yuan*. Pedaços de arroz idênticos são ainda hoje comidos no dia das regatas dos barcos dragão, em memória do que se passou naquele tempo.[362]

---

[361] Direcção dos Serviços de Turismo, *Eventos e Festividades* – http://macautourism.gov.mo/pt/events/calendar_desc.php
[362] SILVA, António E. M. R., *Usos e Costumes dos Chineses de Macau Anos 50*, pp. 77 a 81.

Talvez a mais bonita festividade chinesa celebrada em Macau seja a festividade do Outono – A Festa do Bolo Lunar (中秋節, pinyin: zhongqiu jie; cantonense: zung1 caul zi3), que coincide com o décimo quinto dia da oitava lua do calendário lunar. Nesse dia, é comemorada a festa da lua e das colheitas, caracterizada pela lua cheia mais brilhante e clara do ano, devido à sua proximidade com a Terra. Sendo a lua a padroeira das mulheres, é dever destas prestarem-lhe culto nessa noite. Para isso, em casa, junto à mãe, filhas e noras decoram o altar preparado para esse efeito.[363] É uma festa durante a qual são presença obrigatória os bolos lunares: são pequenos bolos acastanhados com recheios variados constituídos por pevides, amêndoas, pinhões, sementes de lótus, entre outros ingredientes, e que, segundo a lenda, foram utilizados, no século XVI, como meio de transmissão de instruções colocadas no seu interior, com o objectivo de realizar uma revolta contra o jugo dos mongóis.

É uma festa celebrada fora de casa para se poder observar a lua, sendo hábito comer-se fruta de formato redondo (maças, pêssegos e romãs), como o astro que brilha no céu. A noite não termina sem uma ida às praias ou à beira rio, transportando acesas bonitas lanternas chinesas de papel, muitas das quais são colocadas na água a flutuar, sendo por este motivo, é uma festa muito apreciada pelas crianças.[364]

São celebradas pelos chineses muitas outras festividades, porém, por razões várias não adquiriram um carácter tão popular entre as restantes comunidades residentes no território como as que foram descritas.

---

[363] SILVA, António E. M. R., *Usos e Costumes dos Chineses de Macau Anos 50*, pp. 82 e 83.
[364] Direcção dos Serviços de Turismo, *Eventos e Festividades* – http://macautourism.gov.mo/pt/events/calendar_desc.php

Fotografia 18 – **Envelopes vermelhos (lai si)**

Fotografia 19 – **Caixa usada no Ano Novo Chinês para aperitivos**

II PARTE

Capítulo 1
Os Macaenses em Portugal

1.1. A casa de Macau em Portugal

O número 142 da Avenida Almirante Gago Coutinho em Lisboa corresponde a uma moradia de quatro pisos do princípio do século XX, pintada de cor de rosa, a que arcadas e varandas dão um ar alegre e gracioso. Num dos lados do pequeno jardim fronteiro à casa, uma palmeira que talvez lhe seja contemporânea na idade, já a superou em altura.

Aparentemente esta seria uma casa igual a tantas outras, não fosse a singularidade de, no lado oposto à palmeira, se encontrar assente na base de um chafariz, uma estatueta dourada da deusa budista *Kun Iam* (觀音, pinyin: Guānyīn, cantonense: Gun1 Yam3), a deusa da misericórdia, representada por uma elegante figura feminina com vestes compridas que, de pé, sorri serena sobre uma flor de lótus.

Uma placa na parede confirma o que é fácil adivinhar: estamos na Casa de Macau.

No interior, o mobiliário e a decoração de estilo asiático dominam o ambiente. A ampla entrada onde vários sofás ordenados são um ponto de encontro estratégico, dá acesso à escada para a cave e primeiro andar, à secretaria, à cozinha e a uma sala de jantar, onde o aroma da comida macaense é presença obrigatória. Subindo ao primeiro andar, observamos um pequeno bar que dá apoio a uma área destinada à prática de jogos de salão, nos quais se inclui o *mah jong*. Uma sala contígua denominada "sala nobre", exibe nas paredes fotografias dos sócios fundadores, bem como dos sócios honorários e beneméritos. No segundo andar está instalada a Fundação Casa de Macau, que dá apoio às actividades realizadas pela Casa de Macau, sendo a entidade através da qual é feita a gestão do património. Na cave, mesas de bilhar e matraquilhos aguardam utilizadores.

No exterior, nas traseiras da casa, no local onde outrora existiu uma garagem, está hoje instalado um pavilhão multi-usos onde são feitas exposições, conferências e outras actividades. No espaço circundante entre os dois edifícios, existem árvores, arbustos e bancos de madeira sobre um espaço ajardinado.

No dia em que nos deslocámos à Casa de Macau, realizava-se a assembleia-geral eleitoral para a eleição dos corpos gerentes do triénio 2009-2011. Foi esse o dia escolhido para entrevistarmos o presidente cessante e sabermos quais os planos da nova direcção para o futuro da Casa de Macau.

Num total de 600 sócios, os votantes rondaram os 30%, talvez porque à partida se sabia quem seriam os eleitos, já que a lista concorrente era única. Embora o número de eleitores não fosse elevado, era-o o número de pessoas presentes, pelo facto de ser sempre possível a cada sócio ao deslocar-se à Casa de Macau, fazer-se acompanhar pelo seu agregado familiar, podendo ainda levar consigo um convidado. Ao acto eleitoral, seguir-se-ia um *"chá gordo"* comemorativo da quadra natalícia, motivo mais que justificado para se verificar a presença de tanta gente. Para o *"chá gordo"*, foram utilizados a sala de jantar, o pavilhão multi-usos. Nas mesas, os *"salgadinhos"* macaenses, intercalavam pratos mais substanciais, alguns deles típicos do Natal como o *"chau chau pele"*, a" *empada de peixe,"* o *"bolo menino"* ou os *"coscorões"*.

Foi durante a refeição, que decorreu a entrevista com o presidente cessante. Pedimos-lhe para nos falar da Casa de Macau:

Foi-nos dito que a Casa de Macau existe em Portugal desde 1966. Segundo consta dos seus estatutos (artigo 1º), é uma associação de carácter privado, apolítico, com fins sociais, culturais, recreativos e outros, que visem a promoção e solidariedade entre as comunidades macaenses designadamente em Portugal.[365]

Foi-nos dito também que a Casa de Macau é auto-suficiente para as despesas correntes. Entre as actividades que realiza e que contribuem para essa auto-suficiência, estão a quotização dos sócios, a organização de viagens e passeios, de *"chás gordos"* em alturas específicas e o funcionamento do restaurante regular ao sábado (e a pedido noutros dias), exclusivamente com refeições macaenses. A confecção por encomenda de pratos macaenses, o aluguer do pavilhão multi-usos, bem como da sala de jantar para diversos eventos podendo incluir serviço de refeições, são actividades bastante requisitadas.

Também a realização de aulas de *"tai chi"* tem grande adesão por parte dos sócios. A confirmá-lo, está o facto da Casa de Macau se encontrar inscrita na Federação Portuguesa de Artes Marciais Chinesas, com participações em campeonatos nacionais, nos quais já conquistou dois títulos de campeão nacional a nível individual.

---

[365] Casa de Macau, *Estatutos*, p. 3.

São ainda realizados, periodicamente, torneios de jogos de mesa (canasta, "*mah jong*", bridge, xadrez, etc.).

Relativamente às despesas extraordinárias, foi-nos referido pelo presidente o seguinte:

"... contamos com a Fundação Casa de Macau que tem património próprio e que foi a entidade que adquiriu, em 1999 este imóvel onde nos encontramos. Até essa data contávamos apenas com as instalações situadas em Lisboa, na Praça do Príncipe Real, nº 25, 1º andar e que com o aumento do número de sócios, se tornaram insuficientes. A sede social continua a ser no Príncipe Real, bem como o gabinete de estudos, documentação e informação relacionado com Macau e as comunidades macaenses. Existe ainda nesse local uma biblioteca. Na casa onde nos encontramos, está situada a secretaria, sendo o restante espaço o local onde se desenrolam quase todas as nossas actividades de convívio e de cultura. Também aqui são recebidas as delegações de macaenses de outras casas, bem como outros convidados nomeadamente chineses...".

"...Existem no total doze Casas de Macau, espalhadas por quatro continentes: quatro localizam-se no Canadá, três nos Estados Unidos da América, duas no Brasil, uma na Austrália, uma em Hong Kong e uma em Portugal...".

Relativamente aos sócios foi-nos dito que estes totalizam 600, não sendo apenas macaenses, mas também pessoas de outras etnias, que têm ou tiveram ligação com Macau e ainda aqueles que não sendo sócios, se interessam pela cultura macaense.

"...50% dos actuais sócios têm mais de 65 anos, tendo o sócio mais novo 27 anos. Esta situação pode a médio ou longo prazo transformar-se num problema relativamente à continuidade da Casa de Macau, pois não existem muitos macaenses a residir em Portugal de faixas etárias abaixo dos 40 anos. A explicação reside no facto de já não se realizarem em Macau como anteriormente, casamentos entre macaenses e portugueses. Por outro lado os macaenses que em Macau casam entre si, quando emigram, têm tendência a escolher outros destinos, sendo também poucos os que actualmente vêm para Portugal estudar. Assim sendo, resta-nos os filhos e netos dos macaenses que vivem cá."

"Cativá-los para a Casa de Macau compete também à família. Mas a maior parte não quer saber...".

"...Talvez daqui a uns anos pensem de maneira diferente e sintam o apelo das suas raízes...".

Foi-nos também dito que todos os sócios recebem gratuitamente uma publicação trimestral, o *"Boletim"*, assim como o *"Qui Nova?!"*, uma folha informativa não periódica, ambas editadas pela Casa de Macau. Segundo referiu o presidente,.. *"Uma das actividades mais importantes e que congrega todas as Casas de Macau, é o encontro das comunidades macaenses, que se realiza de três em três anos em*

Macau, no mês de Novembro. O último realizou-se em 2007 e nele estiveram presentes mais de mil pessoas". Nesse encontro a Casa de Macau de Portugal fez-se representar com 134 participantes.[366]

O programa desses encontros é estabelecido pelo Conselho das Comunidades Macaenses. No último encontro, no sentido de desenvolver e incrementar os laços de ligação dos jovens macaenses à terra onde têm as suas origens, foi introduzido no programa um dia destinado à juventude, no qual se desenrolaram diversas actividades de interesse para os mais jovens, envolvendo a sua participação. Nesse sentido todas as Casas de Macau se fizeram representar por três jovens seleccionados através de sorteio, sendo as despesas com a deslocação e estadia, suportadas pela organização do encontro.[367]

Relativamente ao programa de acção para o triénio 2009-2011, para além de manter as actividades em curso, entre os objectivos propostos, a nova direcção propõe-se aumentar o número de associados, prestando especial atenção às gerações mais novas, sensibilizando-as para a preservação dos valores culturais da comunidade macaense. Pretende ainda fomentar o estreitamento de relações com as outras Casas de Macau e tornar-se num pólo de divulgação da cultura macaense.[368]

1.2. Caracterização da comunidade Macaense

Pelo facto de se desconhecer quantos macaenses residem actualmente em Portugal, consideramos como representativa dessa comunidade a amostra de 50 inquiridos incluídos neste estudo. Se considerarmos o número de pessoas que constituem estas famílias, podemos dizer que encontrámos 156 macaenses (além dos inquiridos, 13 conjuges macaenses; 91 filhos dos inquiridos; a mãe e a irmã de uma macaense). A fim de caracterizar essa comunidade, analisaremos as variáveis independentes de carácter geográfico, demográfico e social, incluídas no inquérito (Quadro II – Anexo 2). Verificamos que do total de inquiridos, 29 são do sexo feminino, que está em ligeira maioria relativamente ao masculino. No entanto, não consideramos essa diferença significativa e é nossa opinião que ambos os géneros estão representados equilibradamente (Quadro III).

---

[366] *"Qui Nova?!"*, folha informativa da Casa de Macau, nº 06/2007.
[367] *Idem, Ibidem*, nº 07/2007.
[368] *Idem, Ibidem*, nº 08/2008.

QUADRO III – Distribuição dos inquiridos segundo o seu sexo

Sexo	Frequência	Percentagem
Masculino	21	42,0
Feminino	29	58,0
Total	50	100,0

Em relação à idade dos inquiridos (Figura 15; Quadro III – Anexo 2), é notório o predomínio dos grupos etários a partir dos quarenta anos. Esse aspecto pode à primeira vista sugerir que houve pouco cuidado na escolha dos inquiridos, o que poderia conduzir ao enviesamento dos resultados. No entanto constatamos que esse facto traduz a realidade quanto aos macaenses que fixaram residência em Portugal, pois ao tentarmos entrevistar indivíduos de grupos etários inferiores, encontrámos apenas os filhos dos inquiridos. Muitos desses jovens são naturais de Portugal, o que contraria um dos critérios que estabelecemos para a selecção da amostra. Outros, embora tivessem nascido em Macau, não escolheram Portugal para viver por iniciativa própria, mas sim porque acompanharam os pais, o que contraria igualmente os nossos critérios de selecção.

Ao procurarmos macaenses abaixo dos 40 anos, naturais de Macau e que tivessem vindo voluntariamente para Portugal, foi-nos dito por outros macaenses que os mais novos tinham permanecido em Macau, Hong Kong, ou então emigrado para países como Austrália, Nova Zelândia, Inglaterra, Canadá e Estados Unidos da América. Esta situação foi igualmente referida pelo presidente da Casa de Macau, durante a entrevista efectuada. Foi-nos dito que alguns macaenses mais jovens, vieram para Portugal devido à transferência de Macau para a China, tendo regressado a Macau, após verificarem que a situação naquela cidade permanecia estável.

Esta constatação leva-nos a concluir que os macaenses em início de vida profissional escolheram preferencialmente outros locais em detrimento de Portugal. Embora os filhos das famílias macaenses com mais posses, fossem nalguns casos estudar para os países citados e acabassem por permanecer neles, esse facto não explica totalmente o escasso número de macaenses de faixas etárias abaixo de quarenta anos a residir em Portugal.

Para percebermos esta situação, talvez tenhamos de recuar algumas décadas, até às alterações sociais que a revolução portuguesa de 25 de Abril de 1974 provocou em Macau e que levou a que se tenha iniciado em 1975 a retirada das tropas portuguesas em serviço no território. Essa interrupção na ida de jovens militares para Macau, fez cessar os casamentos que se realizavam entre estes e as raparigas macaenses, pondo fim ao fluxo de sangue português que regularmente renovava a portugalidade da comunidade macaense.

Coincidente com esta saída da tropa portuguesa, inicia-se uma entrada de emigrantes chineses em Macau, resultante da política chinesa de abertura ao exterior, seguida na década de oitenta por um recrutamento de licenciados portugueses, para ocuparem lugares de chefia no território. No entanto, esses licenciados não substituíram junto das macaenses os jovens que vinham cumprir o serviço militar, pois a maioria deles tinha já família constituída. Por outro lado, verifica-se o aparecimento de uma classe média chinesa mais aberta e instruída, com a qual os jovens macaenses se começaram a relacionar. Como resultado dessa situação, segundo referiram em 1993 os investigadores *João de Pina Cabral e Nelson Lourenço*, de 1965 a 1969 os casamentos entre chineses e macaenses representavam 27,3%, entre 1970 e 1974 subiram para 60% e na década de noventa totalizavam já 81,5%.[369]

É possível pois que esta alteração no seio da comunidade macaense relativamente à escolha do cônjuge, dite novas regras quando a partida de Macau se impõe e está em causa um novo lugar para viver. Deixam de ter peso, os laços familiares e a ligação sentimental a Portugal, passando este a estar em pé de igualdade com outros destinos, que acabam por ser escolhidos quando a nível social e económico oferecem mais vantagens.

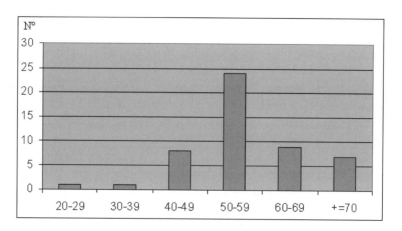

Figura 15 – Distribuição dos inquiridos segundo a sua idade

---

[369] PINA CABRAL, João de, LOURENÇO, Nelson, *Em Terra de Tufões, Dinâmicas da Etnicidade Macaense*, pp. 121 a 151.

Conclui-se que 39 inquiridos são casados, sendo muito baixa a representatividade nos restantes grupos (Figura 16; Quadro IV – Anexo 2). Esse facto sugere que talvez por razões culturais, aparentemente são bastante estáveis os casamentos envolvendo macaenses.

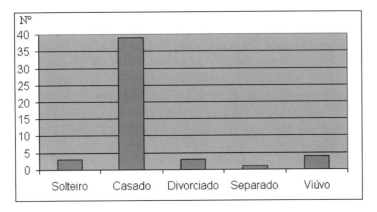

Figura 16 – Distribuição dos inquiridos segundo o seu estado civil

Constatamos que 18 inquiridos são licenciados, sendo este número seguido pelos macaenses que têm o 10º e 12º ano e que são 13. Apenas 5 têm o bacharelato, verificando-se que 2 têm mestrado ou doutoramento (Figura 17; Quadro V – Anexo 2). Embora com habilitações literárias diversificadas, parece tratar-se maioritariamente de uma comunidade qualificada.

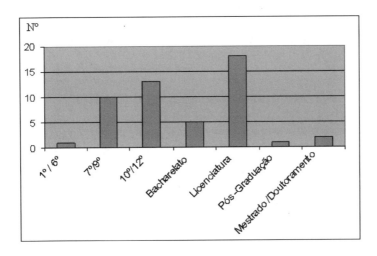

Figura 17 – Distribuição dos inquiridos segundo as suas habilitações literárias

Segundo a classificação nacional de profissões, podemos verificar o agrupamento em que se insere a profissão dos inquiridos. Através da sua análise, observamos que 14 deles são considerados como não tendo profissão, já que se encontram aposentados. Esse número está em consonância com os resultados apresentados na Figura 15, em que é analisada a idade dos inquiridos.

Relativamente aos grupos profissionais em que estão incluídos os restantes, observamos que, posicionados no grupo 2 (Especialistas das profissões intelectuais e científicas) e 4 (Pessoal administrativo e similar), estão simultaneamente 10 inquiridos. No grupo 3 (Técnicos e profissionais de nível intermédio), estão colocados 7 indivíduos e no grupo 1 (Quadros superiores da administração pública. Dirigentes e quadros superiores de empresas), posicionam-se 6. Os macaenses colocados nos dois primeiros grupos, perfazem um total de 16, que se inserem nos dois primeiros grupos da classificação nacional de profissões (Figura 18; Quadro VI – Anexo 2).

Conclui-se assim que o perfil profissional está de acordo com a qualificação dos macaenses.

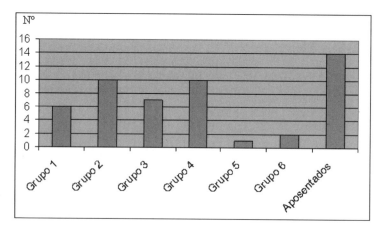

Figura 18 – Distribuição dos inquiridos segundo a sua profissão

Fonte: Classificação nacional de profissões do Instituto do Emprego e Formação Profissional[370]
Grupo 1 – Quadros superiores da administração pública. Dirigentes e quadros superiores de empresas
Grupo 2 – Especialistas das profissões intelectuais e científicas
Grupo 3 – Técnicos e profissionais de nível intermédio
Grupo 4 – Pessoal administrativo e similar
Grupo 5 – Pessoal de serviços e vendedores
Grupo 6 – Trabalhadores não qualificados

---

[370] Instituto do Emprego e Formação Profissional – *Classificação Nacional de Profissões:* http://www.iefp.pt

Verifica-se que 28 inquiridos estão inseridos numa família nuclear tradicional, composta pelo casal e filhos (Quadro IV). Onze deles vivem apenas com o cônjuge, porque não têm filhos ou porque estes formaram o seu próprio agregado familiar. Os restantes agregados familiares são pouco representativos, salientando-se no entanto, 7 inquiridos que por várias razões, vivem sozinhos.

QUADRO IV – Distribuição dos inquiridos segundo a composição do seu agregado familiar

Composição do agregado familiar	Frequência	Percentagem
Inquirido/a	7	14,0
Inquirido/a+filhos	2	4,0
Inquirido/a+mãe+irmã	1	2,0
Inquirido/a+cônjuge	11	22,0
Inquirido/a+cônjuge+filhos	28	56,0
Inquirido/a+cônjuge+ filho+nora	1	2,0
Total	50	100,0

Do total de inquiridos que não residem sozinhos, 23 têm incluído no seu agregado familiar uma pessoa sem consanguinidade de etnia portuguesa, que é o seu cônjuge (Quadro V).

Observamos também que do total de 39 que são casados, 13 escolheram para cônjuge, alguém da mesma etnia. Constata-se assim, que a etnia portuguesa e macaense são predominantes no que toca a escolha do cônjuge. Apenas 3 inquiridos têm cônjuge de outras etnias asiáticas e num caso, um dos componentes do agregado familiar sem consanguinidade é a nora.

QUADRO V – Distribuição dos inquiridos segundo a etnia das pessoas que compõem o agregado familiar*

Grau de parentesco	Etnia				
	Macaense	Portuguesa	Chinesa	Filipina	Indonésia
Cônjuge	13	23	1	1	1
Nora			1		
Total	13	23	2	1	1

*Nesta distribuição consideram-se apenas os indivíduos residentes sem consanguinidade.

Reportando-nos ao que foi dito anteriormente em relação à escolha étnica do conjugue entre as gerações de macaenses cujo casamento se realizou na década de setenta ou antes, e recordando os grupos etários onde estão inseridos os nossos inquiridos (Figura 15), verificamos que tal como nos estudos realizados anteriormente abarcando esta variável, também aqui se verifica que os macaenses de faixas etárias mais elevadas, escolhiam para cônjuge alguém de etnia portuguesa ou do seu próprio grupo étnico (Quadro VI).

QUADRO VI – Relação entre o grupo etário dos inquiridos e a etnia do cônjuge

Grupo etário dos inquiridos	Etnia do cônjuge				
	Macaense	Portuguesa	Chinesa	Filipina	Indonésia
30-39		1			
40-49	2	4	1	1	1
50-59	8	10			
60-69	2	6			
+=70	1	2			
Total	13	23	1	1	1

Do total de 44 inquiridos com filhos, 25 têm dois filhos (classe modal), 10 apenas um, 6 têm três, e 2 têm quatro filhos. É de registar que um deles teve um total de cinco filhos (Figura 19; Quadro VII – Anexo 2).

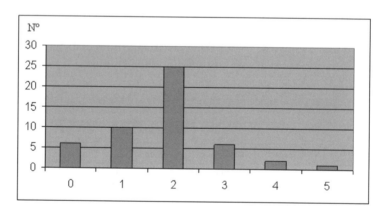

Figura 19 – Distribuição dos inquiridos segundo o número de filhos

Constatamos que 20 dos inquiridos não tiveram nenhum filho do sexo masculino; 17, tiveram um filho e 11, dois filhos. Apenas 2 tiveram três filhos de sexo masculino (Figura 20; Quadro VIII – Anexo 2).

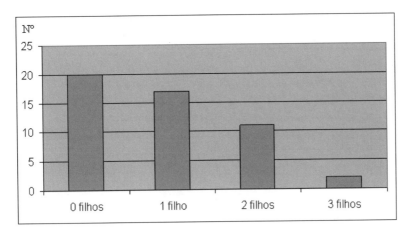

Figura 20 – Distribuição dos inquiridos segundo o número de filhos do sexo masculino

São 20 os inquiridos que não tiveram filhos do sexo feminino; 16 tiveram uma filha e 12, duas filhas (Figura 21; Quadro IX – Anexo 2). À semelhança do que acontece com os rapazes, também nesta distribuição se verifica um total de 2 inquiridos com três filhas.

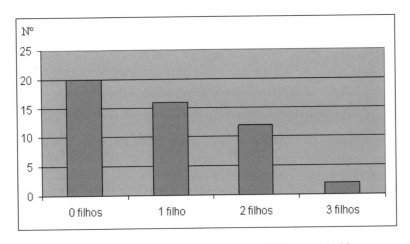

Figura 21 – Distribuição dos inquiridos segundo o número de filhos do sexo feminino

Apenas 2 macaenses têm filhos com idade igual ou inferior a 9 anos (Figura 22; Quadro X – Anexo 2). A grande maioria dos filhos dos inquiridos situa-se na classe etária 20-29 anos, o que não surpreende dada a sua própria idade. Exceptuando a primeira e a última, todas as classes etárias estão significativamente representadas, apresentando como sendo de 91, o total de filhos referido.

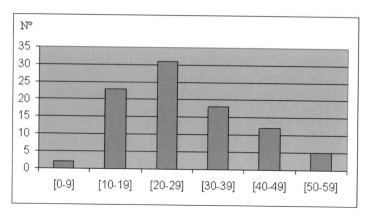

Figura 22 – Distribuição dos inquiridos segundo a idade dos filhos

Relativamente ao tempo de permanência em Portugal, encontramos grandes diferenças entre os inquiridos. São 22 os que residem em Portugal há mais de 20 anos. Nos restantes grupos, observamos 16 com tempo de residência em Portugal situado entre os 6-10 anos e 12, com tempo de residência entre os 0-5 anos.

Em nenhum dos inquiridos, foi encontrado um tempo de residência em Portugal entre 10-20 anos (Quadro VII).

QUADRO VII – Distribuição dos inquiridos segundo o tempo de residência em Portugal

Tempo de residência em Portugal	Frequência	Percentagem
0-5 anos	12	24,0
6-10 anos	16	32,0
+20 anos	22	44,0
Total	50	100,0

Verifica-se que foram 18, aqueles que alegaram ter saído de Macau devido à transferência de administração daquele território para a China. Esse grupo é imediatamente seguido pelos 17 macaenses que referem ter saído de Macau por motivos familiares, sendo as razões apontadas, o casamento com pessoas de etnia portuguesa e/ou o facto de terem vindo estudar para Portugal e posteriormente ingressado aqui no mercado de trabalho. Os restantes motivos apontados têm pouca representatividade no total de inquiridos (Figura 23; Quadro XI – Anexo 2).

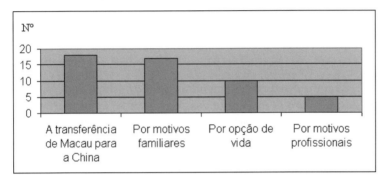

Figura 23 – Distribuição dos inquiridos segundo os motivos apontados para terem saído de Macau

Foram 19, os macaenses que referiram terem escolhido Portugal para viver, por serem portugueses. Embora existissem outros locais pelos quais poderiam ter optado, foi Portugal que escolheram, mostrando-se admirados quando lhes foi questionado o motivo. Apesar de todo o materialismo que nos rodeia, quando 19 pessoas que nasceram do outro lado do mundo, se espantam com a pergunta que lhes é feita e nos dizem que nunca pensaram noutro local para viver, porque são portugueses, faltam-nos as palavras, pedimos desculpa pela questão, que outra coisa poderíamos fazer? Recebemos desses macaenses uma lição de patriotismo. Motivos familiares, foram as razões alegadas por 18 inquiridos, enquanto 8, referiram motivos profissionais para terem escolhido Portugal para viver (Quadro VIII).

QUADRO VIII – Distribuição dos inquiridos segundo o motivo pelo qual escolheram Portugal para viver

Motivos apontados	Frequência
Por ser português	19
Por motivos familiares	18
Por motivos profissionais	8
Por conhecer Portugal	3
Pela língua e costumes	2
Total	50

São 33 os inquiridos que residem numa cidade. Lisboa, Porto ou cidades na periferia destas foram as mais referidas. Verificámos também através das respostas dadas, que as vilas onde residem 16 macaenses, se situam próximo de grandes centros urbanos. Embora não estivessem incluídas nas questões formuladas no inquérito, perguntámos as razões para essa escolha: factores profissionais, familiares ou de habituação ao bulício de uma grande cidade, foram os motivos apontados.

O único que reside numa aldeia, referiu ter optado por esse local após a reforma, por gostar de agricultura e da calma associado ao campo. Verifica-se assim que os macaenses preferem habitar em ambientes urbanos (Figura 24; Quadro XII – Anexo 2).

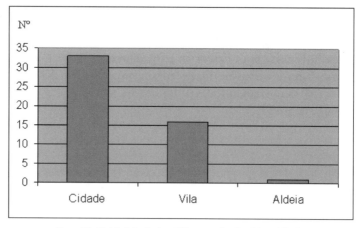

Figura 24 – Distribuição dos inquiridos segundo o local de residência

Foram inquiridos macaenses de ambos os sexos com idades entre os 20 e +=70 anos, verificando-se um predomínio nos grupos etários a partir dos 40 anos. Esse aspecto segundo foi referido pelos inquiridos e confirmado pelo presidente da Casa de Macau, reflecte o facto de actualmente as gerações mais novas de macaenses, ao trocar Macau por outros destinos, já não terem em conta como no passado laços afectivos ou sentimentais com Portugal, escolhendo muitas vezes países que lhes oferecem mais vantagens sociais e económicas em detrimento de Portugal.

A maior parte dos inquiridos são casados, estando inseridos numa família nuclear tradicional, composta pelo casal e filhos. Verifica-se que 23 incluem no seu agregado familiar uma pessoa sem consanguinidade de etnia portuguesa, que é o seu cônjuge. São 13 os que têm a mesma etnia que o cônjuge e em 3 casos, este é de outras etnias asiáticas.

Embora as suas habilitações literárias sejam diversificadas, indiciam tratar--se maioritariamente de uma comunidade qualificada, o que é comprovado pelo perfil profissional encontrado.

Os motivos apontados pelos inquiridos para a fixação de residência em Portugal, prendem-se à transferência de Macau para a China, ao casamento com pessoas de etnia portuguesa, ou ao facto de terem vindo estudar para Portugal e posteriormente ingressado aqui no mercado de trabalho.

Por uma questão de gosto ou por factores pessoais e familiares, os inquiridos preferem residir em meios urbanos.

Capítulo 2
A Casa dos Macaenses

2.1. As influências orientais na arquitectura da Casa Macaense

As influências orientais na compra-construção da casa de habitação são pouco significativas no grupo de inquiridos. De facto, apenas 4 referiram algum tipo de influência (Quadro IX).

QUADRO IX – Distribuição dos inquiridos segundo a existência de influências orientais
verificadas na compra/construção da casa de habitação

Influências orientais na compra/construção da casa de habitação	Frequência	Percentagem
Não	46	92,0
Sim	4	8,0
Total	50	100,0

Do total de 4 macaenses foram 2 os que evitaram uma casa que tivesse uma entrada pequena e estreita, a fim de haver espaço para as boas energias entrarem (Quadro X). Podemos encontrar justificação para essa atitude ao consultarmos os princípios do *feng shui*. Segundo estes a porta principal é a "*boca da casa*" e a principal entrada para o *chi*. Por este motivo, a entrada da casa deve corresponder a uma área espaçosa para que o *chi* possa entrar e circular pela habitação livremente. Para facilitar essa circulação, a entrada além de espaçosa, não deve conter demasiados móveis ou outros objectos.[371]

---

[371] Too, Lillian, *Feng Shui, – 168 Maneiras de Desimpedir a sua Casa*, pp. 23 e 24.

Relativamente ao macaense que evitou a proximidade do lava-loiça com o fogão, referiu tê-lo feito por existir incompatibilidade entre ambos, já que são considerados elementos opostos. É também o *feng shui* que nos dá a justificação para esse procedimento. Segundo o ciclo destrutivo dos cinco elementos, já referido anteriormente, a água destrói o fogo porque o apaga. Numa cozinha o fogão representa o fogo e o lava-loiça a água. Segundo o *feng shui*, se estiverem próximos ou colocados frente a frente, a zona circundante recebe uma vibração negativa de conflito, que poderá ser prejudicial para os moradores da habitação.[372]

Constatámos também que um dos inquiridos referiu ter tido a "*preocupação de verificar se a porta principal abria na direcção do exterior, o que felizmente em Portugal raramente acontece*" já que esse facto, segundo nos disse, dificulta a entrada da sorte. A explicação para essa atitude também se pode encontrar nos princípios do *feng shui*, segundo os quais a porta principal deve abrir para dentro, simbolizando um convite à entrada de boas energias. Uma porta que abre na direcção do exterior, não o permite pois afastará tudo ao abrir-se.[373]

Verificamos assim que relativamente aos aspectos analisados, os 4 inquiridos foram influenciados pelos princípios do *feng shui*, no que diz respeito à compra ou construção da sua casa de habitação.

QUADRO X – Distribuição dos inquiridos segundo a influência oriental verificada na compra/construção da casa de habitação e justificação apresentada

Frequência	Influência oriental	Justificação apresentada
2	Evitar casa com entrada pequena e estreita	Espaço para receber boas energias
1	Evitar proximidade entre fogão e lava loiça	Fogo e água são elementos opostos
1	Evitar porta principal que abra na direcção do exterior	Sorte e dinheiro não entram
Total: 4		

Foi-nos referido por 3 dos inquiridos, que na altura em que compraram a sua habitação em Portugal, não se sentiram influenciados por qualquer princípio oriental. No entanto com o passar do tempo, surgiu o interesse pelo *feng shui*. Através do seu estudo, constataram que existiam situações na casa que habitavam, que segundo os princípios preconizados, poderiam originar pro-

---

[372] ENGLEBERT, Clear, *Feng Shui Simplificado*, p. 75.
[373] TOO, Lillian, *Feng Shui Planear a Vida*, p. 113.

blemas no seio familiar. Para os evitar, resolveram fazer algumas remodelações (Quadro XI).

Nesse âmbito, verifica-se que 2 dos inquiridos alteraram a entrada de uma casa de banho que se situava em frente à porta principal e que segundo estes, emitia *chi* negativo. Embora, segundo salientaram, soubessem que esse efeito poderia ser minorado mantendo a tampa da sanita e a porta da casa de banho fechadas, preferiram alterar a disposição daquela divisão, por acreditarem que o *chi* negativo emitido pela casa de banho anularia o *chi* positivo que deveria entrar pela porta principal.

Com efeito, os princípios do *feng shui* preconizam o que foi referido pelos macaenses, advertindo que uma casa de banho posicionada em frente à porta principal constitui um problema sério, que deverá ser resolvido o mais depressa possível.[374]

Relativamente ao inquirido que substituiu a porta principal com desenhos assimétricos por outra com "almofadas" simétricas, referiu tê-lo feito, por acreditar que a porta anterior devido à assimetria, simbolicamente significava desequilíbrio, podendo levar a conflitos familiares.

Encontramos essa ideia expressa nos princípios do *feng shui*, os quais aconselham a que a porta principal transmita uma imagem de simetria, acrescentando que se esta for constituída por "painéis" ou "almofadas", estes devem ser do mesmo tamanho, já que o contrário cria uma imagem de desarmonia, que se pode reflectir no ambiente familiar.[375]

Questionámos estes 3 macaenses sobre possíveis mudanças sentidas a nível familiar como resultado das alterações feitas em casa. A resposta unânime foi que tinham a sensação que o ambiente em casa estava mais alegre e harmonioso.

Verificamos assim que, no total foram 7, aqueles que respeitaram alguns princípios do *feng shui* na arquitectura da sua casa de habitação.

---

[374] Too, Lillian, *A Enciclopédia Ilustrada do Feng Shui*, p. 153.
[375] Webster, Richard, *Feng Shui para principiantes*, p. 131.

A COMUNIDADE MACAENSE EM PORTUGAL

QUADRO XI – Distribuição dos inquiridos segundo as remodelações de influência oriental efectuadas posteriormente na casa, justificação apresentada e efeito indesejado que esperavam evitar

Nº	Remodelações efectuadas	Justificação apresentada	Efeito indesejado
2	Alteração da entrada de uma casa de banho	Situava-se em frente à porta principal	Emissão de *chi* negativo através da porta da casa de banho que impede a entrada de *chi* positivo através da porta principal
1	Colocação de uma porta principal com desenhos simétricos	A porta anterior tinha "almofadas" assimétricas	Desequilíbrio gerador de conflitos internos
Total: 3			

2.2. A organização interna da Casa Macaense

A influência oriental relativamente à disposição de móveis e objectos na casa dos macaenses é significativa, já que 48% destes a admite (Quadro XII).

QUADRO XII – Distribuição dos inquiridos segundo a existência de influência oriental na disposição de móveis e objectos

Influência oriental na disposição de móveis e objectos	Frequência	Percentagem
Não	26	52,0
Sim	24	48,0
Total	50	100,0

As influências orientais referidas pelos inquiridos na disposição de móveis e objectos remetem-nos para um dos princípios norteadores do *feng shui*, ao qual fizemos referência anteriormente, segundo o qual a relação entre essa disposição e o respectivo efeito alegado, está muitas vezes relacionada com um princípio de associação lógica, em que a realidade é transposta para objectos e situações simbólicas (Quadro XIII). Observemos alguns exemplos: os cães *fu*, considerados protectores (o cão real guarda a casa, logo o cão *fu* é um objecto protector)[376], a estatueta de uma divindade da riqueza (por ser divin-

---

[376] Too, Lillian, *Guia Prático de Feng Shui – 168 Formas para Alcançar o Sucesso*, p. 113.

196

dade, confere protecção, por ser divindade da riqueza, além de proteger, atrai prosperidade)[377], a colocação das cadeiras e sofás de frente para a porta (estar sentado de costas para a porta, torna-nos vulneráveis, pois não podemos ver quem entra).[378]

QUADRO XIII – Relação entre a disposição de alguns móveis
e objectos em casa e o efeito alegado pelos inquiridos

Disposição de móveis e objectos	Efeito alegado
Não colocar espelhos em frente à cama	– Reflectir as pessoas adormecidas (indefesas); – Acrescentar elementos entre o casal, fomentar a infidelidade
Não colocar espelhos em frente à porta principal	– Reflectir para fora o novo *chi*; – Impedir a renovação. Má sorte para a família.
Não colocar os pés da cama na direcção da porta do quarto	– Provocar doenças graves; – Morte simbólica.
Não colocar camas debaixo de traves ou pilares horizontais	– Provocar enxaquecas e dores de cabeça; – Rotura no casamento.
Não deixar que em casa os relógios parem	– Impedir que se alcancem os objectivos.
Não colocar fontes de calor encostadas ao lava-loiça	– Originar dificuldades financeiras ou problemas de saúde (água e fogo são incompatíveis)
Colocar um espelho octogonal côncavo (espelho *bagua*) na parte superior externa de uma porta exterior	– Absorver as energias negativas; – Impedir que o *chi* negativo entre em casa.
Colocar um espelho octogonal convexo (espelho *bagua*) na parte superior externa de uma porta exterior	– Reflectir as energias negativas; – Impedir que o *chi* negativo entre em casa.
Colocar cadeiras e sofás de frente para a porta	– Transmitir protecção
Colocar os sofás encostados à parede	– Contribuir para a estabilidade familiar
Colocar um par de estatuetas de cães chineses (cães *fu*) dentro de casa em frente à porta principal	– Proteger

---

[377] Too, Lillian, *A Enciclopédia Ilustrada do Feng Shui*, p. 85.
[378] Too, Lillian, *Guia Prático de Feng Shui – 168 Formas para Alcançar o Sucesso*, p. 114.

A COMUNIDADE MACAENSE EM PORTUGAL

Colocar uma maçaneta em forma de cabeça de leão na porta principal	– Proteger; – Transmitir poder e energia.
Colocar uma estatueta de uma das divindades da riqueza na entrada principal	– Proteger e trazer prosperidade
Colocar sempre a tampa na sanita	– Evitar que o *chi* negativo entre em casa
Colocar estatuetas de tartarugas viradas para a porta principal	– Proteger

Perante as atitudes alegadas pelos inquiridos, considerámos pertinente saber quais as que foram adoptadas com mais frequência.

A atitude mais adoptada pelos inquiridos é a não colocação de espelhos em frente à cama, tendo sido referida por 11 dos inquiridos (Quadro XIV). Segundo estes, um espelho naquela posição reflecte as pessoas adormecidas, numa situação em que estão indefesas e vulneráveis, mais susceptíveis a forças negativas. Por outro lado, o espelho ao reflectir um casal deitado, simboliza o aumento de pessoas na cama podendo conduzir à infidelidade, advertência esta feita pelo *feng shui*[379] e por nós referida anteriormente.

A não colocação dos pés da cama na direcção da porta do quarto é também uma prática referida por 7 macaenses. Acredita-se que colocar os pés da cama naquela direcção, poderá provocar doenças graves, já que representa a morte simbólica, pelo facto de na China os cadáveres serem retirados do quarto passando primeiros os pés pela porta. Essa crença é igualmente confirmada nos manuais de *feng shui*.[380]

Relativamente às restantes atitudes adoptadas, consideramo-las pouco representativas, à excepção da não colocação de espelhos em frente à porta principal, o que é seguido por 4 inquiridos, alegando que um espelho naquele local impede que o *chi* dentro de casa se renove, por ser constantemente reflectido para fora através do espelho. Esta atitude é também preconizada pelo *feng shui*[381], bem como a colocação de um espelho octogonal convexo na parte superior externa de uma porta exterior, a fim de reflectir para fora as energias negativas que se aproximam[382], sendo essa atitude referida igualmente por 4 macaenses.

Constatamos pois, que os espelhos no Oriente são alvo de várias precauções e cuidados. Também no Ocidente têm sido associados a crenças e superstições, muitas vezes envoltas em magia e mistério.

---

[379] Too, Lillian, *A Enciclopédia Ilustrada do Feng Shui*. p. 164.
[380] Craze, Richard, *Feng Shui – A Arte Milenar Chinesa da Organização do Espaço*, p. 72.
[381] Too, Lillian, *A Enciclopédia Ilustrada do Feng Shui*, p. 310.
[382] Too, Lillian, *Guia Prático do Feng Shui*, p. 5.

O lugar que têm ocupado no subconsciente humano levou a que tenham sido incorporados desde há muito em contos e histórias, incluindo as infantis. Quem não conhece a história da *"Branca de Neve"* [adaptada pelos irmãos *Grimm, Jacob* (1785-1863) e *Wilhelm* (1786-1859)] onde um espelho falante é consultado diariamente por uma madrasta má?[383] Quem não leu a história de *"Alice no país das maravilhas"* de *Lewis Carroll* (1832-1898) e a sua continuação, *"Alice do outro lado do espelho"*, do mesmo autor, onde são narradas as aventuras de Alice, após entrar dentro de um espelho?[384]

Alguns objectos e sentimentos com eles relacionados não conhecem fronteiras, quer sejamos europeus, asiáticos ou de qualquer outra origem. Porque para lá de tudo aquilo que nos possa tornar diferentes, somos todos seres humanos.

QUADRO XIV – Atitudes relativas à disposição de móveis e objectos referidas no quadro anterior, consoante a frequência da sua adopção pelos inquiridos

Atitudes relativas à disposição de móveis e objectos	Frequência da sua adopção
Não colocar espelhos em frente à cama	11
Não colocar espelhos em frente à porta principal	4
Não colocar os pés da cama na direcção da porta do quarto	7
Não colocar camas debaixo de traves ou pilares horizontais	2
Não deixar que em casa os relógios parem	3
Não colocar fontes de calor encostadas ao lava-loiça	2
Colocar um espelho octogonal côncavo na parte superior externa de uma porta exterior	2
Colocar um espelho octogonal convexo na parte superior externa de uma porta exterior	4
Colocar cadeiras e sofás de frente para a porta	1
Colocar os sofás encostados à parede	1
Colocar um par de estatuetas de cães chineses (cães *fu*) dentro de casa em frente à porta principal	2
Colocar uma maçaneta em forma de cabeça de leão na porta principal	1
Colocar uma estatueta de uma das divindades da riqueza na entrada principal	1
Colocar sempre a tampa na sanita	2
Colocar estatuetas de tartarugas viradas para a porta principal	3

[383] Wikipédia, *Branca de Neve* – http://pt.wikipedia.org/wiki/Branca_de_Neve
[384] Wikipédia, Lewis *Carroll* – http://pt.wikipédia.org/wiki/Lewis_Carroll

Fotografia 20 – **Exemplo de fusão cultural: casa de um macaense com um painel de Nossa Senhora de Fátima e um bagua sobre a porta principal**

Fotografia 21 – **Bagua da fotografia anterior**

Fotografia 22 – Três divindades chinesas sendo a do meio a da riqueza

Fotografia 23 – Cães Fu

O Quadro XV surgiu por considerarmos pertinente saber se as habilitações literárias influenciavam as atitudes dos macaenses relativamente à disposição de móveis e objectos. Constatamos, porém, que as influências orientais na disposição dos móveis ocorrem em inquiridos com formação muito distinta, não se verificando, por isso, uma relação directa entre as habilitações literárias e as atitudes adoptadas.

QUADRO XV – Distribuição dos inquiridos que adoptaram atitudes relativamente
à disposição de móveis e objectos segundo as habilitações literárias

		Inquiridos que adoptaram atitudes relativamente à disposição de móveis e objectos		Total
		Não	Sim	
	1º/6º		1	1
	7º/9º	5	5	10
	10º/12º	7	6	13
Habilitações Literárias	Bacharelato	3	2	5
	Licenciatura	10	8	18
	Pós-Graduação		1	1
	Mestrado/ Doutoramento	1	1	2
Total		26	24	50

Procurámos saber se o tempo de residência em Portugal interfere na adopção de atitudes relativamente à disposição de móveis e objectos dentro de casa. Verificamos que não parece existir uma relação directa entre o tempo de residência em Portugal e a adopção de atitudes com influência oriental, relativamente à disposição de móveis e objectos. Mesmo alguns macaenses residentes em Portugal há mais de 20 anos continuam a manter estas práticas (Quadro XIV).

QUADRO XVI – Distribuição dos inquiridos que adoptaram atitudes relativamente à disposição
de móveis e objectos segundo o tempo de residência em Portugal

		Inquiridos que adoptaram atitudes relativamente à disposição de móveis e objectos		Total
		Não	Sim	
Tempo de residência em Portugal	0-5 anos	8	4	12
	6-10 anos	5	11	16
	+ 20 anos	13	9	22
Total		26	24	50

2.3. A influência oriental no mobiliário e objectos decorativos

São muito fortes as influências orientais no mobiliário existente na casa dos macaenses. Dos inquiridos, 44 afirmam que o seu mobiliário tem influência oriental. (Quadro XVII). É de referir que são mulheres as 6 entrevistadas que negam essa influência, justificando-a com o facto de terem saído de casa dos pais para casar com portugueses, tendo nessa altura mobilado a casa com móveis de estilo europeu ao fixarem residência em Portugal.

QUADRO XVII – Distribuição dos inquiridos segundo a existência
de influências orientais no mobiliário utilizado

Influências orientais no mobiliário utilizado	Frequência	Percentagem
Não	6	12,0
Sim	44	88,0
Total	50	100,0

O estilo de influência predominante é o chinês, tendo sido referido como exclusivo por 34 dos inquridos, embora os restantes também o refiram em simultâneo com outros estilos asiáticos (Figura 25; Quadro XIII – Anexo 2).

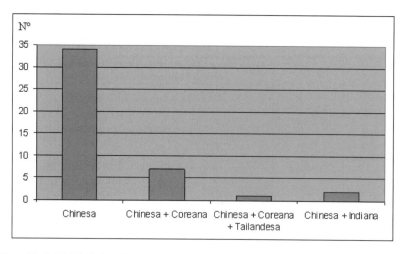

Figura 25 – Distribuição dos inquiridos segundo o estilo de influência oriental verificado no mobiliário utilizado

O gosto pelo estilo de mobiliário oriental foi apontado por 39 dos inquiridos, 9 dos quais referem também outros motivos, como a simbologia, a qualidade da madeira, o baixo custo ou o facto de terem recebido esses móveis por herança (Quadro XVIII).

Durante os inquéritos registámos relatos de macaenses que referiram ter trazido mobiliário em excesso com a intenção de o vender. No entanto, já em Portugal, *"não tiveram coragem para o fazer,"* pelo significado e pela ligação a Macau que os móveis representavam. Outra macaense pelo contrário, considerou na altura o mobiliário europeu *"... mais adequado às casas de cá..."* acabando por dar ou vender muitos dos móveis que tinha trazido. Segundo acrescentou *"... mais tarde, arrependi-me e consegui que me trouxessem mobiliário de Macau de que não tenciono separar-me...".*

Os 44 macaenses são unânimes em considerar que dão mais valor ao mobiliário oriental desde que estão em Portugal, por tudo o que lhe está associado e ainda porque segundo alguns, *"... cá esses móveis são muito valorizados".*

No decorrer dos nossos inquéritos, tivemos a oportunidade de observar algumas casas de macaenses. Podemos descrevê-las como habitações onde os vários estilos europeus e asiáticos se misturam. São casas diferentes, onde elegância, requinte e harmonia se conjugam.

Como refere a investigadora *Ana Maria Amaro* (1998) ao entrar em Portugal numa casa macaense, sente-se um ambiente oriental diferente daquele que existe numa casa chinesa. Nesta, vêem-se grandes cadeiras alinhadas ao longo das paredes, separadas por pequenas mesas de chá e rodeadas por mobílias sóbrias, pretas e pesadas, ou com incrustações de pedra e madrepérola, do chamado estilo Cantão. Numa casa macaense, os estilos oriental e ocidental encontram-se geralmente lado a lado, mas os móveis orientais escolhidos são lisos, elegantes e finamente torneados ao estilo do norte da China, intercalando mobiliário de estilo europeu.

É a sensibilidade para conseguir esse equilíbrio perfeito que caracteriza e define a casa de um macaense. Equilíbrio esse, que talvez por uma questão cultural, mesmo os chineses com longa permanência no Ocidente dificilmente conseguirão alcançar.[385]

QUADRO XVIII – Distribuição dos inquiridos segundo os motivos apontados
para a influência oriental no mobiliário utilizado

Motivos apontados	Frequências
Gosto	30
Simbologia	2
Gosto + Simbologia	2
Gosto + Herança	4
Gosto + Baixo custo	2
Gosto + Qualidade da madeira	1
Influência familiar	1
Hábito	2
Total	44

A influência oriental ao nível do mobiliário é forte. Porém verifica-se que é ainda maior em relação aos objectos decorativos (Quadro XIX).

A influência predominante é a chinesa sendo referida por todos os inquiridos, embora 19 destes também declarem possuir objectos decorativos de outros estilos orientais. Esses objectos segundo nos foi referido são variados incluindo, entre outros, frascos de rapé, caixas, jarras, pratos e estatuetas. Os materiais de que são feitos são variados abarcando laca, porcelana, cloisonné, madeira pintada, metal e vários tipos de pedra.

---

[385] Amaro, Ana Maria, *O Mundo Chinês, Um Longo Diálogo entre Culturas*, Vol. II, p. 684.

Fotografia 24 – **Móvel filipino**

Fotografia 25 – **Móvel coreano**

Fotografia 26 – **Móveis do Norte da China**

Fotografia 27 – **Móveis estilo Cantão**

QUADRO XIX – Distribuição dos inquiridos consoante o estilo de influência oriental
nos objectos decorativos utilizados

Estilo de influência oriental	Frequência
Chinesa	31
Chinesa + Coreana	1
Chinesa + Indiana	2
Chinesa + Coreana + Indiana	1
Chinesa + Japonesa	3
Chinesa + Coreana + Indiana + Japonesa	1
Chinesa + Coreana + Tailandesa	2
Chinesa + Indiana + Japonesa + Tailandesa	3
Chinesa + Coreana + Japonesa + Vietnamita	2
Chinesa + Filipina	1
Chinesa + Indonésia	2
Chinesa + Japonesa + Tailandesa + Vietnamita + Nepalesa	1
Total	50

É o gosto pelos objectos que explica a sua utilização, pois as motivações mágicas/místicas não são significativas, como inicialmente poderia parecer. Com efeito, observamos que o factor gosto foi o principal motivo apontado, tendo sido referido por 43 dos inquiridos, 4 dos quais referem também a boa influência que esses objectos trazem. A boa influência que é referida como único motivo por 2 dos macaenses, torna-se assim na segunda razão para a posse de objectos decorativos orientais, tendo sido no total a razão apontada por 6 inquiridos (Quadro XX).

Fotografia 28 – **Casal de patos chineses em madeira**

Fotografia 29 – **Elefantes indianos em madeira**

Fotografia 30 – **Miniatura de janela nepalesa em madeira**

Fotografia 31 – Estatueta em porcelana
de um guerreiro chinês

Fotografia 32 – Estatueta em bronze
da divindade tailandesa a misericórdia

Fotografia 33 – Caixa em madrepérola

QUADRO XX – Distribuição dos inquiridos segundo os motivos apontados
para a influência oriental nos objectos decorativos utilizados

Motivos apontados	Frequências
Gosto	39
Boa influência	2
Gosto + Boa influência	4
Herança	2
Hábito	1
Simbologia	1
Influência familiar	1
Total	50

Apenas 12 macaenses referem possuir plantas em casa com influência oriental, sendo estas plantas "bonsai" e/ou "bambu" (Quadro XXI).

QUADRO XXI – Distribuição dos inquiridos segundo a existência
de influência oriental nas plantas ornamentais

Influência oriental nas plantas ornamentais	Frequência	Percentagem
Não	38	76,0
Sim	12	24,0
Total	50	100,0

Relativamente aos motivos apontados observamos que mais uma vez o factor gosto é o mais relevante. A boa sorte e uma boa combinação com a mobília, embora tenham sido razões apontadas, têm pouco significado pois só houve 2 referências (Quadro XXII).

QUADRO XXII – Distribuição dos inquiridos segundo os motivos apontados
para a influência oriental nas plantas ornamentais utilizadas

Motivos apontados	Frequências
Gosto	10
Boa sorte	1
Boa combinação com a mobília	1
Total	12

São 34, os inquiridos que referem influência oriental nos seus tapetes, cortinados e afins (Quadro XXIII).

QUADRO XXIII – Distribuição dos inquiridos segundo a existência
de influência oriental nos tapetes, cortinados e afins

Influência oriental nos tapetes, cortinados e afins	Frequência	Percentagem
Não	16	32,0
Sim	34	68,0
Total	50	100,0

Em relação à origem dessa influência, verifica-se que a influência chinesa é referida por 33 dos inquiridos, sendo observada em tapetes, quadros, painéis e mesmo nos tecidos utilizados para cortinados e colchas. Em simultâneo com a influência chinesa, 3 macaenses referem também influência indiana e 2 indiana e tibetana, (principalmente em relação aos tapetes e almofadas). É de realçar que 1 dos macaenses preferiu o estilo indiano em detrimento do chinês, segundo referiu, por uma questão de gosto (Figura 26; Quadro XIV – Anexo 2).

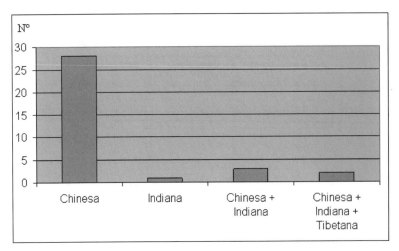

Figura 26 – Distribuição dos inquiridos segundo o estilo de influência oriental
verificado nos tapetes, cortinados e afins

Mais uma vez o factor gosto foi referido por 31 dos inquiridos, 9 dos quais mencionam em simultâneo o factor preço. Este último, somado à opção dos 3 macaenses que também o referiram, foi apontado no total por 12 indivíduos (Quadro XXIV).

QUADRO XXIV – Distribuição dos inquiridos segundo os motivos apontados para a utilização
de tapetes, cortinados e afins, com influência oriental

Motivos apontados	Frequências
Gosto	22
Preço	3
Gosto + Preço	9
Total	34

Apenas 1 inquirido possuía na casa de habitação em Macau, todos os artigos com influência oriental existentes na sua actual habitação em Portugal. Em relação aos restantes, 26 referiram possuir alguns e o número significativo de 23, comprou-os propositadamente para a casa de habitação em Portugal (Quadro XXV). Conclui-se então que se 23 macaenses compraram propositadamente todos os artigos para a casa de habitação em Portugal e 26 compraram alguns, totalizam 49 os que admitem ter comprado propositadamente artigos de influência oriental para a casa que habitam em Portugal.

A COMUNIDADE MACAENSE EM PORTUGAL

QUADRO XXV – Distribuição dos inquiridos consoante os artigos
que existiam na casa de habitação de Macau

Artigos existentes	Frequência	Percentagem
Todos	1	2,0
Alguns	26	52,0
Nenhuns	23	46,0
Total	50	100,0

Apesar de termos constatado que 49 inquiridos compraram artigos de influência oriental para a habitação em Portugal, apenas 17 admitem que esses artigos têm mais influência oriental do que aqueles que existiam na casa que habitavam em Macau. Esse aspecto remete-nos para o que foi dito na análise da Figura 25, relativamente à casa dos macaenses, reforçando a ideia de que estes conseguem um harmonioso equilíbrio entre os artigos utilizados, transmitindo à casa uma atmosfera oriental, sem que no entanto essa atmosfera se torne dominante. Talvez uma casa macaense se possa caracterizar como sendo um local "híbrido", onde um suave exotismo nos faz sentir bem (Quadro XXVI).

QUADRO XXVI – Distribuição dos inquiridos consoante se verifique mais influência oriental
nos artigos da casa de Portugal comparativamente aos artigos da casa de Macau

Mais influência oriental	Frequência	Percentagem
Não	32	65,3
Sim	17	34,7
Total	49	100,0

Os motivos apresentados pelos 17 inquiridos para considerarem que os artigos existentes na casa que habitam em Portugal têm maior influência oriental do que aqueles que existiam na casa que habitavam em Macau, é fundamental para conservar a memória de Macau (15 respostas) enquanto 2 apontam como principal motivo o orgulho de ser macaense.

É possível que o facto de querer conservar a memória de Macau, tenha implícito não só a recordação do ambiente *sui generis* daquela cidade, mas também um estilo de vida que os nossos inquiridos teriam e que perderam ao fixarem residência em Portugal. O que nos referiu uma das macaenses de 50 anos reflecte em nossa opinião, essa sensação: *"...mobilei o meu quarto em Portugal idêntico ao quarto que tinha em Macau, utilizando os mesmos móveis...tudo igual. Passou a ser o meu refúgio. Nos primeiros anos que aqui vivi, quando me sentia triste e a saudade era mais forte, era no meu quarto que encontrava forças para continuar..."* (Quadro XXVII).

QUADRO XXVII – Distribuição dos inquiridos segundo o motivo apresentado
para uma maior influência oriental nos artigos da casa de Portugal

Motivos apresentados	Frequências
Conservar a memória de Macau	15
Orgulho de ser macaense	2
Total	17

Em síntese, verifica-se que se é pouco significativa a influência oriental no que se refere à arquitetura da casa, já no que se refere à sua organização interna em termos de mobiliário e de objectos decorativos, o mesmo não se passa. Manter vivas as memórias e reflectir o gosto que foi sendo construído durante a permanência em Macau, são factores fundamentais para explicar estes comportamentos. Nem sempre é a afectividade a determinados objectos que acompanharam a vida dos macaenses que explica a sua presença nas habitações, mas também o que eles representam.

Capítulo 3
Macaenses: vestuário e hábitos alimentares

3.1. O vestuário, calçado e adornos

A influência oriental não se restringe à organização da habitação. Ela está presente na vida quotidiana dos macaenses nomeadamente através do vestuário.

A maior parte dos macaenses (26) admite ser influenciada pelo Oriente na sua forma de vestir. No entanto este número pode induzir-nos em erro, já que 10 desses inquiridos referem usar essa roupa apenas em casa por não se sentirem à vontade com ela na rua (Quadro XXVIII).

Transcrevemos o que sobre o assunto nos disse uma das inquiridas: "... *o ambiente cá não se adequa à forma de vestir de Macau ... quando cá cheguei tive que reformular o meu guarda- roupa todo ...parecia que quando saía á rua com a roupa que tinha de Macau toda a gente olhava para mim...e nem sequer era roupa tradicional do oriente! Apenas tinha sido comprada lá. As pessoas cá são muito conservadoras na forma de vestir .... Se alguém veste de maneira diferente olham logo ...talvez outros não se importem... mas eu não consigo aguentar aqueles olhares...".*

Não é a única a pensar assim, já que os 16 macaenses que usam na rua, roupa com influência oriental limitam essa influência às camisas com cós (no caso dos homens) e blusas com cós (no caso das mulheres) usadas esporadicamente no verão. Para além disso, quer uns quer outros, por vezes no inverno usam um *min nap*. Algumas entrevistadas usam uma cabaia quando se deslocam à Casa de Macau, para eventos que consideram importantes. Esse facto remete-nos para o aspecto já abordado de que dentro do "seu grupo" as pessoas são mais genuínas nas suas atitudes, podendo adoptar comportamentos que entre os de "fora do grupo" poderiam não ser aceites nem compreendidos.

QUADRO XXVIII – Distribuição dos inquiridos segundo a influência oriental verificada na forma como se vestem

Influência oriental	Frequência	Percentagem
Não	24	48,0
Sim	26	52,0
Total	50	100,0

Fotografia 34 – Min nap de mulher

Fotografia 35 – Min nap de homem

Fotografia 36 – Cabaia

As motivações para o uso de roupa com influência oriental são fundamentalmente por gosto (17 respostas) mas o facto de ser uma roupa mais quente (principalmente o *min nap*) é também uma razão importante, sendo referida por 5 macaenses. O conforto e a beleza do vestuário foram também motivações referidas, embora apenas por 2 inquiridos (Quadro XXIX).

QUADRO XXIX – Motivos apresentados para a influência oriental verificada na forma como se vestem

Motivos apontados	Frequências
Gosto	17
Conforto	2
Mais bonita para ocasiões especiais	2
Mais quente no Inverno	5
Total	26

Considerámos que teria interesse saber se o grupo etário está relacionado com a influência oriental verificada na forma de vestir. É interessante verificar que é entre os macaenses com idade superior a 40 anos que essa influência é mais significativa (Quadro XXX).

QUADRO XXX – Distribuição dos inquiridos segundo a influência oriental verificada na forma como se vestem, consoante o grupo etário

		Inquiridos segundo a influência oriental na forma como se vestem		Total
		Sem influência	Com influência	
Grupo etário	20-29	1		1
	30-39	1		1
	40-49	4	4	8
	50-59	11	13	24
	60-69	3	6	9
	+ = 70	4	3	7
Total		24	26	50

Existe alguma preferência por adquirir roupa em locais com influência oriental já que 24 macaenses assim o fazem (Quadro XXXI).

QUADRO XXXI – Distribuição dos inquiridos segundo a influência oriental verificada
na escolha dos locais onde compram a roupa

Influência oriental	Frequência	Percentagem
Não	26	52,0
Sim	24	48,0
Total	50	100,0

Verifica-se que são as mulheres que mais procuram locais com influência oriental para a compra de roupa, coincidindo quase sempre essas compras com viagens a Macau, já que é no oriente que a roupa é comprada conforme nos foi referido pelos macaenses (Quadro XXXII).

QUADRO XXXII – Distribuição dos inquiridos que referem influência oriental
na escolha dos locais onde compram a roupa, segundo o sexo

	Influência oriental nos locais onde compram roupa		Total
Sexo	Não	Sim	
Masculino	13	8	21
Feminino	13	16	29
Total	26	24	50

São várias as razões para este comportamento. Para além de uma maior opção de escolha (7 respostas), motivos como roupa mais bonita, mais barata, são também importantes (Quadro XXXIII).

Segundo nos foi referido, os tecidos utilizados na confecção da roupa são geralmente comprados em Macau, onde há maior opção de escolha (aproveitando as viagens aí efectuadas), após o que os inquiridos se deslocam à China, onde nas zonas limítrofes de Macau a roupa é confeccionada, já que aí a mão-de-obra é mais barata, podendo inclusivamente ser feita segundo os modelos ocidentais.

São sobretudo as mulheres quem mais recorre a este sistema.

QUADRO XXXIII – Distribuição dos inquiridos segundo os motivos apresentados para a influência oriental verificada na escolha dos locais onde compram a roupa

Motivos apresentados	Frequências
Maior opção de escolha	7
Roupa mais bonita	6
Roupa mais barata	6
Roupa mais bonita e mais barata	5
Total	24

Contrariamente à roupa, a influência oriental no tipo de calçado usado pelos macaenses é muito pouco significativa, sendo referida apenas por quatro dos inquiridos. A preferência pelo calçado de origem ocidental é justificada por este ser considerado de melhor qualidade (Quadro XXXIV).

QUADRO XXXIV – Distribuição dos inquiridos segundo a influência oriental verificada no tipo de calçado usado

Influência oriental	Frequência	Percentagem
Não	46	92,0
Sim	4	8,0
Total	50	100,0

A influência oriental nos objectos de adorno e jóias utilizadas é também significativa. Como se pode observar no Quadro XXXV, 28 dos inquiridos usam objectos de adorno e jóias com influência oriental. Segundo nos foi referido, é o gosto o motivo unânime porque o fazem, sendo sobretudo as mulheres que usam esses objectos, principalmente nos meses de verão. As pérolas e o jade foram os materiais de influência oriental mais referidos pelos macaenses.

QUADRO XXXV – A influência oriental verificada nos objectos de adorno/jóias utilizados

Influência oriental	Frequência	Percentagem
Não	22	44,0
Sim	28	56,0
Total	50	100,0

Nalguns casos os adornos têm também uma função mística. São 16 os inquiridos que referem usar amuletos com influência oriental (Quadro XXXVI).

QUADRO XXXVI – A influência oriental verificada nos amuletos utilizados

Influência oriental	Frequência	Percentagem
Não	34	68,0
Sim	16	32,0
Total	50	100,0

Os amuletos em jade são os mais utilizados, sendo as referências aos restantes materiais, pouco significativas (Figura 27; Quadro XV – Anexo 2).

O jade, sob a forma de pendentes circulares, ou motivos abstractos, e sobretudo na cor verde, é utilizado pelos 9 inquiridos com a função de proteger contra as más energias. Excepto no caso dos quadrados de pano com mantras, todos os amuletos referidos são utilizados por mulheres e usados simultaneamente como objectos de adorno.

Relativamente aos quadrados de pano, ambos contêm inscrições budistas e os macaenses que os usam (2 homens), referem fazê-lo com intuito protector. Um deles refere tê-lo adquirido num templo budista, usando-o pendurado no interior do automóvel. O outro recebeu o seu através de um amigo, usando-o dentro da carteira.

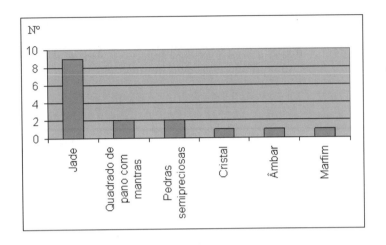

3.2. A alimentação na Casa dos Macaenses

Embora a influência oriental esteja presente em muitos aspectos na vida dos macaenses, é fundamentalmente nos alimentos e bebidas que ela é maior, pois é referida por 47 dos participantes no inquérito (Quadro XXXVII).

QUADRO XXXVII – Distribuição dos inquiridos segundo a influência oriental verificada nos alimentos e nas bebidas consumidos em casa

Influência oriental	Frequência	Percentagem
Não	3	6,0
Sim	47	94,0
Total	50	100,0

A influência oriental é expressa através da inclusão muito frequente de receitas culinárias macaenses e chinesas na ementa diária, o que é feito por 46 dos inquiridos (Quadro XXXVIII).

A ingestão diária de arroz branco cozido sem sal, como acompanhamento das principais refeições, é referida por 44 dos inquiridos (sendo referida por todos a utilização de uma panela eléctrica de origem oriental para cozer o arroz). A ingestão de chá quente sem açúcar, ao longo do dia (muitas vezes conservado num termo para manter a temperatura), é referida por 33 dos inquiridos. Referem uma inclusão rara de batatas na ementa diária 25 macaenses. Todas estas práticas são típicas das ementas do sudeste asiático, como mencionámos. A ingestão de um caldo no decurso das principais refeições por vezes feito com ingredientes utilizados na medicina tradicional chinesa para ajudar a digestão, "tirar o calor do organismo", ou fortalecer (17 respostas), é um hábito considerado salutar, quer por chineses quer por macaenses.

QUADRO XXXVIII – A influência oriental na alimentação dos macaenses

Alimentos e bebidas Tipos de práticas	Frequência
Ingestão diária de arroz branco cozido sem sal como acompanhamento das refeições principais	44
Ingestão de chá sem açúcar ao longo do dia	33
Ingestão de um caldo no decurso das refeições principais	17
Inclusão muito frequente de receitas culinárias macaenses e chineses na ementa diária	46
Inclusão rara de batatas na ementa diária	25

Verifica-se que totalizam 47, os inquiridos que referem existir influência oriental na forma como cozinham (Quadro XXXIX).

QUADRO XXXIX – A influência oriental na forma de cozinhar

Influência oriental	Frequência	Percentagem
Não	3	6,0
Sim	47	94,0
Total	50	100,0

A cozedura a vapor e a fritura no *wok* são as técnicas de cozinhar com influência oriental mais utilizadas pelos inquiridos, sendo usadas respectivamente por 47 e 46 macaenses. Estas formas de cozinhar são também aquelas que quer a nossa experiência pessoal, quer a bibliografia consultada, referem como as mais características do sudeste asiático, conforme foi referido em páginas anteriores.

Apesar das frequências apresentadas, os 47 macaenses referiram gostar também da culinária portuguesa, utilizando-a com alguma regularidade em casa, embora substituindo as batatas por arroz, excepto quando a ementa é constituída por peixe cozido.

MACAENSES: VESTUÁRIO E HÁBITOS ALIMENTARES

Para além da inclusão de receitas macaenses, chinesas e portuguesas, verifica-se também, segundo nos foi referido, a confecção esporádica de receitas indianas, malaias e tailandesas.

Apenas três dos inquiridos consideram não serem influenciados pelo Oriente, quer nos alimentos e bebidas consumidos em casa, quer na forma como os cozinham. São mulheres, cujos maridos naturais de Portugal gostam apenas de comida portuguesa. No entanto, segundo as próprias, estas e os filhos comem com alguma frequência refeições orientais em casa de amigos e por vezes na Casa de Macau. Referem com orgulho que os seus filhos gostam da comida asiática, tendo aprendido com elas "...*a cozinhar à moda de Macau...*".

Se tivermos presente que são 23 as pessoas de etnia não oriental, mais concretamente portuguesa, incluídas no agregado familiar dos inquiridos, e que são os seus cônjuges, este facto significa que 20 desses portugueses se adaptou à forma de cozinhar com influência oriental, contra uma pequena minoria (de 3 pessoas) que não o fez. É de salientar que mesmo entre os casais em que a mulher é de etnia portuguesa, nos foi referido pelos seus cônjuges que as refeições em casa têm alguma influência oriental, porque as mulheres gostam desse tipo de comida, tendo aprendido a confeccioná-la, nalguns casos com a sogra, noutros com amigos do marido e nos casos em que viveram em Macau, por vezes com as empregadas.

Por tudo o que foi dito, podemos concluir que dificilmente poderão ser consideradas monótonas as refeições em casa dos macaenses e que estes, em Portugal, continuam a manter a influência multicultural que caracteriza a sua culinária e que, mais uma vez, traduz a capacidade de adaptação que os define e se reflecte em todos os aspectos do seu quotidiano.

São os supermercados chineses espalhados pelo país que os macaenses elegem para adquirirem os produtos alimentares (47 macaenses). Aquando da deslocação a Macau os macaenses aproveitam para adquirirem no comércio local, assim como em Hong Kong e na RPC, os produtos preferidos, de modo a reforçarem o seu "armazenamento" de provisões orientais (Quadro XL).

QUADRO XL – Distribuição dos inquiridos segundo a influência oriental verificada nos locais onde compram os alimentos

Influência oriental	Frequência	Percentagem
Não	3	6,0
Sim	47	94,0
Total	50	100,0

São 29 os macaenses que reconhecem existir influência oriental nos alimentos e bebidas consumidos em alturas específicas (Quadro XLI).

QUADRO XLI – A influência oriental verificada nos alimentos ou bebidas consumidas em alturas específicas

Influência oriental	Frequência	Percentagem
Sem influência	21	42,0
Com influência	29	58,0
Total	50	100,0

São apenas alimentos de influência oriental (e não bebidas), os referidos como sendo ingeridos em alturas específicas, verificando-se que todos eles se relacionam com festividades portuguesas e chinesas. A referência a estes pratos foi feita em Capítulos anteriores.

Embora as receitas macaenses sejam predominantes, sobretudo o "tacho" referido por 21 dos inquiridos, a ementa chinesa de Ano Novo foi também referida por 20 dos inquiridos, demonstrando mais uma vez a simbiose multicultural dos macaenses (Quadro XLII). Foram vários os inquiridos macaenses com cônjuges de etnia portuguesa que nos referiram que no Natal e Ano Novo não comem pratos macaenses (que podem ser adquiridos por encomenda na Casa de Macau), porque os cônjuges e seus familiares não abdicam do bacalhau com batatas, do peru e do leitão. No entanto, referem já estar habituados e não se importam muito com o facto.

MACAENSES: VESTUÁRIO E HÁBITOS ALIMENTARES

QUADRO XLII – Relação entre os inquiridos que consomem alimentos de influência oriental em alturas específicas, os alimentos consumidos e a altura em que os consomem

Alturas específicas / Alimentos consumidos	Natal e/ou Ano Novo Gregoriano	Ano Novo Chinês	Total
Empada de peixe	11		11
Tacho	21		21
Lacassá	1		1
Capela	5		5
Diabo		8	8
Coscorões	12		12
Cake	7		7
Bagi	7		7
Bolo Menino	4		4
Alua	2		2
Ementa Chinesa de Ano Novo		20	20

Em síntese encontram-se influências orientais na forma de vestir e nos adornos utilizados pelos macaenses, embora com intensidades variáveis. São principalmente as mulheres que nas deslocações a Macau, compram roupa no oriente. Porém, o vestuário que traduz maior influência oriental é geralmente utilizado apenas em casa, ou em encontros na Casa de Macau, devido ao receio da crítica reprovadora por parte dos portugueses.

As motivações místicas nos objectos de adorno e jóias com influência oriental, existem mas não são tão vincadas como à primeira vista poderíamos pensar. É sobretudo o gosto que explica a sua utilização.

A influência oriental está patente nos alimentos e bebidas consumidas, na forma de cozinhar, e também nos locais onde os alimentos são comprados. Podemos concluir que os macaenses continuam a manter a influência multi-cultural que caracteriza a sua culinária e que mais uma vez, traduz a capacidade de adaptação que os define e se reflecte em todos os aspectos do seu quotidiano. Por outro lado também se verificou que enquanto as mulheres portuguesas se adaptaram à cozinha oriental, as mulheres macaenses que se uniram a portugueses que não apreciam esta culinária, a abandonaram e apenas quando vão a casa de amigos ou à Casa de Macau, usufruem de uma "refeição oriental".

Capítulo 4
Ocupação de Tempos Livres
e a Língua de Comunicação entre os Macaenses

4.1. A ocupação dos tempos livres

A influência oriental também é marcada pelos gostos musicais, embora só 22 pessoas a mencionem (Quadro XLIII).

QUADRO XLIII – Distribuição dos inquiridos segundo
a influência oriental verificada na música que ouvem

Influência oriental	Frequência	Percentagem
Não	28	56,0
Sim	22	44,0
Total	50	100,0

A preferência vai para a música chinesa (15 respostas) e só depois a maca-ense (Quadro XLIV). Segundo nos referiram, consideram a música chinesa melodiosa e agradável.

A música oriental enquanto forma de relaxamento também foi mencionada por 5 macaenses.

QUADRO XLIV – Percentagens mais significativas do tipo de música
com influência oriental escutado pelos inquiridos

Tipo de música	Frequência	Percentagem
Música Chinesa	15	68,2
Música Macaense	7	31,8
Música de relaxamento oriental	5	22,7

Já ao nível dos filmes é menor a ligação dos macaenses ao oriente, uma vez que só 13 a reconhecem (Quadro XLV). Trata-se fundamentalmente de filmes chineses de artes marciais mais conhecidos por "filmes de Kung Fu", maioritariamente vistos por homens.

QUADRO XLV – A influência oriental nos filmes e vídeos que os macaenses vêem

Influência oriental	Frequência	Percentagem
Não	37	74,0
Sim	13	26,0
Total	50	100,0

Verificamos que 72%, dos inquiridos referem possuir e ler livros com influência oriental (Quadro XLVI).

QUADRO XLVI – O Oriente na prática de leitura dos macaenses

Influência oriental	Frequência	Percentagem
Não	14	28,0
Sim	36	72,0
Total	50	100,0

Não é significativa a diferença entre os sexos quanto à prática de leitura com influência oriental (Quadro XLVII).

OCUPAÇÃO DE TEMPOS LIVRES E A LÍNGUA DE COMUNICAÇÃO ENTRE OS MACAENSES

QUADRO XLVII – Relação entre o sexo e a prática de leitura com influência oriental

Sexo	Prática de leitura com influência oriental
Masculino	19
Feminino	17
Total	36

Em todos os grupos etários se constata uma notória prática de leitura com influência oriental, que aparentemente é maior no grupo etário 50-59 anos. No entanto, verificamos também que o predomínio de leitores nesse grupo etário acompanha o maior número de inquiridos nessa faixa etária. (Quadro XLVIII).

QUADRO XLVIII – Relação entre o grupo etário e a prática de leitura com influência oriental

Grupo etário	Prática de leitura com influência oriental	Percentagem
20-29	1	2,8
30-39	1	2,8
40-49	6	16,7
50-59	19	52,7
60-69	6	16,7
+=70	3	8,3
Total	36	100,0

O tempo de residência em Portugal não interfere com as práticas de leitura com influência oriental, as quais se mantêm relativamente estáveis ao longo dos anos, correspondendo o aparente aumento verificado a um maior número de inquiridos nos períodos de tempo considerados (Quadro XLIX).

**QUADRO XLIX – Relação entre o tempo de residência em Portugal
e a prática de leitura com influência oriental**

Tempo de residência em Portugal	Prática de leitura com influência oriental	Percentagem
0-5 anos	8	22,2
6-10 anos	13	36,1
+20 anos	15	41,7
Total	36	100,0

Do total de macaenses que têm e lêem livros de autores orientais, 38,9% lêem e têm livros chineses abordando vários temas. No entanto, o interesse e o gosto pelos assuntos relacionados com Macau e pelos livros escritos por macaenses é superior ao interesse pelos livros chineses, levando a que 83,3% refiram ter e ler livros e revistas macaenses (Quadro L). Esse aspecto demonstra que o carinho e a ligação a Macau permanecem, apesar da distância e do longo tempo de residência em Portugal.

**QUADRO L – Percentagens mais significativas dos livros
com influência oriental que os inquiridos têm e lêem**

Livros que têm e lêem	Frequência	Percentagem
Livros Chineses (literatura, arte, história, filosofia, religião, medicina tradicional)	14	38,9
Livros/Revistas Macaenses	30	83,3

Constata-se que apenas 16 dos inquiridos referem existir influência oriental na forma como ocupam o tempo livre (Quadro LI).

**QUADRO LI – Distribuição dos inquiridos segundo a influência oriental
verificada na forma de ocupação do tempo livre**

Influência oriental	Frequência	Percentagem
Não	34	68,0
Sim	16	32,0
Total	50	100,0

A Figura 28 (Quadro XVI – Anexo 2) indica-nos quais são as actividades com influência oriental nas quais os macaenses ocupam o tempo livre. O jogo de *mah jong* é referido por 7 inquiridos, sendo a prática de *tai chi* mencionada por 3 e a cozinha oriental por 2. As restantes actividades são menos significativas, sendo cada uma apenas referida por 1 macaense. No entanto, consideramos pertinente fazer uma breve alusão ao *reiki*, uma vez que foi também mencionado.

O *reiki* é uma antiga arte tibetana de canalizar a energia vital, o *chi*, (ou *ki* em japonês), através da imposição das mãos. Essa prática foi redescoberta no Japão no início do século XX, onde tem sido utilizada como uma forma de terapia com o objectivo de restabelecer o equilíbrio vital, eliminar doenças e promover a saúde. A partir do Japão, o *reiki* tem-se expandido como terapia complementar a qualquer tratamento convencional, tendo numerosos adeptos.[386]

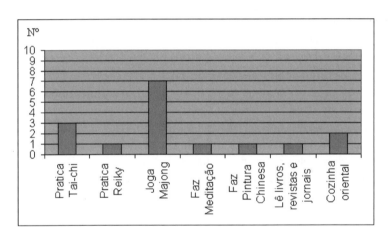

Figura 28 – Distribuição das actividades que reflectem influência oriental na forma de ocupação do tempo livre dos inquiridos

4.2. A linguagem dos Macaenses

Somente 36% dos inquiridos referem utilizar termos orientais no quotidiano, em casa. No entanto, esta percentagem só por si não esclarece a realidade dessa situação (Quadro LII).

---

[386] WIKIPÉDIA, *Reiki* – http://pt.wikipedia.org/wiki/Reiki

QUADRO LII – O uso de termos orientais no quotidiano em casa

Uso de termos orientais	Frequência	Percentagem
Não	27	54,0
Sim	18	36,0
Vive sozinho	5	10,0
Total	50	100,0

Como foi já referido anteriormente, o dialecto macaense *"patuá"*, por razões várias, começou a cair em desuso nas primeiras décadas do século XX, sendo progressivamente substituído pelo português como forma de comunicação entre as famílias macaenses. Muitas dessas famílias passaram a obrigar os seus filhos a expressarem-se na língua lusa, pelas vantagens que um bom domínio do português poderia representar relativamente a um futuro emprego. No entanto, apesar desse facto, é natural que tenham mantido a anterior designação de alguns termos relacionados com a culinária macaense e chinesa, certas peças de vestuário oriental, ou mezinhas e remédios caseiros, cujos ingredientes sejam orientais.

São a essas palavras que se referem (como todos fizeram questão em realçar) os 18 inquiridos que indicam ter influência oriental, mais concretamente dos dialectos cantonense e macaense (*patuá*) na linguagem que utilizam em casa. As palavras referidas (Quadro LIII) em *pátua*, como sendo usadas no quotidiano em casa, foram por nós confirmadas na obra *"Maquista Chapado"*.[387]

---

[387] SENNA FERNANDES, Miguel; BAXTER, Alan Norman, *Maquista Chapado.*

OCUPAÇÃO DE TEMPOS LIVRES E A LÍNGUA DE COMUNICAÇÃO ENTRE OS MACAENSES

QUADRO LIII - Relação de alguns termos orientais utilizados pelos macaenses no quotidiano em casa e seu significado

Termos orientais	Origem	Significado
Bafo cumprido	Pátua	Pessoa que fala muito
Faichi	Chinesa	Pauzinhos utilizados para comer
Fêde	Pátua	Fedorento
Chuchumeca	Pátua	Intriguista, intrometido/a
Lailai-faifai	Pátua	Modo apressado ou atabalhoado de fazer as coisas
Laissí	Chinesa	Envelope vermelho utilizado para colocar dinheiro
Min	Chinesa	Massa chinesa
Min nap	Chinesa	Casaco chinês acolchoado
Mínchi	Patuá	Prato tradicional da cozinha macaense, com carne picada
Siao/Sutate	Chinesa/Patuá	Molho de soja

São as mulheres que mais utilizam termos orientais na linguagem utilizada em casa (Quadro LIV), ensinando-os aos filhos *"... para conservar a memória de Macau"*.

QUADRO LIV - Relação entre sexo e o uso de termos orientais no quotidiano em casa

Sexo	Uso de termos orientais	Percentagem
Masculino	7	38,9
Feminino	11	61,1
Total	18	100,0

Se analisarmos a utilização de palavras orientais na linguagem com outros familiares, o número de inquiridos que respondeu afirmativamente aumenta de forma significativa, atingindo uma percentagem de 70% (Quadro LV).

Embora neste total estejam também incluídos os inquiridos que vivem sozinhos e aqueles que possam ter familiares chineses, com os quais falem em chinês por telefone ou quando se deslocam a Macau, esses factos não justificam, em nossa opinião, o aumento verificado entre as percentagens de ambos os quadros.

235

Perceber essa situação exige uma análise mais complexa, que nos leva a recuar algumas décadas e se prende com a própria identidade macaense.

Na primeira metade do século XX, a par do português, os macaenses aprendiam facilmente o inglês, quer na escola, quer com amigos e, mais tarde, também através dos meios de comunicação social. Simultaneamente, aprendiam também o cantonense que era a língua dos jogos e brincadeiras de rua. Desta forma, o macaense do século XX e até às décadas 70, 80, caracterizava-se por ter um bom domínio oral e escrito do português e inglês e um relativo domínio oral do cantonense popular (muitas vezes proibido em casa, com receio de que afectasse a aprendizagem do português).

Com a aproximação da passagem da administração de Macau para a China, essa situação foi-se alterando, já que em Macau o português deixou de ter o estatuto de língua privilegiada das décadas anteriores em detrimento do inglês, do cantonense e do mandarim (a língua oficial chinesa).

Esse facto levou a que em Macau, sobretudo as gerações mais novas de macaenses, já não dominem a língua portuguesa como a dominaram os seus pais e avós. Muito menos sabem *patuá* dominam o inglês, o cantonense e cada vez mais o mandarim, que por vezes sabem escrever, e falam entre si uma linguagem que é um misto de português, cantonense e inglês, com uma entoação regional e uma certa simplificação gramatical.[388]

Embora tenhamos reportado essa situação a Macau, o seu reflexo tem fronteiras muito mais abrangentes, pois tal forma de falar "trilingue" passou não só a ser um modo de expressão comum entre os macaenses, como acabou por ser incorporado na sua própria identidade, fazendo actualmente parte das características que os próprios reconhecem ao fazer uma auto-caracterização étnica:

"*... ser macaense ... os chineses entre eles falam só chinês e o português também fala português dentro da sua própria comunidade. O macaense ... principalmente entre os amigos e aqueles com quem tem mais confiança ... segue uma gramática semelhante à portuguesa, mas alterna palavras chinesas com o português...*".[389]

É essa realidade, que quanto a nós, justifica o aumento da percentagem relativamente à influência oriental verificada na linguagem utilizada com outros familiares. Muitos dos macaenses por nós inquiridos, invariavelmente sorriam e acrescentavam: "*... depende do que eles falarem...*".

---

[388] MARREIROS, Carlos, *Alianças para o Futuro*, p.167.
[389] CUNHA, Vanessa, *Sobre a Identidade e a Morte – Histórias Macaenses*, p. 30.

OCUPAÇÃO DE TEMPOS LIVRES E A LÍNGUA DE COMUNICAÇÃO ENTRE OS MACAENSES

QUADRO LV – O uso de termos orientais no quotidiano com outros familiares

Termos orientais	Frequência	Percentagem
Não	15	30,0
Sim	35	70,0
Total	50	100,0

Se considerarmos apenas os amigos, a percentagem dos que responderam afirmativamente volta a aumentar representando 76% relativamente à influência oriental referida pelos inquiridos na linguagem utilizada com os amigos (Quadro LVI).

Essa constatação vem reforçar que essa forma de falar "trilingue", além de ser incorporada na cultura macaense como uma característica desta, faz parte do comportamento que os macaenses esperam encontrar nos seus pares. Esse aspecto levou a que essa forma de falar ganhasse um carácter de quase obrigatoriedade, funcionando como um elo unificador. O que foi referido pode ser particularmente evidenciado dentro de um grupo informal, como é um encontro entre amigos. A comprová-lo, transcrevemos o que sobre o assunto nos disse uma macaense: *"...outro dia encontrei-me com umas amigas macaenses. Não sei porquê, comecei a falar só em português. Uma disse-me logo, agora falas como uma «ngau pó»?..."*

Para se perceber o sentido de *"ngau pó"* (牛婆, pinyin: niú pó, cantonense: ngau4po4), que no dialecto cantonense significa a "mulher do boi" é necessária uma breve explicação, que a nossa vivência em Macau nos transmitiu. Conta-se que os homens portugueses ao chegarem a Macau eram confrontados com um clima quente e húmido, ao qual não estavam habituados. Por esse motivo, transpiravam muito, sobretudo porque quase sempre a roupa de tecidos pesados que levavam consigo, era pouco adequada àquele local. Muitos desses homens não teriam hábitos de higiene pessoal, e com a própria roupa, que essa situação exigiria, o que levava a que os chineses associassem o seu cheiro ao dos bois, que no dialecto cantonense se designam por *ngau*. Com o tempo, essa denominação generalizou-se, passando a constituir uma espécie de alcunha identificativa dos portugueses naturais da Europa, entrando na linguagem popular de chineses e macaenses. Por associação, as mulheres naturais de Portugal, receberam a designação de *"ngau pó"*, com a qual a nossa inquirida foi comparada pelos seus pares, pelo facto de entre os seus iguais se expressar apenas em português.

QUADRO LVI – O uso de termos orientais no quotidiano com os amigos

Termos orientais	Frequência	Percentagem
Não	12	24,0
Sim	38	76,0
Total	50	100,0

Verifica-se que mesmo os indivíduos que estão há mais tempo em Portugal continuam a manter a utilização de termos com influência oriental na linguagem utilizada com os amigos (Quadro LVII). À semelhança do que foi mencionado relativamente à linguagem com outros familiares, recordemos o que nos foi dito por um inquirido: "... *depende do que eles falarem...*".

QUADRO LVII – A influência oriental na linguagem utilizada com os amigos, segundo o tempo de residência em Portugal

		Inquiridos que referem influência oriental na linguagem utilizada com os amigos	
		Frequência	Percentagem
Tempo de residência	0-5 anos	11	29,0
	6-10 anos	14	36.8
	+ 20 anos	13	34.2
Total		38	100,0

Se fizermos a análise dos macaenses que não referem influência oriental na linguagem utilizada, verifica-se o oposto do que o quadro anterior parece evidenciar. O que se pode concluir é que, com o passar dos anos em Portugal, os amigos com os quais se falava "noutras línguas" vão desaparecendo e a influência vai decrescendo. Segundo nos disseram, alguns inquiridos, porque actualmente a maioria dos amigos são naturais de Portugal (Quadro LVIII).

OCUPAÇÃO DE TEMPOS LIVRES E A LÍNGUA DE COMUNICAÇÃO ENTRE OS MACAENSES

QUADRO LVIII – Ausência de influência oriental na linguagem utilizada com os amigos, segundo o tempo de residência em Portugal

		Ausência de influência oriental na linguagem utilizada com os amigos	
		Frequência	Percentagem
Tempo de residência	0-5 anos	1	8.3
	6-10 anos	2	16.7
	+ 20 anos	9	75,0
Total		12	100,0

Sintetizando, verifica-se que é significativo o número de macaenses que ouvem música com influência oriental, sendo a mais escutada, a música chinesa. A preferência por filmes com influência oriental é menor, sendo os preferidos os "filmes de Kung Fu", geralmente vistos por homens. Embora a maioria dos inquiridos leia revistas e livros com influência oriental, os mais lidos são os que se relacionam com Macau, ou escritos por macaenses. Não se constata que o sexo, a idade ou o tempo de residência em Portugal influenciem esses hábitos de leitura. A forma de ocupação de tempo livre com influência oriental, que regista mais adeptos entre os inquiridos é o jogo de *mah jong*.

Na linguagem utilizada pelos macaenses no quotidiano em casa a influência oriental expressa-se nalguns termos usados no dialeto cantonense e em *patuá*. São as mulheres quem mais emprega essa linguagem, transmitindo aos filhos essa forma de falar "... *para conservar a memória de Macau* ...". Verifica-se que, com outros familiares e sobretudo com os amigos orientais, é frequentemente utilizada uma linguagem trilingue, que engloba termos chineses, ingleses e portugueses, cuja utilização não é influenciada pelo tempo de residência em Portugal e que acaba por ter um papel de elo unificador, pois actualmente é uma característica da forma como os macaenses falam entre si. Os inquiridos que não referem essa influência na linguagem utilizada com os amigos, indicam como motivo o facto de estes serem maioritariamente naturais de Portugal.

Capítulo 5
Medicina Popular, Crenças e Superstições entre os Macaenses

Verifica-se que 70% dos inquiridos referem existir influência oriental nas plantas e outros ingredientes utilizados com finalidade terapêutica (Quadro LIX).

QUADRO LIX – A influência oriental verificada na utilização
com fins terapêuticos de plantas ou outros ingredientes

Influência oriental	Frequência	Percentagem
Não	15	30,0
Sim	35	70,0
Total	50	100,0

São as mulheres quem mais utiliza com fins terapêuticos plantas ou outros ingredientes de influência oriental. Relativamente à utilização por grupo etário é entre os 50-59 anos que essa influência é mais significativa em ambos os sexos (Quadro LX). Os 2 inquiridos que correspondem às faixas etárias mais baixas, referem preferir as formas de terapêutica ocidental por terem uma actuação mais rápida (embora não os possamos considerar representativos dos macaenses nesses grupos etários por serem apenas dois), e os de faixas etárias +=70 anos, usam ingredientes orientais apenas esporadicamente, já que não têm acesso a eles, pois raramente se deslocam a Macau para os comprar. Aparentemente, para os macaenses mais jovens tem mais peso a rapidez de actuação do que outras características presentes nas terapêuticas utilizadas.

A COMUNIDADE MACAENSE EM PORTUGAL

QUADRO LX – Relação entre sexo e a influência oriental verificada
na utilização com fins terapêuticos de plantas ou outros ingredientes

Influência oriental				
	Sexo			
Grupo etário	Feminino	Percentagem	Masculino	Percentagem
20-29				
30-39				
40-49	4	17,4	2	16,7
50-59	16	69,6	7	58,3
60-69	3	13,0	3	25,0
+=70				
Total	23	100,0	12	100,0

Não se verifica que o tempo de residência em Portugal tenha relação com a utilização de plantas e outros ingredientes de influência oriental, já que os 35 inquiridos os utilizam, independentemente desse factor (Quadro LXI).

QUADRO LXI – A influência oriental verificada na utilização com fins terapêuticos
de plantas ou outros ingredientes segundo o tempo de residência em Portugal

		Influência oriental verificada na utilização com fins terapêuticos de plantas ou outros ingredientes	
		Frequência	Percentagem
	0-5 anos	9	25,7
Tempo de residência	6-10 anos	11	31,4
	+ 20 anos	15	42,9
Total		35	100,0

Alguns desses ingredientes, pela sua designação, indicam uma possível proveniência chinesa. Noutros porém, a sua origem poderá não ser tão nítida a um primeiro olhar. Os ingredientes referidos e a forma como são utilizados, fazem parte dos remédios caseiros básicos que a generalidade da população em Macau conhece e utiliza. São tratamentos baseados na teoria dos opostos, que constitui um dos princípios básicos da medicina tradicional chinesa como referimos em páginas anteriores.

Verifica-se pois entre os inquiridos uma forte adesão a estes remédios, alguns dos quais são comprados regularmente em Macau, já que os macaenses referem acreditar neles, por terem comprovado a sua eficácia (Quadro LXII).

QUADRO LXII – Relação entre os ingredientes de influência oriental utilizados com finalidade terapêutica e o efeito esperado pelos inquiridos

Ingredientes utilizados	Efeito esperado
Aplicar uma pomada chinesa*	Aliviar dores quando aplicada sobre a parte dorida
Aplicar emplastros chineses	Aliviar dores reumáticas e traumáticas
Aplicar um óleo chinês à base de plantas (designado por *Pak Fai Iau*)	Aliviar sintomas de congestão nasal e constipação quando aplicado junto às narinas; Aliviar náuseas quando inspirado; Aliviar dores de cabeça quando aplicado na zona dorida
Ingerir comprimidos chineses à base de plantas designados por *Po Chai In*	Tratar a diarreia; Facilitar a digestão
Beber *Coca-cola* quente com limão e gengibre	Tratar a constipação
Ingerir gema de ovo aquecida a vapor com brandy, gengibre e açúcar	Tratar a constipação
Beber caldo resultante da fervura de raiz de lótus	Tirar o calor interno após a ingestão de alimentos fritos
Beber água de cozer cevada	Tratar as aftas; Tirar o calor interno
Beber chá de gengibre no Inverno	Prevenir constipações
Beber leite de soja	Tirar o calor interno; Refrescar o organismo
Beber caldo com tofu (leite de soja coagulado, o que lhe dá a aparência de queijo fresco)	Tirar o calor interno; Refrescar o organismo
Beber chá de cana-de- açúcar	Tirar o calor interno; Refrescar o organismo
Beber um chá chinês à base de uma mistura de ervas	Tirar o calor interno; Refrescar o organismo
Beber água resultante da cozedura de milho com cebola e cenoura	Tirar o calor interno; Refrescar o organismo
Beber água resultante da cozedura de maçãs com algas brancas	Tirar o calor interno; Refrescar o organismo
Beber água resultante da cozedura de agriões com amêndoas chinesas	Tirar o calor interno; Refrescar o organismo
Beber chá de *ginseng*	Aquecer no Inverno; Prevenir constipações
Comer canja com gengibre e alface	Aquecer no Inverno; Prevenir constipações

Beber água resultante da fervura de coentros com sal	Aliviar as dores de garganta
Mastigar gengibre cru e beber um copo de chá preto quente com açúcar	Aliviar as enxaquecas
Comer ameixas chinesas salgadas	Aliviar as náuseas
Comer casca de tangerina preparada através de uma receita chinesa	Aliviar as náuseas

* Os ingredientes não são descritos. É conhecida entre os ocidentais por *"pomada tigre"*, já que a embalagem tem esse animal desenhado.

Verificamos que a pomada chinesa *"Tigre"*, utilizada para aliviar dores, é o remédio mais usado, sendo referida por 60% dos inquiridos (Quadro LXIII).

Os emplastros chineses, utilizados para aliviar dores reumáticas e traumáticas, são referidos por 37,3% dos inquiridos. O óleo chinês de plantas, com aplicações que vão desde o alívio das náuseas, ao alívio da congestão nasal, é referido por 22, 9%.

QUADRO LXIII – Percentagem dos ingredientes apresentados
no quadro anterior que são utilizados de forma mais significativa

Ingredientes utilizados	Frequência	Percentagem
Pomada chinesa (*pomada tigre*)	21	60,0
Emplastros chineses	13	37,1
Óleo chinês de plantas	8	22,9
Chá chinês à base de mistura de ervas	4	11,4
Coca-cola quente com limão e gengibre	3	8,6

Já em relação a práticas de influência oriental destinadas a proteger dos malefícios, só 8 dos inquiridos referiram adoptá-las (Quadro LXIV).

A queima de incenso com o intuito de afastar os maus espíritos e atrair boas influências, é a atitude adoptada por metade desses inquiridos, sendo as restantes atitudes muito pouco significativas, se nos reportarmos ao total dos macaenses. No entanto, é de salientar o uso de roupa vermelha por um dos inquiridos, que referiu usar algumas peças dessa cor em alturas especiais, porque a sua mãe, de etnia chinesa o ensinou que quando é necessário força e coragem, o vermelho deve ser usado por ser uma cor *"yang"* e transmitir energia e poder.

QUADRO LXIV – Distribuição dos inquiridos que adoptaram gestos e atitudes com o intuito de proteger e afastar malefícios, segundo as atitudes adoptadas e os efeitos benéficos esperados

Gestos e atitudes adoptados	Frequência	Efeito benéfico esperado
Queimar incenso	4	Afastar os maus espíritos. Atrair boas influências
Usar roupa vermelha	1	Sentir força e coragem
Guardar um papel amarelo em forma de triângulo na carteira com orações budistas	1	Protecção contra quem lhe quer fazer mal
Usar junto ao corpo jade em forma de cabaça	2	Evitar problemas de saúde.

Sintetizando, no que diz respeito à utilização com fins terapêuticos de plantas e outros ingredientes, a influência oriental é muito significativa, sendo as mulheres quem mais os utiliza, constatando-se ser no grupo etário dos 50-59 anos que se registam os valores mais elevados. Entre as faixas etárias mais baixas (onde estão incluídos apenas dois inquiridos) são preferidos ingredientes terapêuticos de influência ocidental por serem de actuação mais rápida. Por outro lado, os macaenses de faixas etárias +=70 anos usam esses ingredientes apenas esporadicamente por não terem acesso a eles, pois raramente se deslocam a Macau para os adquirir. O tempo de residência em Portugal não tem reflexo nessa atitude. O ingrediente mais utilizado pelos inquiridos é uma pomada chinesa (*pomada tigre*), para alívio das dores em geral, seguido pela aplicação de emplastros chineses.

As práticas de influência oriental destinadas a proteger de malefícios não são significativas entre os macaenses, sendo a queima de incenso a atitude mais referida. Nenhum dos inquiridos tem em atenção os ciclos do ano ou certos anos específicos ao programar acontecimentos importantes, ao contrário de algumas pessoas de etnia chinesa que o fazem.

Capítulo 6
Vivências dos Macaenses em Portugal

6.1. A integração na sociedade portuguesa

No total dos inquiridos, são 42 os que gostam de viver em Portugal, enquanto 3 referem não gostar, e 5 responderam *"nem sim nem não"* (Quadro LXV).

QUADRO LXV – Distribuição dos inquiridos segundo gostam ou não de viver em Portugal

Gostam de viver em Portugal	Frequência	Percentagem
Não	3	6,0
Sim	42	84,0
Nem sim, nem não	5	10,0
Total	50	100,0

Dos macaenses que gostam de viver em Portugal, 32 apontam como motivo o facto de se sentirem cá bem. Os restantes 10 indicam que gostam por se terem habituado, o que pode indiciar alguma dificuldade de adaptação inicial e uma certa acomodação (Quadro LXVI).

A vida difícil, os vencimentos baixos e a dificuldade em ver os amigos são as razões apontadas pelos 3 inquiridos que referem não gostar de viver em Portugal. Alguma dificuldade de adaptação às pessoas e à vida quotidiana, bem como a saudade de Macau e dos amigos são as razões apontadas pelos 5 inquiridos que ao serem questionados sobre se gostam de viver em Portugal, responderam nem sim nem não.

QUADRO LXVI – Opinião relativamente à vivência em Portugal

			Vivência em Portugal			
	Gostam	Nº	Não gostam	Nº	Nem sim nem não	Nº
Motivos	Sentirem-se bem	32	Vida difícil. Vencimentos baixos.	3	Dificuldade de adaptação às pessoas e à vida em Portugal	3
	Terem-se habituado	10	Dificuldade em ver os amigos		Saudades de Macau e dos amigos que lá ficaram	2
	Total	42		3		5

Consideram-se integrados na sociedade portuguesa 43 inquiridos, enquanto 5 referem não se considerar integrados e 2 indicam não o saber (Quadro LXVII).

QUADRO LXVII – Integração da sociedade portuguesa

Integração na sociedade portuguesa	Frequência	Percentagem
Não	5	10,0
Sim	43	86,0
Não sei	2	4,0
Total	50	100,0

Sentirem-se bem é o motivo apresentado por 20 macaenses para o facto de se sentirem integrados na sociedade portuguesa (Quadro LXVIII). São 8 os inquiridos que referem como motivo o facto de se darem bem com as pessoas, enquanto para 6, sentirem-se aceites é a razão apontada. Terem cá amigos é também um dos motivos alegados (5 respostas), bem como o facto de estarem cá há muito tempo (4 respostas).

Os 5 inquiridos que referem não se considerarem integrados na sociedade portuguesa, apontam o facto de não terem amigos em Portugal (3 respostas), sendo o sentimento de que as pessoas os consideram diferentes, o motivo apresentado por 2 macaenses.

A diferença na forma de ser e estar das pessoas em Portugal (consideradas por vezes mesquinhas, invejosas e pouco abertas) relativamente às de Macau é o motivo apresentado pelos 2 inquiridos que referem não saber se se consideram integrados na sociedade portuguesa.

QUADRO LXVIII – Motivações para justificar a integração na sociedade portuguesa

			Integração na sociedade portuguesa				
	Sentem-se integrados	Nº	Não se sentem integrados	Nº	Não sabem	Nº
Motivos	Sentirem-se bem	20	Não terem amigos em Portugal	3	Diferença na forma de ser e estar das pessoas em Portugal	2
	Sentirem-se aceites	6				
	Darem-se bem com as pessoas	8				
	Terem amigos em Portugal	5	Sentem que as pessoas os consideram diferentes	2		
	Viverem em Portugal há muito tempo	4				
	Total	43		5		2

Vivem em Portugal há menos de 5 anos os inquiridos que referem não se sentirem integrados na sociedade portuguesa, bem como aqueles que referem não saber. (Quadro LXIX). No entanto, constata-se igualmente entre os inquiridos que se sentem integrados, que 5 residem em Portugal há menos de 5 anos. Esse facto prova que a adaptação a um local embora possa ter relação com o tempo de permanência, (já que os inquiridos que estão há mais tempo em Portugal se consideram integrados), tem associados outros factores, como o facto de ter nesse local amigos e familiares, como foi mencionado por esses macaenses.

QUADRO LXIX – Relação entre o tempo de residência e a integração na sociedade portuguesa

		Integração na sociedade portuguesa			
		Sentem-se integrados	Não se sentem integrados	Não sabem	Total
Tempo de residência	0-5 anos	5	5	2	12
	6-10 anos	16			16
	+20 anos	22			22
	Total	43	5	2	50

De entre os factores relacionados com a vivência em Portugal, que os inquiridos consideram como mais positivos, o clima é o factor mais mencionado, sendo referido por 52% dos inquiridos (Quadro LXX). O espaço, bem como a maneira de ser das pessoas, são motivos também apontados, sendo referidos respectivamente por 28% e 20% dos macaenses. Também a facilidade de viajar pela Europa é reconhecida por 16% dos inquiridos.

A COMUNIDADE MACAENSE EM PORTUGAL

Embora os restantes factores tenham sido mencionados com muito menos frequência, não deixam de ser interessantes pelo âmbito de assuntos que abordam, que vão desde a dimensão das casas, a maiores opções culturais, ou ao ar menos poluído.

QUADRO LXX – Factores relacionados com a vivência em Portugal
que os inquiridos consideram como mais positivos

Factores positivos	Frequência	Percentagem
O clima	26	52,0
O espaço	14	28,0
A maneira de ser das pessoas	10	20,0
A facilidade de viajar pela Europa	8	16,0
A beleza do país	3	6,0
A liberdade do anonimato	2	4,0
A dimensão das casas	3	6,0
O ar menos poluído	1	2,0
Maiores opções culturais	1	2,0
O trabalho que realiza	2	4,0

Por outro lado, 30% dos inquiridos apontam como factores mais negativos relacionados com a vivência em Portugal o baixo poder de compra e a maneira de ser de algumas pessoas (naturais de Portugal), que consideram mesquinhas, invejosas e atrasadas (Quadro LXXI). A dificuldade em arranjar quem faça reparações em casa, é o motivo apontado por 18% dos macaenses, sendo a burocracia e menos tempo livre referidos por 16% dos inquiridos. A insegurança é outra razão mencionada (14%). Os restantes factores foram assinalados em percentagens inferiores a 10%.

250

QUADRO LXXI – Factores relacionados com a vivência em Portugal que os inquiridos consideram como mais negativos

Factores negativos	Frequência	Percentagem
Baixo poder de compra	15	30,0
Mentalidade mesquinha, invejosa e atrasada de muitas pessoas	15	30,0
Dificuldade em arranjar quem faça reparações em casa	9	18,0
Burocracia	8	16,0
Insegurança	7	14,0
Menos tempo livre	8	16,0
A falta de civismo	3	6,0
A agressividade das pessoas	3	6,0
O pouco profissionalismo	2	4,0
Estar tão longe de Macau	2	4,0
Os programas televisivos	2	4,0
O tempo gasto em deslocações	2	4,0
A instabilidade	1	2,0

É a comida o que de Macau 38% dos inquiridos recorda com mais saudade. O facto de Macau constituir um ponto de encontro de várias etnias e culturas, faz com que dentro do pequeno espaço que o compõe, a sua oferta em termos gastronómicos seja muitíssimo rica e variada (Quadro LXXII). Devido ao seu reduzido tamanho, numa mesma rua pode estar representada a culinária de cinco continentes, numa mistura colorida de aromas, que dificilmente noutro local se poderá encontrar, o que sem dúvida terá deixado saudades.

O Macau do passado e a facilidade de vida são outros aspectos que 30% dos inquiridos referem lembrar com saudade, surgindo em seguida os amigos, apontados por 26%, curiosamente numa percentagem mais alta do que a família (geralmente primos), que é referida por 16%.

QUADRO LXXII – Percentagens do que de Macau os inquiridos recordam com mais saudade

O que recordam	Frequência	Percentagem
A comida	19	38,0
Macau do passado	15	30,0
A facilidade de vida	15	30,0
Os amigos	13	26,0
O ambiente	10	20,0
A família	8	16,0
O estilo de vida	5	10,0
As pessoas	5	10,0
Os cheiros	2	4,0
A facilidade de deslocação	1	2,0

É com frequência que 26 inquiridos pensam em factos ou pessoas de Macau, enquanto 15 pensam apenas quando esse local surge como assunto de conversa. Referem pensar em Macau de vez em quando, 9 inquiridos (Figura 29; Quadro XVII – Anexo 2).

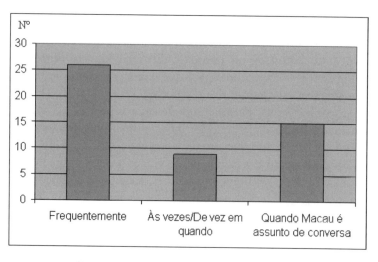

Figura 29 – Distribuição dos inquiridos segundo a frequência com que pensam em factos ou pessoas de Macau

Considerámos pertinente saber se o tempo de residência em Portugal teria influência na frequência com que os inquiridos pensam em factos ou pessoas de Macau (Quadro LXXIII). Constatamos que, curiosamente, quanto maior é o tempo de residência em Portugal, maior é também a frequência com que a maioria dos inquiridos pensa em Macau. O total de 26 inquiridos que o demonstra é bastante representativo desse facto. Os restantes dados não reflectem, em nossa opinião, nenhuma relação significativa.

QUADRO LXXIII – Frequência com que pensam em factos ou pessoas de Macau segundo o tempo de residência em Portugal

		Tempo de residência em Portugal			Total
		0-5 anos	6-10 anos	+ 20 anos	
Frequência com que pensam em Macau	Frequentemente	3	8	15	26
	Às vezes/ De vez em quando	4	3	2	9
	Quando Macau é assunto de conversa	5	5	5	15
Total		12	16	22	50

Mantêm contacto com pessoas de Macau (de etnia chinesa ou macaense) 39 macaenses, contrariamente a 11, que referem não o fazer (Quadro XVIII – Anexo 2). Nesses contactos, 27 utilizam o telefone e a internet, para além de visitarem, ou serem visitados por essas pessoas (Figura 30; Quadro XIX – Anexo 2). São 7 os macaenses que utilizam apenas o telefone, sendo 3 os que usam exclusivamente a internet.

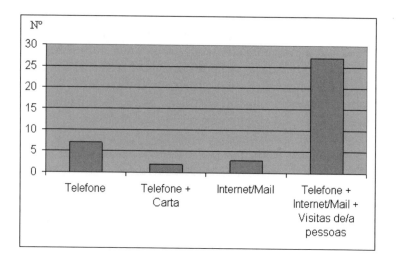

Figura 30 – Os meios utilizados para contactar com as pessoas que vivem em Macau

No entanto, apenas 19 inquiridos mantém contacto com macaenses a residirem noutros países (Quadro XX – Anexo 2), verificando-se que o telefone e a internet são também os meios mais utilizados para os contactar (Figura 31; Quadro XXI – Anexo 2).

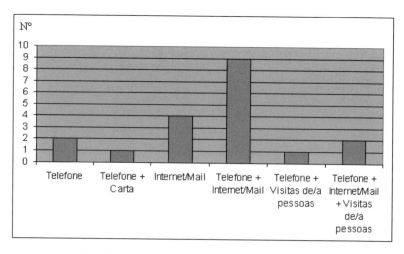

Figura 31 – Distribuição dos inquiridos segundo os meios utilizados para contactar macaenses a residir noutros países

VIVÊNCIAS DOS MACAENSES EM PORTUGAL

São frequentes os encontros entre os macaenses que residem em Portugal. Somente 10, que têm mais de 60 anos, não o fazem, referindo manterem apenas contactos breves e esporádicos com outros macaenses quando se deslocam à Casa de Macau (Quadro XXII – Anexo 2).

Segundo foi dito pelos próprios, por vezes esses encontros são organizados pela Casa de Macau, sendo alargados a todos os sócios. Embora os considerem importantes, não são os encontros preferidos pelos inquiridos. Aqueles que referiram preferir são os encontros mais restritos, cingindo-se a grupos de amigos. Os locais para a sua realização são variados: pode ser a casa de um dos intervenientes, um restaurante chinês, ou a Casa de Macau. Neste último caso, normalmente alugam o espaço e encomendam pratos da culinária macaense. Alguns grupos reúnem-se com frequência, e, por vezes, jogam *mah jong*.

Todos foram unânimes em considerar esses encontros mais restritos "... *apenas entre amigos ... como muito importantes, fundamentais ... ajudam a conservar a amizade e levantam a moral, quando estamos mais tristes*".

Dos macaenses inquiridos, 39 continuam a interessar-se pelo que se passa em Macau, enquanto 11, referem não o fazer (Quadro XXIII – Anexo 2). A internet é o meio mais utilizado para se manterem informados relativamente ao que se passa em Macau, sendo utilizado por 83,8% desse total (Quadro LXXIV). Essa percentagem é seguida por 27,8% e 22,2% dos inquiridos, que usam para o efeito, respectivamente, o telefone e a leitura de jornais. A Casa de Macau, que regularmente recebe jornais e revistas de Macau, parece desempenhar um papel muito reduzido neste âmbito informativo, devido à facilidade de consulta de jornais e revistas através da internet, sendo referida apenas por 5,6% dos inquiridos.

QUADRO LXXIV – Os meios utilizados pelos inquiridos para se manterem informados relativamente ao que se passa em Macau

Meios utilizados	Frequência	Percentagem
Jornal/periódicos	8	22,2
Internet/Mail	30	83,3
Telefone	10	27,8
TV	1	2,8
Através de amigos/família	5	13,9
Através da Casa de Macau	2	5,6

A maior parte dos macaenses (34) costumam deslocar-se regularmente a Macau (Quadro LXXV).

QUADRO LXXV – Distribuição dos inquiridos consoante costumam ou não deslocar-se a Macau

Deslocação a Macau	Frequência	Percentagem
Não	16	32,0
Sim	34	68,0
Total	50	100,0

Constata-se que a periodicidade dessa deslocação é variável, sendo 13 os macaenses que a fazem coincidir de três em três anos, com o encontro das comunidades macaenses. São 6 os inquiridos que referem deslocar-se anualmente a Macau (Quadro LXXVI). De 2 em 2 anos, é a periodicidade referida por 4 inquiridos, sendo os restantes períodos de deslocação mencionados, pouco representativos.

QUADRO LXXVI – Distribuição dos inquiridos segundo a regularidade com que se deslocam a Macau

Regularidade da deslocação	Frequência
Sem data definida	2
Uma vez por ano	6
De 2 em 2 anos	4
De 3 em 3 anos	13
De 4 em 4 anos	3
De 5 em 5 anos	3
Várias vezes por ano	2
Total	34

Dos inquiridos, 31 referem deslocar-se a Macau para visitar familiares e amigos, para matar saudades e para fazer compras. Curiosamente, 1 entrevistado refere deslocar-se a Macau para ir à procissão do Senhor dos Passos (Figura 32; Quadro XXIV – Anexo 2).

VIVÊNCIAS DOS MACAENSES EM PORTUGAL

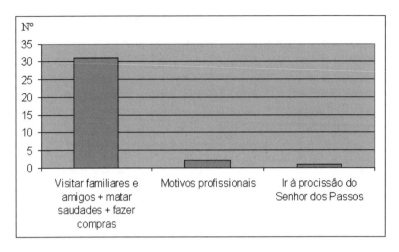

Figura 32 – Distribuição dos inquiridos segundo os motivos pelos quais se deslocam a Macau

Observamos que apenas 36 inquiridos se encontram inscritos numa associação que promove o convívio entre os macaenses, sendo essa associação a Casa de Macau. Esses inquiridos, segundo nos referiram, consideram importante manter esses laços, pois a Casa de Macau é o órgão através do qual se estabelece ligação com as outras Casas de Macau, com Macau e com a China: "...é um local que é de todos os macaenses...". Ao contrário destes, os 14 inquiridos não inscritos, referem não sentir necessidade de o fazer, já que têm o seu grupo de amigos macaenses com quem se encontram regularmente, podendo esporadicamente ir à Casa de Macau como acompanhantes (Quadro LXXVII).

QUADRO LXXVII – Filiação em alguma associação que promova o convívio entre os macaenses

Está filiado em alguma associação	Frequência	Percentagem
Não	14	28,0
Sim	36	72,0
Total	50	100,0

6.2. A mudança de hábitos

Constatamos que 27 dos inquiridos assumem ter havido uma mudança de hábitos na sua vida desde que residem em Portugal, contrariamente a 23, que a não referem (Quadro LXXVIII).

QUADRO LXXVIII – Opinião sobre a mudança de hábitos verificada desde que residem em Portugal

Mudança de hábitos	Frequência	Percentagem
Não	23	46,0
Sim	27	54,0
Total	50	100,0

Menor poder económico é o principal factor para que tenha havido uma mudança nos hábitos na vida dos inquiridos, tendo esse facto sido apontado por 13 macaenses (Figura 33; Quadro XXV – Anexo 2). Menos tempo livre foi outra razão apontada (10 respostas) e ter de fazer coisas que em Macau não precisavam de fazer, foi também um motivo mencionado (4 respostas). Trata-se de trabalho doméstico, já que enquanto residiram em Macau tiveram empregada doméstica, situação essa que por motivos económicos não conseguiram manter em Portugal.

Todos os motivos apontados se prendem em nossa opinião ao facto de Macau ser um território pequeno, onde as deslocações são fáceis e cuja classe média (onde se incluiria a maioria dos nossos inquiridos), vivia (vive) com um relativo desafogo económico. Situação provavelmente diferente da que encontraram aqui os 27 macaenses que apontaram as razões assinaladas, como o motivo para a mudança nos seus hábitos de vida, após fixarem residência em Portugal.

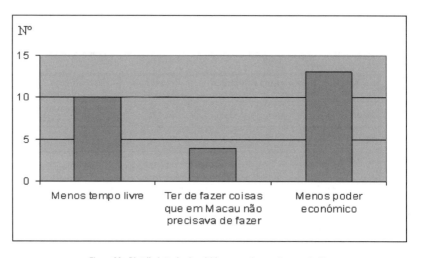

Figura 33 – Distribuição dos inquiridos segundo a mudança referida nos seus hábitos desde que residem em Portugal

Quando viviam em Macau, 94% dos inquiridos consideravam igualmente importantes o Natal e o Ano Novo Chinês, que são as duas maiores festividades das comunidades portuguesa e chinesa (Quadro LXXIX).

Esse facto mostra a interculturalidade que caracteriza a maneira de ser macaense, o que justifica igualmente as altas percentagens de adesão às restantes festividades, quer fossem de cariz oriental ou ocidental.

QUADRO LXXIX – Festividades ou eventos que os inquiridos consideravam
mais importantes quando viviam em Macau

Festividades ou eventos	Frequência	Percentagem
Natal	47	94,0
Ano Novo Chinês	47	94,0
Festa da Lua	28	56,0
Páscoa	15	30,0
Procissões religiosas	26	52,0
Ano Novo Gregoriano	24	42,0
Carnaval	10	20,0
Corrida dos Barcos Dragão	11	22,0

O Natal é a festividade que consideram mais importante desde que vivem em Portugal, sendo referida por 96% dos inquiridos. Seguem-se o Ano Novo Gregoriano e a Páscoa, com percentagens de referência de respectivamente 36% e 30% (Quadro LXXX). O Ano Novo Chinês aparentemente perdeu parte da importância que tinha quando viviam em Macau, pois foi referido apenas por 24%. Segundo os próprios "... *embora se lembrem e saibam sempre a data em que o ano muda...por vezes até vão ao restaurante chinês... mas não é a mesma coisa, falta o ambiente de Macau...*".

Nenhum dos inquiridos pretende celebrar em Macau qualquer acontecimento relacionado com a sua vida pessoal. Segundo referiram porque não consideram necessário.

QUADRO LXXX – Festividades ou eventos que os inquiridos consideram
mais importantes desde que vivem em Portugal

Festividades ou eventos	Frequência	Percentagem
Natal	48	96,0
Ano Novo Chinês	12	24,0
Páscoa	15	30,0
Procissões religiosas	1	2,0
Carnaval	2	4,0
Ano Novo Gregoriano	18	36,0
S. Martinho	1	2,0
Santos populares	1	2,0

Resumindo, a maior parte dos macaenses gostam de viver em Portugal e sentem-se integrados na sociedade portuguesa, onde têm amigos. No entanto, alguns inquiridos manifestaram opinião contrária porque a vida é difícil, não têm amigos e sentem que as pessoas os consideram diferentes. A dificuldade de adaptação às pessoas e à vida em Portugal, bem como as saudades de Macau e a diferença na forma de ser e estar das pessoas foram os factores enumerados pelos macaenses que, relativamente à mesma questão responderam nem sim nem não.

A vinda para Portugal traduziu-se em algumas mudanças de hábitos, sobretudo por causa de um menor poder económico. O clima foi apontado como o factor mais positivo da vivência em Portugal, sendo o baixo poder de compra e a mentalidade de pessoas consideradas mesquinhas e invejosas, os factores apontados como os mais negativos.

Constata-se que quanto maior é o tempo de residência em Portugal, maior é a frequência com que Macau é recordado e é, sobretuto, a comida que deixa mais saudade. Por esta e outras razões, as deslocações a Macau fazem-se com relativa frequência.

Quando residiam em Macau, os inquiridos festejavam tanto os eventos de origem portuguesa, como os de origem chinesa, sendo os mais celebrados o Natal e o Ano Novo Chinês. Este facto alterou-se com a vinda para Portugal, já que a festividade mais celebrada passou a ser apenas o Natal. O Ano Novo Chinês aparentemente perdeu parte da sua importância, pois os macaenses alegam que "... *falta o ambiente de Macau...*", sendo em número reduzido aqueles que o festejam.

Capítulo 7
Presente e Futuro da Cultura Macaense

7.1. Transferência de memórias

Com excepção de um inquirido, todos os restantes com filhos em Portugal, totalizando 42, lhes falam de Macau (Figura 34; Quadro XXVI – Anexo 2). O entrevistado que não o faz refere que a vida do filho é aqui,"... *portanto não vale a pena*" Além de que acrescentou, "*...o filho não mostra grande interesse por Macau, talvez porque quando era pequeno, na escola lhe chamavam chinês e ele não gostava*".

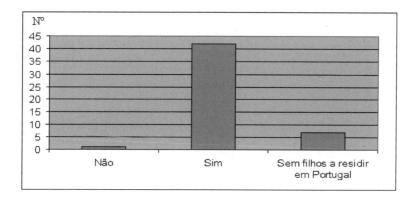

Figura 34 – **Distribuição dos inquiridos consoante falam ou não de Macau aos seus filhos**

O que os 42 inquiridos dizem aos filhos é idêntico em todos eles, bem como o motivo por que o fazem (Quadro LXXXI).

QUADRO LXXXI – Distribuição dos inquiridos que falam de Macau aos seus filhos e do motivo porque o fazem

O que dizem acerca de Macau	Motivo porque o fazem	Frequência
Falam: Da cidade que conheceram Do tempo de infância Dos amigos e familiares Das notícias sobre Macau lidas na Internet	Para manter viva a memória de Macau	42

No topo dos assuntos que os inquiridos procuram transmitir aos seus filhos está a culinária macaense e chinesa, com uma percentagem de 81% (Quadro LXXXII).

A tentativa de transmitir o modo de falar macaense, incluindo algum *patuá*, regista uma percentagem de 64,3%, próxima da percentagem relativa à tentativa de transmissão dos usos e costumes que regista um valor de 57,1%.

A música macaense regista tentativas de transmissão de 23,8%, representando os restantes assuntos valores pouco significativos, nomeadamente a literatura macaense, cuja tentativa de transmissão, regista apenas uma percentagem de 2,4%. Os 42 inquiridos consideram importante esta transmissão de conhecimentos, sendo respectivamente a culinária, o modo de falar, os usos e costumes e a música macaense, os assuntos que, em percentagens mais elevadas, procuram transmitir aos seus filhos para, segundo referiram, *"...manter viva a memória de Macau"*.

Verifica-se, no entanto, que esta ordem não está totalmente em concordância com aquela que esta investigação revelou relativamente aos próprios inquiridos, no que diz respeito à música e à literatura. Constata-se que os inquiridos demonstram maior tendência para terem e lerem livros macaenses, do que para ouvir música macaense, atitude contrária àquela que incutem nos seus filhos.

Em nossa opinião, essa discordância poderá estar relacionada com os próprios assuntos a que dizem respeito. A música macaense é muitas vezes cantada em *patuá*, dialecto que possivelmente não será de todo estranho aos filhos dos inquiridos. Por outro lado, pelo que conhecemos dessa música, podemos considerá-la melodiosa e fácil de trautear, características que possivelmente os atrairão.

Relativamente à literatura (muita da qual, segundo sabemos, surge sob a forma de romance e contos) com a qual os inquiridos terão provavelmente facilidade em se identificar, porque reconhecem no que é descrito a cidade onde nasceram e cresceram, poderá não ser tão atractiva para os seus filhos, cujo conhecimento de Macau possivelmente se limitará a períodos de férias, não lhes sendo, por isso, fácil associar a realidade que observam àquilo que os livros descrevem.

QUADRO LXXXII – Percentagens dos assuntos relacionados com Macau
que os inquiridos procuram transmitir aos seus filhos

O que procuram transmitir	Frequência	Percentagem
Culinária macaense e chinesa	34	81,0
Música macaense	10	23,8
Modo de falar macaense, incluindo algum *patuá*	27	64,3
Usos e costumes macaenses	24	57,1
Gosto por filmes orientais	2	4,8
Literatura macaense	1	2,4
Significado de objectos orientais	1	2,4

Verifica-se que, apesar de 42 inquiridos tentarem transmitir aos seus filhos o que consideram importante da herança cultural de Macau, apenas 37 desses macaenses vê, com satisfação, os seus filhos mostrarem vontade de visitar o local onde têm parte das suas raízes (Figura 35; Quadro XXVII – Anexo 2). Tristeza, mas também compreensão, são os sentimentos expressos pelos 6 inquiridos cujos filhos não mostram vontade de ir a Macau. Nesse total está incluído o entrevistado que não fala de Macau ao seu filho, mas que no entanto expressa pena por ele não querer lá ir...

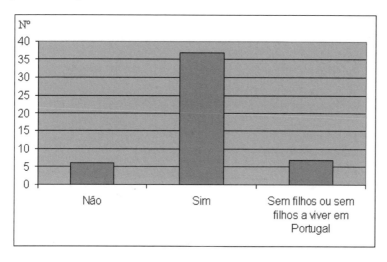

Figura 35 – Distribuição dos inquiridos consoante os filhos mostram ou não vontade de ir a Macau

Conclui-se assim que embora 42 inquiridos tenham filhos, são 41 os que lhes falam de Macau, já que um deles considera *"não valer a pena"*. Os conhecimentos relacionados com Macau que consideram mais importantes e tentam transmitir aos seus filhos, relacionam-se com a culinária macaense e chinesa, a música de Macau, os usos e costumes macaenses e o modo de falar. No entanto, apesar do seu esforço, são apenas 37 os que com satisfação referem que os seus filhos mostram vontade de ir a Macau, já que os restantes 6, com um misto de tristeza e compreensão, admitem não existir nos filhos essa vontade. Embora todos eles reconheçam que os seus filhos se mostram receptivos à transmissão de conhecimentos relativos a Macau (principalmente a culinária e o modo de falar), o facto de alguns nunca lá terem vivido nem terem lá amigos, faz com que ao fim de alguns dias considerem a estadia em Macau monótona, principalmente se essas viagens forem frequentes.Os progenitores macaenses compreendem esse sentimento por parte dos filhos, embora para eles a situação seja diferente.

CONCLUSÃO

Efectivamente, estão patentes influências orientais nos hábitos e costumes dos macaenses residentes em Portugal. Concluímos que as influências orientais verificadas se relacionam predominantemente com aspectos culturais macaenses e chineses, estando presentes em muitas das atitudes diárias dos inquiridos.

No que diz respeito à casa de habitação verifica-se que, na disposição de móveis e objectos, são seguidos alguns princípios preconizados pelo *feng shui*. É significativa a influência chinesa no mobiliário utilizado, constatando-se muitas vezes a combinação de vários estilos asiáticos com móveis europeus. Essa mesma tendência estende-se aos objectos decorativos (embora neste caso a influência chinesa seja dominante), bem como aos tapetes, cortinados e afins e em menor proporção às plantas (bonsai e bambu). A combinação de estilos e influências faz, das casas macaenses, locais com um certo exotismo e onde existe uma suave atmosfera oriental.

O vestuário utilizado é outro aspecto que regista influência oriental. Por vezes na rua essa influência expressa-se numa discreta gola com cós. Quando é mais marcante, como no caso do *min nap*, a roupa é, por vezes, utilizada apenas em casa, para evitar "chamar a atenção". No entanto, a influência oriental regista-se sobretudo nos locais onde a roupa é comprada e confeccionada (Macau e China), durante as viagens a Macau, sendo as mulheres quem mais utilizam esse sistema por considerarem essa roupa mais bonita e mais barata.

A preferência por jade e pérolas por parte das mulheres é também de salientar. O jade é, por vezes, usado também com a função de amuleto. Entre os homens, a utilização de amuletos com influência oriental não é tão notória, embora dois inquiridos refiram usá-los sob a forma de um quadrado de pano, com inscrições budistas.

A alimentação é uma das áreas onde a influência oriental é mais significativa, estando presente na forma de cozinhar (através da utilização do *wok*), nos locais onde os alimentos são comprados (supermercados chineses em Portugal e lojas de produtos alimentares asiáticas), sendo a culinária chinesa e a macaense as predominantes. Ambas são utilizadas com frequência pela grande maioria dos inquiridos, (embora por vezes quando o marido é português e não gosta de comida oriental, seja utilizada apenas a culinária portuguesa). Os macaenses confeccionam igualmente receitas portuguesas substituindo, no entanto, as batatas por arroz (excepto com peixe cozido). Em alturas específicas como o Natal, Ano Novo e Ano Novo Chinês, são por vezes confecionados, pratos macaenses e chineses típicos dessas festividades. No entanto, se um dos côn-juges é português, geralmente pelo facto do Natal e Ano Novo serem passados com os familiares desse cônjuge, a ementa que acompanha essas festividades segue a tradição portuguesa.

A utilização de plantas e outros ingredientes com finalidade terapêutica, através de remédios e tratamentos caseiros baseados na teoria dos opostos, yin/yang, é frequente, embora os dois entrevistados com idades inferiores a 40 anos prefiram os medicamentos ocidentais, por terem uma actuação mais rápida. Também os macaenses com mais de 70 anos raramente os utilizam, por não se deslocarem com frequência a Macau para os obter.

A literatura representa outro aspecto onde a influência oriental está patente. São vários os macaenses que referem possuir livros chineses. Contudo, são sobretudo os livros e revistas escritos sobre Macau ou por macaenses, os preferidos pelos inquiridos, o que expressa o carinho e a ligação a Macau.

Com frequência os macaenses utilizam uma linguagem oral trilingue, atra-vés da inclusão no discurso em português, de palavras inglesas, do dialecto cantonense e, por vezes, em patuá. Essa forma de falar restringe-se a algumas palavras no seio familiar, tornando-se mais abrangente com familiares (se estes falarem dessa forma) e principalmente com amigos macaenses, talvez por ser muitas vezes entre estes que se é mais espontâneo e genuíno nas atitudes.

Constata-se que existem canais de comunicação entre as várias comuni-dades macaenses. A Casa de Macau é o canal de comunicação preferencial e, embora nem todos os macaenses sejam associados, conhecem a sua existência através dos seus pares sabendo que a ela podem sempre recorrer. Sabem, tam-bém, que essa Casa representa o elo de ligação e o principal canal de comuni-cação com as restantes 11 Casas de Macau espalhadas pelo mundo, bem como com os macaenses que representam. A comprová-lo está o encontro trienal das comunidades macaenses, cuja participação é feita através das várias Casas de Macau, e que reuniu em Macau no ano de 2007 mais de mil pessoas, entre as quais 134 da Casa de Macau portuguesa.

A maior parte dos macaenses residentes em Portugal procura manter-se informada sobre o que se passa em Macau e mantém ligações com este território. Os meios preferenciais para o fazer são a internet, o telefone, as visitas e os encontros. Embora a Casa de Macau receba periodicamente jornais e revistas de Macau, são muito poucos os inquiridos que aí os consultam, dada a facilidade actual de poder fazê-lo através da internet.

As viagens a Macau são feitas regularmente com uma periodicidade em geral inferior a 5 anos pela maior parte dos macaenses, muitos dos quais se deslocam a Macau de 3 em 3 anos, para que a viagem coincida com o encontro das comunidades macaenses. Estas viagens representam um forte elo de ligação com Macau, pois além de reverem amigos e familiares, há ainda a possibilidade de, através das compras, trazer para Portugal "um pouco de Macau", incluído nos vários produtos adquiridos como roupa e bens alimentares, estes últimos utilizados posteriormente na confecção de receitas chinesas e macaenses.

A memória de Macau permanece viva na comunidade macaense que vive em Portugal. É possível constatar que quanto maior é o tempo de permanência em Portugal, maior é a frequência com que pensam em Macau, talvez por associação a um tempo de juventude e de vida mais fácil. Neste âmbito, conclui-se que o que é recordado com mais frequência é sobretudo a comida, a Macau do passado, o estilo de vida, os amigos e o ambiente da cidade.

A maior parte dos inquiridos gostam de viver em Portugal por se sentirem aqui bem, ou porque aqui se habituaram a viver, sentindo-se integrados na sociedade portuguesa. Não obstante esse facto, mais de metade refere ter mudado de hábitos desde que aqui vive, principalmente porque têm menor poder económico e menos tempo livre.

O clima, o espaço disponível e a maneira de ser das pessoas, foram os factores mais positivos relacionados com a vivência em Portugal.

Como factores mais negativos relacionados com essa vivência foi referido o baixo poder de compra e curiosamente também a maneira de ser de algumas pessoas, consideradas mesquinhas e invejosas.

Relativamente às festividades, verifica-se que os inquiridos, quando viviam em Macau, celebravam todos os eventos, quer fossem portugueses ou chineses. No entanto, o Natal e o Ano Novo Chinês eram os que tinham maior adesão. Com a vinda para Portugal, o Natal continuou a ser celebrado, porém todas as festividades chinesas, com excepção do Ano Novo Chinês, deixaram de ser festejadas. Conclui-se, porém, que mesmo essa festividade é celebrada apenas por uma minoria, e não obstante a ementa chinesa de Ano Novo ter ainda alguns adeptos, isoladamente sem os restantes rituais, não significa uma celebração efectiva desse evento. Essa situação segundo os inquiridos deve-se ao facto de "... faltar o ambiente de Macau...".

A COMUNIDADE MACAENSE EM PORTUGAL

Todos os inquiridos com filhos, à excepção de um (totalizando 41), procuram transmitir-lhes o que consideram mais importante e significativo da cultura macaense. Nessa transmissão, incluem-se a culinária macaense e chinesa, a música macaense, o modo de falar e os usos e costumes. Verifica-se também, por parte desses inquiridos, a tentativa de que os filhos mantenham uma ligação afectiva com o próprio espaço físico de Macau, expressa na realização de viagens àquele território, na companhia dos filhos. Conclui-se, porém, que este último objectivo não é atingido na totalidade, pois apenas 37 inquiridos vêm nos seus filhos vontade de ir a Macau, embora todos eles reconheçam que os filhos se mostram receptivos à cultura macaense.

Concluímos que nesta amostra a família é o principal vector de transmissão cultural às gerações mais novas, não se verificando, no entanto, que a Casa de Macau tenha um envolvimento relevante nessa mesma transmissão.

No início do nosso trabalho questionámos se o facto de os macaenses não apresentarem praticamente diferenças físicas relativamente às pessoas de etnia portuguesa, terem a mesma nacionalidade e um bom domínio oral e escrito do português, significaria à partida uma adaptação à vida em Portugal sem dificuldades de maior. Com efeito, na generalidade assim parece ser. No entanto, e não obstante esse facto, a essência multicultural da sua natureza étnica, que como referimos também na introdução, tem muito de oriental (embora esse aspecto possa passar despercebido a um olhar menos atento), permanece bem viva nos seus hábitos de vida diários. Podemos encontrá-la no interior das suas casas, na variedade gastronómica da sua cozinha, naquilo que vestem, nos livros que lêem, na forma como tratam e previnem alguns problemas de saúde e na maneira como se relacionam com os seus pares. Porém, apesar de tudo isso são portugueses, escolheram viver em Portugal, que não lhes sendo estranho, é contudo bastante diferente do lugar onde nasceram e cresceram. Esse facto levou-os a adoptar algumas estratégias referidas na análise desta pesquisa, como forma de conciliar ambas as realidades que fazem parte da sua natureza. Apesar de algumas dificuldades que tiveram de superar, concluímos que na generalidade o têm conseguido e só podemos alegrar-nos com isso.

Fica-nos a dúvida quanto ao futuro. Esta investigação mostrou que no caso dos macaenses que vivem em Portugal, o principal veículo de transmissão da sua cultura aos mais novos é a família. Aparentemente, apenas a ela cabe a responsabilidade de transmitir esse legado comum, construído ao longo de tantas gerações. É sem dúvida uma grande tarefa, que os macaenses que são pais se vão esforçando por cumprir. No entanto, é nossa opinião que a Casa de Macau portuguesa poderia nesse âmbito ter um papel mais interventivo em colaboração com os pais, cativando e envolvendo as crianças e os jovens em actividades dinâmicas como a divulgação do *patuá* através de pequenas peças de teatro e

CONCLUSÃO

canções, de concursos de culinária, ou na divulgação e ensino de antigos jogos tradicionais macaenses.

Estas são apenas algumas ideias, muitas outras poderiam surgir se os dirigentes e os sócios da Casa de Macau unissem esforços nesse sentido. Talvez como resultado, a Casa de Macau visse o seu número de sócios crescer, o que nos parece importante, principalmente se esse aumento envolver os mais novos, uma vez que são eles que receberão o legado cultural macaense e que terão nas mãos o futuro da Casa de Macau.

Os estudos que envolvam diversidade cultural étnica são geralmente aliciantes e imprevisíveis nos resultados a que nos conduzem. Para além disso, a abrangência a outras áreas de estudo a que podem conduzir, faz com que se ultrapassem muitas vezes as fronteiras da própria etnia que se pretendeu estudar, devido à interelação entre esta e o meio em que está inserida. A constatação de que esses estudos representam sempre um desafio pode ser a ideia motivadora que leve à realização de mais pesquisas sobre minorias residentes em Portugal.

Relativamente à etnia macaense, consideramos que poderia ter interesse saber, a médio prazo, se os filhos dos macaenses que aqui residem transmitirão aos seus próprios filhos a herança cultural que receberam. Seria importante também saber qual será no futuro a relação desses filhos e netos de macaenses com a Casa de Macau e com a cidade que foi o berço da sua cultura. Acreditamos que o orgulho nas suas raízes faça com que, principalmente os macaenses na diáspora, conservem alguns aspectos culturais mais simbólicos, como a maneira de falar, a culinária, alguns usos e costumes ou o subtil toque oriental das suas casas, e através do contacto com outros macaenses fortaleçam e mantenham aquilo que os une e lhes lembra a sua origem e a sua identidade étnica.

BIBLIOGRAFIA

FONTES IMPRESSAS – Obras referidas pelo nome de autor ou do editor

AMARO, Ana Maria – *Das Cabanas de Palha às Torres de Betão. Assim Cresceu Macau*, Universidade Técnica de Lisboa, Instituto Superior de Ciências Sociais Políticas/ Livros de Oriente, Macau, 1988, 252 p. (ISBN 972-9418-48-9)
– *Filhos da Terra*, Instituto Cultural de Macau, 1988, 124 p.
– *Filhos da Terra*, Revista de Cultura nº 20 (II Série), Instituto Cultural de Macau, Julho/Setembro, 1994, pp. 11-59.
– *O Traje da Mulher Macaense – Da Saraça ao Dó das Nhonhonha de Macau*, Instituto Cultural de Macau, 1989, 199 p. (ISBN 972-35-0080-9)
– *O Mundo Chinês, Um Longo Diálogo Entre Culturas*, Volume II, Instituto Superior de Ciências Sociais e Políticas, 1998, 854 p. (ISBN 972-9229-58-9)
– *Introdução da Medicina Ocidental em Macau e as Receitas de Segredo da Botica do Colégio de São Paulo*, Instituto Cultural de Macau, 1992, 109 p. (ISBN 972-35-0109-0).
– *Os Macaenses Como Grupo. Alguns dados Antropobiológicos*, Revista de Cultura nº 16 (II Série), Instituto Cultural de Macau, Outubro/Dezembro, 1991, pp. 96 – 103
– *Ano Novo Chinês, Festa da Primavera*, Revista da Cultura nº 22 (II Série), Instituto Cultural de Macau, Janeiro/Março de 1995, pp. 199 a 202

– *Influência da Medicina Tradicional Chinesa nas Mezinhas de Casa das Nhonhonha de Macau*, International Edition 4, Instituto Cultural do Governo da R. A. E. Macau, Outubro 2002, pp. 53-68.
– *Influência da Farmacopeia Chinesa no Receituário das Boticas da Companhia de Jesus*, Revista da Cultura nº 30 (II Série), Instituto Cultural de Macau, Janeiro/ Março de 1997, pp. 54-55
– *A Mulher Macaense, Essa Desconhecida*, Revista da Cultura nº 24 (II Série), Instituto Cultural de Macau, Julho/Setembro de 1995, pp. 5-12
– *Três Jogos Populares de Macau: Chonca, Talu, Bafá*, Edição do Instituto Cultural de Macau, 1984, 107 p.
– *Shen Cha e Xian Cha de Macau – O Sobrenatural na Medicina Popular da China do Sul*, International Edition 6, Instituto Cultural do Governo da R. A. E. Macau, 2003, pp.103-119.

AUBIER, Catherine – *Astrologia Chinesa*, Edições 70, Lisboa, 1983, 262 p. (Depósito legal nº 1152/83)

ANDERSON, Benedict – *Imagined Communities*, Revised Edition, London (U.K.), 1991, 224 p. (ISBN 0-86091-546-8)

APPADURAI, Arjun – *Dimensões Culturais da Globalização*, Editorial Teorema, Lisboa, 1996, 304 p. (ISBN 972-695-612-9)

BARREIRA, Ninélio – *OU-MUN Coisas e Tipos de Macau*, Instituto Cultural de Macau, 1994, 195 p. (ISBN 972-35-0148-1)

BARROS, Leonel – *Macau, Coisas da Terra e do Céu*, Direcção dos Serviços de Educação e Juventude, Macau, 1999, 221 p. (ISBN 972-8091-83-11)

BASTO DA SILVA, Beatriz – *Cronologia da História de Macau, séc. XVI-XVII*, Volume 1, 2ª Edição, Direcção dos Serviços de Educação e Juventude, Macau, 1997, 198 p. (ISBN 972-8091-08-7)

– *Cronologia da História de Macau, séc. XVIII*, Volume 2, 2ª Edição, Direcção dos Serviços de Educação e Juventude, Macau, 1997, 217 p. (ISBN 972-8091-09-5)

– *Cronologia da História de Macau, séc. XIX*, Volume 3, Direcção dos Serviços de Educação e Juventude, Macau, 1995, 467 p. (ISBN 972-8091-10-9)

BATALHA, Graciete Nogueira – *Glossário do Dialecto Macaense, Notas linguísticas, etnográficas e folclóricas*, Separata da Revista Portuguesa de Filologia Vols. XV, 1971, XVI, 1974 e XVII, 1977, Faculdade de Letras da Universidade de Coimbra, Instituto de Estudos Românicos, Coimbra, 1977, 338 p.

– *Cozinha Macaense*, MacaU, II Série nº 4, Agosto 92, Gabinete de Comunicação Social de Macau, pp.73-74

BAUD, Michiel et al – *Etnicidad como Estrategia en América Latina Y el Carib* Editiones Abya-Yala, Quito (Equador), 1996, 215 p. (ISBN 10-997804192-3)

BEDIN, Franca – *Como Reconhecer a Arte Chinesa*, Edições 70, Lisboa, 1986, 64 p. (Depósito legal nº 11652/86)

BRAGA, Teófilo – O *Povo Português nos Seus Costumes, Crenças e Tradições*, Volume II, Publicações Dom Quixote, Lisboa, 1994, ISBN 972-20-0563-4)

BRAUDEL, Fernand – *As Estruturas do Quotidiano, Tomo 1 – Civilização Material, Economia e Capitalismo Séculos XV-XVIII*, Editorial Teorema, Lisboa, 1992, 548 p (ISBN 972-695-178-X)

BROOKSHAW, David – Imperial Diasporas and the Search for Authenticity – The Macanese Fiction of Henrique de Senna Fernandes, in *Lusotopie (Lusophonies Asiatiques, Asiatiques en Lusophonies)*, 2000, Karthala Editions, 768 p. (ISBN 2-84586-146-X)

BRUNNER-TRAUT, Emma (org) – *Os Fundadores das Grandes Religiões*, Editora Vozes, Petrópolis (Brasil), 1999, 247 p. (ISBN 85.326.2148-1)

CALADO, Maria et al. – *Macau – Da Fundação aos Anos 70. Evolução Sócio-económica, Urbana e Arquitectónica*, Revista de Cultura, Instituto Cultural de Macau, nº 34, II Série, Janeiro/Março, 1998, pp. 78-146

CARMO, António – *A Igreja Católica no Contexto do Sudeste Asiático, Que Futuro?* Fundação Macau/Instituto Cultural de Macau/Instituto Português do Oriente, 1997, 861 p. (ISBN 972-658-033-1-FM)

Casa de Macau – *Estatutos*, Lisboa, 1977, 33 p. – "*Qui Nova ?!*", folha informativa da Casa de Macau, nº 06/2007 (31-07-2007)

– "*Qui Nova ?!*", folha informativa da Casa de Macau, nº 07/2007 (10-09-2007)

– "*Qui Nova ?!*", folha informativa da Casa de Macau, nº 08/2008 (28-11-2008)

CHAN, Víctor – *A Grande Festa Chinesa*, MacaU, II Série nº 33, Janeiro 95, Gabinete de Comunicação Social de Macau, pp. 26 e 27

CHING, Alexandre Li – A Estrutura da Língua Chinesa, Fundação Oriente, 1994, 97 p. (ISBN 972-9440-24-7)

CHU, Cordia – *Reprodutive Health Beliefs and Practices of Chinese and Australian Women*, Taipei, National Taiwan University, 1993, 125p.

COSTA, Francisco Lima – *Fronteiras da Identidade, Macaenses em Portugal e em Macau*, Fim de Século, Lisboa, 2005, 282 p. (ISBN 972-754-231-X)

CRAZE, Richard – *Feng Shui, a Arte Milenar Chinesa da Organização do Espaço*, 13.ª Edição, Editora Campus, Rio de Janeiro (Brasil), 1998, 117 p. (ISBN 85-352-0239-0)

CRUZ, Marques da – *Pão Nosso, uma História do Pão na Sociedade do Ocidente Europeu*, Colares Editora, 248 p. (ISBN 972-8099-67-3)

BIBLIOGRAFIA

CUNHA, Vanessa, – *Sobre a Identidade e a Morte – Histórias Macaenses*, Instituto Cultural de Macau, 1998, 105 p. (ISBN 972-35-0274-7)

Department of Architecture Tsinghua University – *Historic Chinese Architecture*, Tsinghua University Press, 1990, 146 p.

Direcção dos Serviços de Turismo de Macau, *Petisquera Saboroso di Macau (cozinha macaense)*, 1986, 51 p.

EBERHARD, Wolfram – *A Dictionary of Chinese Symbols*, Routledge, New York (USA), 1993, 332 p. (ISBN 0-415-00228-1)

ENGLEBERT, Clear – *Feng Shui Simplificado*, 2ª reimpressão, Editora Pergaminho, Cascais, 2006,143 p. (ISBN 972-711-459-8)

FENG, Lingyu, SHI, Wiemin – *A Cultura Chinesa*, Europress, Lisboa, 2007, 195 p. (ISBN 978-972-559-300-4)

FIGUEIREDO, Cândido de – *Dicionário de Língua Portuguesa*, Volume I (A a G), 23ª Edição, Bertrand Editora, 1986, 1361 p. (depósito legal nº 13668/86)
– *Dicionário de Língua Portuguesa*, Volume II (H a Z), 23ª Edição, Bertrand Editora, 1986, 1347 p. (depósito legal nº 13668/86)

FLANDRIN, Jean-Louis; MONTANARI Massimo (direcção) – *História da Alimentação 1. Dos Primórdios à Idade Média*, Terramar, Lisboa, 1998, 357 p., (ISBN 972-710-197-6)
– *História da Alimentação 2. Da Idade Média aos Tempos Actuais*, Terramar, Lisboa, 1998, 457 p., (ISBN 972-710-289-1)

FOK, Kai Cheong – *Estudos Sobre a Instalação dos Portugueses em Macau*, Museu Marítimo de Macau/Gradiva, Lisboa, 1986, 118 p. (ISBN 972-662-519-X).

GOMES, Luís Gonzaga – *Macau, Factos e Lendas*, Instituto Cultural de Macau, Leal Senado, Macau, 1986, 172 p.
– *Chinesices*, Instituto Cultural de Macau e Leal Senado, sem data, 217 p.

GUIMARÃES, Manuel – *A Mesa com a História*, Colares Editora, 327 p. (ISBN 972-782-028-X)

HSIUNG, Deh-Ta – Cozinha Vegetariana Chinesa, Lisma Lda., Lisboa, 2003, 128 p. (ISBN 972-8819-09-9)

INGRAM, Shirley e NG, Rebecca S. Y. – *Cantonese Culture*, Asia 2000, Hong Kong, 101 p. (ISBN 962-7160-37-7)

JARDIM, Veiga – *Tunas de Macau: Convívio e Folia*, MacaU, II Série nº 13, Maio 93, Gabinete de Comunicação Social de Macau, pp. 42-50

JORGE, Cecília – *Festejar a Primavera no Ano do Galo* – MacaU, II Série nº 9, Janeiro 93, Gabinete de Comunicação Social de Macau, pp. 3-17
– *Embriagar o Dragão*, MacaU, II Série nº 1, Maio 92, Gabinete de Comunicação Social de Macau, pp. 5-11.
– *À Mesa da Diáspora*, Edição da APIM, Macau, 2004, 151 p. (ISBN 99937-778-4-6)

JORGE, Cecília; COELHO, Beltrão – *Medicina Chinesa*, Instituto Cultural de Macau / Círculo de Leitores, Macau, 1988, 160 p.

JORGE, Graça Pacheco – *A Cozinha de Macau da Casa do Meu Avô*, Colecção Macaense, Instituto Cultural de Macau, 1992, 118 p. (ISBN 972-35-0121-X)

KLEINER, Robert – *Chinese Snuff Bottles*, Oxford University Press, Hong Kong, 1997, 74 p. (ISBN 0-19-585756-9)

LAMAS, João António Ferreira – *A Culinária dos Macaenses*, 2ª Edição, Lello Editores Ldª, Porto, 1997, 282 p.

LAURIAUX, Bruno – *A Idade Média à Mesa*, Publicações Europa-América157 p. (ISBN 972-1-03483-5)

LEE, SIOW MONG – *Spectrum of Chinese Culture*, Thrid Printing, Pelanduk Publications, Malaysia, 1995, 262 p. (ISBN 967-978-080-5)

LESSA, Almerindo – *A População de Macau, Génese e Evolução de uma Sociedade Mestiça*, Revista de Cultura, Instituto Cultural de Macau, nº 20, II Série, Julho/Setembro, 1994, pp. 97-125

LIP, Evelyn – *Feng Shui for the Home*, Times Books International, Singapore, 1985, 83 p. (ISBN 9971-65-321-4)

LIPP, Frank – *O Simbolismo das Plantas*, Círculo dos Leitores, 1997, 184 p. (ISBN 972-42-1547-4)

LU, Henry C. – *Chinese System of Food Cures*, Pedanduk Publications, Malasya, 4ª Edition, 1995.

MACHADO, Isabel – *A Belle Époque da Vida Cultural em Macau*, MacaU, II Série nº 9, Janeiro 93, Gabinete de Comunicação Social de Macau, pp. 62-69

MacRITCHIE, James – *Chi Kung Mais Energia*, Editorial Estampa, Lisboa, 1994, 164 p. (ISBN 972-33-0987-4)

MAISONNEUVE, Jean – *Os Rituais*, Colecção Cultura Geral, Rés-Editora, Porto, sem data, 159 p.

MALATESTA, Edward J. – *O Colégio Universitário de São Paulo: Academia de Religião e Cultura*, Revista da Cultura nº 30, II Série, Instituto Cultural de Macau, Janeiro/ Março, 1997, pp. 7-30

MARREIROS, Carlos – *Alianças para o Futuro*, Revista da Cultura nº 20, II Série, Instituto Cultural de Macau, Julho/Setembro 1994, pp. 157-168

MARTINS, Miriam – *Feng Shui Viver em Harmonia*, Notícias Editorial, Lisboa, 2003, 84 p. (ISBN 972-46-1449-2)

MELLO e SENNA, Maria Celestina de – *Cozinha de Macau*, Edição Vega, Lisboa, 1998, 105 p. (ISBN 972-699-575-2)

MENDES, Manuel da Silva – *Sobre Arte*, Edição do Leal Senado de Macau, 1983, 113 p.
– *Macau, Impressões e Recordações*, Edição da Quinzena de Macau, Lisboa, 1979, 132 p.

MILES, Elizabeth – *O Livro da Culinária Feng Shui, Criando Saúde e Harmonia na sua Cozinha*, 11ª Edição, Editora Pensamento, São Paulo (Brasil), 2006, 234 p. (ISBN 85-315-1137-2)

MONTALTO DE JESUS, C. A. – *Macau Histórico*, Livros do Oriente, Macau, 1990, 352 p. (ISBN 972-9418-01-2)

MORAIS, Wenceslau de – *O Culto do Chá*, Instituto Cultural de Macau, 1987, 46 p.

ONG Hean-Tatt – *The Chinese Pakua, An Exposé*, 3º Edition, Pelanduk Publications, Malaysia, 1996, 305 p. (ISBN 967-978-371-5)
– *Chinese Animal Symbolism*, Pelanduk Publications, Malaysia, 1993, 298 p. (ISBN 967 978 435 5)

ORTET, Luís – *Guia para a Astrologia Chinesa*, Livros do Oriente, Macau, 2004, 443 p. (ISBN 99937-658-3-X)

PAQUETE, Manuel – Cozinha Saloia, Hábitos e Práticas Alimentares no Termo de Lisboa

PHILLIPS, Edith Vieira – *O Livro do Chá*, Colares Editora, 167 p. (ISBN 972-8099-87-8)

PINA CABRAL, João de; LOURENÇO, Nelson – *Em Terra de Tufões, Dinâmicas da Etnicidade Macaense*, Instituto Cultural de Macau, 1993, 259 p. (ISBN 972-35-0139-2)

PINTO, Isabel Maria Rijo Correia – *O Comportamento Cultural dos Macaenses, Perante o Nascimento*, Livros do Oriente, 1ª Edição, Macau, 2001, 191 p. (ISBN 99937-603-1-5)

PINTO, Luís – *Macau, 80 Anos no Cinema*, MacaU, II Série nº 12, Abril 93, Gabinete de Comunicação Social de Macau, pp. 22-29.

POIRIER, Jean (Direcção) – *Histórias dos Costumes Primeiro Volume: O Tempo, O Espaço e Os Ritmos*, Editorial Estampa, Lisboa, 1998, 323 p. (ISBN 972-33-1337-5)
– *Histórias dos Costumes, Terceiro Volume, O Homem e O Objecto*, Editorial Estampa, Lisboa, 1998, 298 p. (ISBN 972-33-1436-3)
– *História dos Costumes, Quarto Volume: O Homem e o seu Meio Natural* Editorial Estampa, Lisboa, 2000, 259 p. (ISBN 972-33-1577-7)
– *História dos Costumes, Sétimo Volume: Éticas e Estéticas*, Editorial Estampa, Lisboa, 2002, 304 p. (ISBN 972-33-1715-X)

POUTIGNAT, Philippe; STREIFF-FENART, Jocelyne – *Teorias da Etnicidade*, 2ª reimpressão, Fundação Editora da UNESP, São Paulo (Brasil), 1977, 250 p. (ISBN 85-7139-195-5)

BIBLIOGRAFIA

RAFAEL, Natacha – *Astrologia Chinesa*, Hugin Editores Lda, 2000, 115 p. (ISBN 972-8534-57-4)

REGO, José de Carvalho e – Figuras D'Outros Tempos, Instituto Cultural de Macau, 1994, 408 p. (ISBN 972-35-0144-9)

REIS, João C. – *O Livro de Lao Zi*, Edições Vento Sul, Macau, 1999, 227 p.
– *Os Oitenta e Um Capítulos de Lao Zi*, Porta do Cerco, Macau, 2004, 141 p.
– *Trovas Macaenses*, Colecção Porta do Cêrco, Mar-Oceano Editora, Macau, 1992, 485 p.

ROCHA-TRINDADE, Maria Beatriz – *Sociologia das Migrações*, Universidade Aberta, Lisboa, 1995, 410 p. (ISBN 972-674-162-9)

ROUTH, Shelag; ROUTH, Jonathan – *Notas de Cozinha de Leonardo da Vinci*, Arte Mágica, 2002, 322 p. (ISBN 972-8772-00-9)

SARAIVA, José Hermano – *Camões em Macau*, Revista da Cultura nº 22 (II Série), Instituto Cultural de Macau, Janeiro/Março, 1995, pp. 161-168

SATOR, Gunther – *Feng Shui do Lar Saudável*, Plátano Edições Técnicas, Lisboa, 2002, 91 p. (ISBN 972-770-350-6)

SCHEEPMAKER, Maria Forbes – *Afinal o que é o Feng Shui?* Editora Aquariana, São Paulo (Brasil), 1999, 127p. (ISBN 85-7217-056-1)

SENNA FERNANDES, Miguel; BAXTER Alan Norman – *Maquista Chapad*, Instituto Internacional de Macau, Macau, 2001, 230 p. (ISBN 99937-45-00-6)

SILVA, António Emílio Maria Rodrigues da – *Usos e Costumes dos Chineses de Macau Anos 50*, Instituto Cultural de Macau, 1997, 168 p. (ISBN 972-35-0165-1)

STARCK, Marcia – *Manual Completo de Medicina Natural*, Editorial Estampa, Lisboa, 1993, 394 p. (ISBN 972-33-0912-2)

STRAUSER, Kitty; EVANS, Lucille – *Mah Jong, Anyone? A Manual of Modern Play*, 22º Edition, Charles E. Tuttle Company, Inc. Rutland, Vermont & Tokyo, Japan, 1986

TA-LIANG, H. - *A Astrologia Oriental*, Edição Liber, 1976, 169 p.

Tien-Tao Association – *Explanations of the Answers to the Truth*, Published by Tian Jiuh Book Store, Taiwan, 1989, 118 p.

TEIXEIRA, Pe. Manuel – *Macau e a sua Diocesse*, Vol. III, As Ordens Religiosas em Macau, Imprensa Nacional, 1951-1961 p. 451
– *A Medicina em Macau*, Volume III, Os Médicos em Macau do Século XVI a XIX, Imprensa Nacional, Macau 1976, 421 p.
– *Os Macaenses*, Revista da Cultura, Instituto Cultural de Macau, nº 20, II série, Julho/Setembro, 1994 pp.61-96.

TOO, Lillian – *Enciclopédia Ilustrada do Feng Shui*, Quimera Editores, Lisboa, 1999, 360 p. (ISBN 972-589-120-1)
– *Feng Shui Symbols of Good Fortune*, Konsep Books, Malaysia, 2007, 194 p. (ISBN 983-9778-08-0)
– *Guia Prático Feng Shui*, Didáctica Editora, Lisboa, 2001, 168 p. (ISBN 972-650-517-8)
– *Feng Shui – 168 Maneiras de Desimpedir a sua Casa*, Didáctica Editora, Lisboa, 2005, 160 p. (ISBN 972-650-671-9)
– *Feng Shui Planear a Vida*, Didáctica Editora, Lisboa, 2005, 192 p. (ISBN 972-650-697-2)
– *Guia Prático de Feng Shui – 168 Formas para Alcançar o Sucesso*, Didáctica Editora, Lisboa, 2001, 168 p. (ISBN 972-650-517-8)

VASQUES, António Pedro – Cinema Fast-Food, MacaU, II Série nº 36, Abril 95, Gabinete de Comunicação Social de Macau, pp. 32-35

WATERSON, Roxana – *Deciphering the Sacred: Cosmology and Architecture in Eastern Indonesia*, Cadernos do Centro Português de Estudos do Sudeste Asiático (CEPESA), 2003, 49 p. (ISBN 972-98797-7-X)

WEBSTER, Richard – *Feng Shui para Principiantes*, Editorial Estampa, Lisboa, 2000, 177 p. (ISBN 972-33-1316-2)

WILLIAMS, C.A.S. – *Outlines of Chinese Symbolism & Art Motives*, Third Revised edition,

Dover Publications, Inc New York, sem data, 472 p. (ISBN 0-486-23372-3)

WILLIAMS, Tom – *Chinese Medicine*, Element, U.S.A., 1995, 150 p.

WINDRIDGE, Charles, *Tong Sing – The Chinese Book of Wisdom*, Kyle Cathie Limited, London, 1999, 288 p. (ISBN 1-85626-348-7)

WEBB, Marcus A.; CRAZE, Richard – *O Guia das Plantas e Especiarias*, Livros e Livros, 2001, 375 p. (ISBN 972-791-091-2)

WU ZHILIANG – *Segredos da Sobrevivência – História Política de Macau*, Associação de Educação de Adultos de Macau, 1999, 506 p (ISBN 972-95505-7-3)

YIN Huihe and others – *Fundamentals of Traditional Chinese Medicine*, Second Printing, Foreign Languages Press, Beijing, 1995, 300 p. (ISBN 7-119-01398-X)

MATERIAL RECOLHIDO VIA INFORMÁTICA

Agriculture and agri-food Canada – *Trifolium Wormskioldii* http://pgrc3.agr.gc.ca/cgi-bin/npgs/html/taxon.pl?40597 (05-01-2008)

Arqueologia on-line – *Arqueólogos descobrem cemitèrio mais antigo da Europa* http://noticias.terra.com.br/interna/0,,O1901319-EI295,00.html (30-09-2007)

ASHLIMAN, D. L. – *Superstitions from Europe* http://www.pitt.edu/~dash/superstition.html (03-08-2008)

Asia Recipe – *Philippine Wedding Culture and Superstitions* http://asiarecipe.com/phiwedding.html (03-08-2008)

BOURSICOT, Mandy in *Macanese Sunset*, http://www.time.com/time/asia/magasine/1999/990419/macau1.html(15-11-2003)

Caderno do Oriente – *Macau Patrimóno Mundial: a Casa do Mandarim* http://caderno-do-oriente.blogsopt.com/2006/06/macau-patrimonio-mundial-casa-do.html (07-12-2008)

Canal lesbians – *Superstição* www.canallesbians.com/trocandoideias30.html (03-08-2008)

CANIATO, Benilde Justo – *Literatura de Macau em Língua Portuguesa* in lusofonia, plataforma de apoio ao estudo da língua portuguesa no mundo http://lusofonia.com.sapo.pt/macau.html (06-04-2008)

Cantonese-English dictionary and English--Cantonese dictionary http://www.freelang.net/dictionary/cantonese.html (27-12-2008)

CARNEIRO, Roberto – *Um Sonho Confuso*, in Camões, Revista de Letras e Culturas Lusófonas, Instituto Camões, nº 7, Outubro/Dezembro, 1999, http://www.instituto-camoes.pt/revista/sonhconfus.html (16-11/2003)

CASCUDO, Câmara – *Dicionário do Folclore Brasileiro*, Rio de Janeiro: Ediouro Publicações S.A. sem data http://www.terrabrasileira.net/folclore/manifesto/amuleto.html (30-09-2007)

Catholic Encyclopedia – *St. Eligius* http://newadvent.org/cathen/0538a.html (20-08-2008)

CORREIA, Ana Cristina Rouillé – *Macau, Macaenses e Língua Portuguesa*, in Camões, Revista de Letras e Culturas Lusófonas, Instituto Camões nº 7, Outubro-Dezembro, 1999. http://www.instituto-camoes.pt/revista/macaenslingua.html (16-11-2003)

Correio Gourmand – *Alimentando o saber, aprimorando o paladar...* http://correiogourmand.com.br/info_curiosidadesgastronomicas.html (03-08-2008)

CROWELL, Todd – *A Proud People*, in Asiaweek magazine, December 24, 1999, Vol. 25, nº 51 http://www.asiaweek.com/magazine/99/1224/sr.macanese.html (15-11-2003)

City Population – *The Principles Cities in China*, http://www.citypopulation.de/China--Guangdong.html (05-07-2008)

BIBLIOGRAFIA

DANNEMANN, Fernando – *Superstições – Bater na Madeira*
http://www.fernandodannemann.recantodas
letras.com.br/visualizar.php?idt=419819
(03-08-2008)

Delírios da Eva (Blogue) – *Superstições*
http://deliriosdaeva.blogspot.com/
2008/06/supersties.html (03-08-2008)

Direcção dos Serviços de Turismo – *Eventos e Festividades*,
http://macautourism.gov.mo/pt/events/
calendar_desc.php (15-03-2003)

FERNANDES, Julie – *The Macanese: Defining Themselves in The Washington Times* – Macau, published on October 25, 1999, pp. 1 – 4
http://www.internationalspecialreports.
com/arQives/99/macau/3.html (15-11-2003)

Geocities – *Superstições*
http://br.geocities.com/scaryworld
2004/superticoes.html (03-08-2008)

Glossika – *Language Web*
http://www.glossika.com/en/dict/
(29-06-2008)

Imperial tours, *Crafts*
http://www.imperialtours.net/crafts.
html (20-08-2007)

Instituto Cultural – *Relação do Património Cultural de Macau, Casa do Mandarim*
http://www.mauheritage.net/Info/
mwhP.asp?id=249 (07-12-2008)

Instituto Cultural – *Informações sobre o Restauro da Casa do Mandarim*
http://www.macauheritage.net/Trends/
NewsP.asp?nid=7186 (25-12-2008)

Instituto do Emprego e Formação Profissional – *Classificação Nacional de Profissões*
hptt://www.iefp.pt (19-10-2008)

Invest Guangzhou, on-line
http://www.investguangzhou.gov.en/web/
eng/jsp/content_detail.jsp?catEncod
(07-12-2008)

Jornal Tribuna de Macau, on-line
http://www.jtm.com.mo/news/topic/
raem/jan2000.html (15-11-2003)

Jornal Tribuna de Macau on Line – *Uma Dúvida Chamada Literatura Macaense*,
http://www.jtm.com.mo/news/20060621/
03local_d03.html (06-04-2008)

Karan – *Amuletos*
http://www.karantarot.com/blog/cate-
gory/amuleto/ (30-09-2007)

LICHTENSTEIN, Nina in *Macanese Population Fears Loss of Identity*
http://www.cnn.com/1999/ASIANOW/
east/macau/stories/macau.macanese/
(15-11-2003)

Lo, Raymond – Four Pillars of Destiny and Health, in *First Annual World Classical Feng shui Conference 2002*, pp. 1 – 2
http://www.classicalfengshui.net/spe-
aker/raymond.html (12-10-2003)

MOORE, Glenda – *Folklore, Superstitions, and Proverbs*
http://www.xmission.com/~emailbox/
folklore.html (07-01-2007)

Ministére des affaires étrangères et du Commerce International – *Les Commuanutés de Macao au Canada*, pp. 4 – 5
http://www.dfait-maeci.ge.ca/world/
embassies/hongkong/perpa/canada-fr.
asp (10-10-2003)

NEWSOME, Melba – *The Feng shui Way (Home)*, in Essence, Sept, 1988, pp. 1 – 2
http://www.findarticarticles.com/cf_0/
m1264/n5_v29/21019974/p1article.
jhtml (15-11-2003)

NGAI, Gary – *A Questão da Identidade Cultural de Macau*, in Camões, Revista de Letras e Cultura Lusófonas, nº 7, Outubro-
-Dezembro de 1999, p. 1
http://www.instituto-camões.pt/revista/
revista7in.html (16-11-2003)

OAG Travel Information – *Scouting Superstitions*
http://www.oag.com/0ag/website/
com/en/Home/Travel+Magazine/
Frequent+Flyer/Cultural+Briefings/
Scouting+Superstitions+1409065
(03-08-2008)

OldSuperstitions – *Superstition*

http:/www.oldsuperstitions.com/índex. php?query=death (03-08-2008)

Portal de Astrologia e Esoterismo, *Superstições – Glossário de Superstições* http://www.astrologosastralogia.com.pt/supertiçoes.html (03-08-2008)

Priberam Informática – *Definir* http://www.priberam.pt/dlpo/definir_resultados.aspx (20-02-2007)

Revista de MacaU na Internet, *O Equilíbrio da vida*, IV série, n.º 8 http://www.revistamacau.com/rm.asp?id=010071 (10-06-2008)

RIBEIRO, Ausônia T. B. Klein, *Sê para que Sejas*, http://www.acasicos.com.br/html/geomancia.html (17-02-2007)

SKINNER, Patricia – Herbalism, Tradicional Chinese, in *Gala Encyclopedia of Alternative Medicine*, pp. 1 – 2 http://www.findarticles.com/cf_0/g2603/0004/2603000418/p1/article.j.html (15-11-2003)

TDM – Handover Ceremony Host Broadcaster, *The Macanese – A Distinctive and Unique Community*, in Fact File, pp. 1 – 2 http://www.macau99.org.mo/tdmrtp/varios/macanese_e.html (15-11-2003)

The Mystica Mythical – *Folk, talismans* http://www.themystica.com/mystica/articles/t/talismans.html (14-10-2007)

THEODORO, Janice – *Mestiçagens: Ocidente e Oriente. Os Macaenses Entre Dois Mundos*, pp. 1-24 http://216.239.37.104/custom?=cache: qBoSqo%ALXsJ:www.msmartins.com/textos/r (11-10-2003)

Chinese New Year – *Traditional New Year Foods* http://www.edc.uvic.ca/faculty/mroth/438/CHINA/traditional_foods.html (10-10-2004)

Wikipédia – *Branca de Neve* http://pt.wikipedia.org/wiki/Branca_de_Neve (24-01-2008)

– *Caldeirada* http://pt.wikipedia.org/wiki/Caldeirada (20-01-2008)

– *Guisado* http://pt.wikipedia.org/wiki/Guisado (20-01-2008)

– *Hildegarda de Bingen* http://pt.wikipedia.org/wiki/Hildegarda_de_Bingen (03-08-2008)

– *Hidromel* http://pt.wikipedia.org/wiki/Hidromel (20-01-2008)

– *Igreja de Santo Agostinho (Macau)* http://pt.wikipedia.org/wiki/Igrejade SantoAgostinho (Macau) (10-10-2008)

– *Japanese Supestitions* http://en.wikipedia.org/wiki/Japanese_superstitions (03-08-2008)

– *Lewis Carroll* http:/pt.wikipédia.org/wiki/LewisCarroll (15-01-2009)

– *Reiki* http://pt.wikipedia.org/wiki/Reiki (25-01-2009)

– *Yellow Emperor* http://en.wikipedia.org/wiki/Yellow_Emperor (20-10-2007)

XIA SHANG ZHOU Chronology Project http://en.wikipedia.org/wiki/Xia_Shang_Zhou_Chronology_Project (27-12-2008)

Universia – *Histórias do Mês de Agosto* http://www.universia.com.br/materia/materia.jsp?id=4735 (03-08-2008)

Veritatis Splendor – *Porque os Santos Ficam Cobertos na Quaresma e Verónica Canta no "Enterro" do Senhor.* http://www.veritatis.com.br/artice/4959 (10-10-2008)

OUTRAS FONTES IMPRESSAS CONSULTADAS/LEITURAS SUGERIDAS OU RECOMENDADAS

AMARO, Ana Maria – *O Mundo Chinês, Um Longo Diálogo Entre Culturas*, Volume I, Instituto Superior de Ciências Sociais e Políticas, 1998, 350 p. (ISBN 972-9229-58-9)

BARREIROS, Pedro (org) – *As Elegias Chinesas*, Gradiva Publicações, Lisboa, 1999, 71 p. (ISBN 972-662-699-4)

BIBLIOGRAFIA

BARRETO, Luís Filipe – *Macau: Poder e Saber Séculos XVI e XVII*, Editorial Presença, Lisboa, 2006, 410 p. (ISBN 972-23-3629-0)

BATALHA, Graciete – *Língua de Macau, o que foi e o que é*, Revista de Cultura, Instituto Cultural de Macau, nº 20, II série, Julho/Setembro, 1994, pp. 127-148

BRETON, Roland – *As Etnias*, Colecção Cultura Geral, Rés-Editora, sem data, 158 p.

CARUS, Paul – *Chinese Astrology*, Pelanduk Publications, 2nd printing, 135 p. (ISBN 967-978-391-X)

CRAZE, Richard – *Astrologia Chinesa*, Centralivros, 1999, 128 p. (ISBN 972-8418-72-8)

CHEVALIER, Jean; GHEERBRANT, Alain – *Dicionário dos Símbolos*, Editorial Teorema, Lisboa, 1994, 727 p. (ISBN 972-695-215-8)

COSTAIN, Lyndel – *Alimentos Vegetais*, Livraria Civilização Editora, Porto, 2001, 128 p. (ISBN 972-26-1862-8)

CREMER, R.D. – *Macau, City of Commerce and Culture*, UEA Press Ltd., Hong Kong, 1987, 202 p. (ISBN 962-308-002-6)

DORÉ, Andréa, *Os Macaenses no Brasil – o Cerco se Mantém*, Universidade Federal Fluminense, Rio de Janeiro, Brasil, in *Lusotopie 2000*, Março 1999

ERIKSEN, T. Hylland – *Ethnicity & Nationalism Anthropological Perspectives*, Pluto Press, London, 1993

HALE, Gill – *The Practical Encyclopedia of Feng Shui*, Select Editions – Update, Anness Publishing, Singapore, 2001, 256 p. (ISBN 1-84038-539-1)

JACKSON, Annabel – *Taste of Macau, Portuguese Cuisine on the China Coast*, Hong Kong University Press, 1993, 118 p. (ISBN 0-7818-1022-1)

LIMA-REIS, José Pedro de – *Algumas Notas para a História da Alimentação em Portugal*, Campo das Letras, Porto, 2008, 163 p. (ISBN 978-989-625-264-9)

LING, Trevor – *História das Religiões*, Editorial Presença, Lisboa, 1994, 370 p. (ISBN 972-23-1766-0)

LO, Raymond – *Feng Shui the Pillars of Destiny*, Times Edition, Singapore, 1996, 206 p. (ISBN 981-204-480-9)

MACHADO, Álvaro de Melo – *Coisas de Macau*, Segunda Edição, Kazumbi, Macau, 1997, 156 p. (ISBN 972-97619-0-6)

MORBEY, J – *1999 – O Desafio da Transição*, Edição do autor, Lisboa, 1990.

– *Alguns Aspectos em Torno da Identidade Étnica dos Macaenses*, Revista de Cultura, Instituto Cultural de Macau, nº 20, II série, Julho/Setembro, 1994, pp. 199-209

ONG, AihWa – *Flexible Citizenship*, Third printing, Duke University Press, Durham& London, 2003 (ISBN 0-8223-2269-2)

ORTET, Luís – *Ventos de Fortuna*, MacaU, II Série nº 2, Julho 2000, Gabinete de Comunicação Social de Macau, pp. 20-33

PINTO, Luís – *Macau, 80 Anos no Cinema*, MacaU, II Série nº 12, Abril 93, Gabinete de Comunicação Social de Macau, pp. 22-29

Porto Editora – *Dicionário de Sociologia*, 2002, 431 p. (ISBN 972-0-05273-2)

REIS, João C. – *Crestomatia da Literatura Clássica Chinesa*, Edição do Autor, Macau, 2000

SANTOS FERREIRA, José dos – *História de Maria e Alferes João*, Instituto Culural de Macau, 1987, 67 p.

SATOR, Gunther – *Feng Shui do Lar Saudável*, Plátano Edições Técnicas, Lisboa, 2002, (ISBN 972-770-350-6)

SILVA, Frederic A. – *Todo o Nosso Passado, os Filhos de Macau, sua História e Herança*, Colecção Extratextos. Livros do Oriente, Macau, 1996, 174 p. (ISBN 972-9418-37-3)

TOO, Lillian – *Applied Pa-Kua and Lo Shu*, Sixth Printing, Konsep Books, Kuala Lumpur (Malaysia), 1995, 188 p. (ISBN 983-99825-8-3)

TZU Kuo Shih, – *The Chinese Art of Healing with Energy*, Pelanduk Publications, Malaysia, 1996, 96 p. (ISBN 967-978-588-2)

ÍNDICE

PREFÁCIO 5

RESUMO 11

INTRODUÇÃO 15

I PARTE

CAPÍTULO 1 – SER MACAENSE 29
1.1. Origens da etnia macaense 29
1.2. Ventos de mudança 35
1.3. Macau, uma colónia diferente 38
1.4. O surgir de uma identidade 42

CAPÍTULO 2 – A CASA E SUA SIMBOLOGIA 47
2.1. O significado da casa 47
2.2. Modos, formas e códigos de espacialização da casa 49
2.3. A arquitectura da casa macaense 53
2.4. O interior da habitação 54
    2.4.1. Na Europa 54
    2.4.2. Na Ásia 56

CAPÍTULO 3 – O SIGNIFICADO DO FENG SHUI 65
3.1. A harmonia dos espaços 65
3.2. Dao, yang, yin e qi 67
3.3. Os cinco elementos 73
3.4. O I Ching e os oito trigramas 76
3.5. O quadrado mágico 78

3.6. Feng shui e as suas escolas... 79
   3.6.1. Escola da forma e da paisagem... 79
   3.6.2. Escola da bússola ou das oito casas....................................... 79
   3.6.3. Escola do chapéu negro.. 80

CAPÍTULO 4 – VESTUÁRIO E CALÇADO 83
4.1 Uma forma de linguagem... 83
4.2. Amuletos e jóias... 90

CAPÍTULO 5 – HOMENS E ALIMENTAÇÃO.................................... 99
5.1. Alimentação: uma forma de comunicação 99
5.2. A Europa à mesa... 101
   5.2.1. A alimentação dos portugueses.. 107
5.3. A Ásia à mesa... 109
   5.3.1. A influência da teoria yin/yang na culinária chinesa.................... 115
5.4. A alimentação dos macaenses... 117

CAPÍTULO 6 – OCUPAÇÃO DE TEMPOS LIVRES............................. 121
6.1. Música... 121
6.2. Cinema e literatura 123
6.3. Outras formas de ocupação de tempos livres............................... 125
   6.3.1. Ocupação de tempos livres na Europa 126
   6.3.2. Ocupação de tempos livres na Ásia...................................... 127
   6.3.3. Ocupação de tempos livres entre os macaenses 130

CAPÍTULO 7 – UTILIZAÇÃO DE PLANTAS E OUTROS INGREDIENTES
COM OBJECTIVOS TERAPÊUTICOS.. 133
7.1. Utilização na Europa de plantas e outros ingredientes com objectivos
terapêuticos 134
7.2. Utilização na Ásia de plantas e outros ingredientes com objectivos
terapêuticos 139
7.3. Utilização pelos macaenses de plantas e outros ingredientes com objectivos
terapêuticos 143

CAPÍTULO 8 – GESTOS E ATITUDES ADOPTADOS
COM OBJECTIVOS PROTECTORES 149
8.1. Gestos e atitudes adoptados na Europa com o intuito de proteger e afastar
malefícios 149
   8.1.1. Gestos e atitudes adoptados em Portugal com o intuito de proteger
   e afastar malefícios 153

ÍNDICE

8.2. Gestos e atitudes adoptados na Ásia com o intuito de proteger e afastar
malefícios 154
    8.2.1. Gestos e atitudes adoptados na China com o intuito de proteger
    e afastar malefícios 155
8.3. Alguns gestos e atitudes adaptados em Macau com o intuito de proteger
e afastar malefícios 158

CAPÍTULO 9 – OS HOMENS E O TEMPO 161

CAPÍTULO 10 – FESTIVIDADES EM MACAU 167

II PARTE

CAPÍTULO 1 – OS MACAENSES EM PORTUGAL 177
1.1. A Casa de Macau em Portugal 177
1.2. Caracterização da comunidade macaense 180

CAPÍTULO 2 – A CASA DOS MACAENSES 193
2.1. As influências orientais na arquitectura da casa macaense 193
2.2. A organização interna da casa macaense 196
2.3. A influência oriental no mobiliário e objectos decorativos 203

CAPÍTULO 3 – MACAENSES: VESTUÁRIO
E HÁBITOS ALIMENTARES 217
3.1. O vestuário, calçado e adornos 217
3.2. A alimentação na casa dos macaenses 223

CAPÍTULO 4 – OCUPAÇÃO DE TEMPOS LIVRES E A LÍNGUA
DE COMUNICAÇÃO ENTRE OS MACAENSES 229
4.1. A ocupação dos tempos livres 229
4.2. A linguagem dos macaenses 233

CAPÍTULO 5 – MEDICINA POPULAR, CRENÇAS
E SUPERSTIÇÕES ENTRE OS MACAENSES 241

CAPÍTULO 6 – VIVÊNCIA DOS MACAENSES EM PORTUGAL 247
6.1. A integração na sociedade portuguesa 247
6.2. A mudança de hábitos 257

A COMUNIDADE MACAENSE EM PORTUGAL

CAPÍTULO 7 – PRESENTE E FUTURO DA CULTURA MACAENSE ... 261
7.1. Transferência de memórias... 261

CONCLUSÃO.. 265

BIBLIOGRAFIA 271

ÍNDICE... 281

ÍNDICE DE FIGURAS 285

ÍNDICE DE QUADROS 287

ÍNDICE DE FOTOGRAFIAS.. 293

ANEXO 1 295

ANEXO 2.. 305

ÍNDICE DE FIGURAS

Figura 1 – Símbolo do tai qi 68
Figura 2 – Símbolo yin/yang 68
Figura 3 – Ciclo produtivo 74
Figura 4 – Ciclo destrutivo 74
Figura 5 – Ciclo produtivo e Ciclo destrutivo 75
Figura 6 – Os oito trigramas 76
Figura 7 – O céu anterior ou o primeiro céu 77
Figura 8 – O céu posterior ou o segundo céu 77
Figura 9 – O quadrado mágico 78
Figura 10 – Figa 92
Figura 11 – Ferradura 92
Figura 12 – Cruz ansata 93
Figura 13 – Chamsa 93
Figura 14 – Olho místico 93
Figura 15 – Distribuição dos inquiridos segundo a sua idade 182
Figura 16 – Distribuição dos inquiridos segundo o seu estado civil ... 183
Figura 17 – Distribuição dos inquiridos segundo as suas habilitações literárias ... 183
Figura 18 – Distribuição dos inquiridos segundo a sua profissão 184
Figura 19 – Distribuição dos inquiridos segundo o número de filhos .. 186
Figura 20 – Distribuição dos inquiridos segundo o número de filhos do sexo
masculino 187
Figura 21 – Distribuição dos inquiridos segundo o número de filhos do sexo
feminino 187
Figura 22 – Distribuição dos inquiridos segundo a idade dos filhos ... 188
Figura 23 – Distribuição dos inquiridos segundo os motivos apontados
para terem saído de Macau 189
Figura 24 – Distribuição dos inquiridos segundo o local de residência ... 190

A COMUNIDADE MACAENSE EM PORTUGAL

Figura 25 – Distribuição dos inquiridos segundo o estilo de influência oriental verificado no mobiliário utilizado 204

Figura 26 – Distribuição dos inquiridos segundo o estilo de influência oriental verificado nos tapetes, cortinados e afins...................................... 213

Figura 27 – Material dos amuletos utilizados pelos macaenses 223

Figura 28 – Distribuição das actividades que reflectem influência oriental na forma de ocupação do tempo livre dos inquiridos 233

Figura 29 – Distribuição dos inquiridos segundo a frequência com que pensam em factos ou pessoas de Macau.. 252

Figura 30 – Os meios utilizados para contactar com as pessoas que vivem em Macau 254

Figura 31 – Distribuição dos inquiridos segundo os meios utilizados para contactar macaenses a residir noutros países..................................... 254

Figura 32 – Distribuição dos inquiridos segundo os motivos pelos quais se deslocam a Macau.. 257

Figura 33 – Distribuição dos inquiridos segundo a mudança referida nos seus hábitos desde que residem em Portugal.. 258

Figura 34 – Distribuição dos inquiridos consoante falam ou não de Macau aos seus filhos 261

Figura 35 – Distribuição dos inquiridos consoante os filhos mostram ou não vontade de ir a Macau... 263

ÍNDICE DE QUADROS

Quadro I – Escrita tradicional com as diferentes traduções 22

Quadro II – Classificação geral dos alimentos segundo o princípio yin/yang 115

Quadro III – Distribuição dos inquiridos segundo o seu sexo 181

Quadro IV – Distribuição dos inquiridos segundo a composição do seu agregado familiar 185

Quadro V – Distribuição dos inquiridos segundo a etnia das pessoas que compõem o agregado familiar 185

Quadro VI – Relação entre o grupo etário dos inquiridos e a etnia do cônjuge ... 186

Quadro VII – Distribuição dos inquiridos segundo o tempo de residência em Portugal 188

Quadro VIII – Distribuição dos inquiridos segundo o motivo pelo qual escolheram Portugal para viver 190

Quadro IX – Distribuição dos inquiridos segundo a existência de influências orientais verificadas na compra/construção da casa de habitação 193

Quadro X – Distribuição dos inquiridos segundo a influência oriental verificada na compra/construção da casa de habitação e justificação apresentada 194

Quadro XI – Distribuição dos inquiridos segundo as remodelações de influência oriental efectuadas posteriormente na casa, justificação apresentada e efeito indesejado que esperavam evitar 196

Quadro XII – Distribuição dos inquiridos segundo a existência de influência oriental na disposição de móveis e objectos 196

Quadro XIII – Relação entre a disposição de alguns móveis e objectos em casa e o efeito alegado pelos inquiridos 197

Quadro XIV – Atitudes relativas à disposição de móveis e objectos referidas no quadro anterior, consoante a frequência da sua adopção pelos inquiridos .. 199

Quadro XV – Distribuição dos inquiridos que adoptaram atitudes relativamente à disposição de móveis e objectos segundo as habilitações literárias 202

A COMUNIDADE MACAENSE EM PORTUGAL

Quadro XVI – Distribuição dos inquiridos que adoptaram atitudes relativamente à disposição de móveis e objectos segundo o tempo de residência em Portugal 203

Quadro XVII – Distribuição dos inquiridos segundo a existência de influências orientais no mobiliário utilizado 203

Quadro XVIII – Distribuição dos inquiridos segundo os motivos apontados para a influência oriental no mobiliário utilizado 205

Quadro XIX – Distribuição dos inquiridos consoante o estilo de influência oriental dos objectos decorativos utilizados... 208

Quadro XX – Distribuição dos inquiridos segundo os motivos apontados para a influência oriental nos objectos decorativos utilizados.................. 211

Quadro XXI – Distribuição dos inquiridos segundo a existência de influência oriental nas plantas ornamentais 211

Quadro XXII – Distribuição dos inquiridos segundo os motivos apontados para a influência oriental nas plantas ornamentais utilizadas 212

Quadro XXIII – Distribuição dos inquiridos segundo a existência de influência oriental nos tapetes, cortinados e afins 212

Quadro XXIV – Distribuição dos inquiridos segundo os motivos apontados para a utilização de tapetes, cortinados e afins, com influência oriental 213

Quadro XXV – Distribuição dos inquiridos consoante os artigos que existiam na casa de habitação de Macau 214

Quadro XXVI – Distribuição dos inquiridos consoante se verifique mais influência oriental nos artigos da casa de Portugal comparativamente aos artigos da casa de Macau 214

Quadro XXVII – Distribuição dos inquiridos segundo o motivo apresentado para uma maior influência oriental nos artigos da casa de Portugal......... 215

Quadro XXVIII – Distribuição dos inquiridos segundo a influência oriental verificada na forma como se vestem... 218

Quadro XXIX – Motivos apresentados para a influência oriental verificada na forma como se vestem.. 219

Quadro XXX – Distribuição dos inquiridos segundo a influência oriental verificada na forma como se vestem, consoante o grupo etário 219

Quadro XXXI – Distribuição dos inquiridos segundo a influência oriental verificada na escolha dos locais onde compram a roupa.......................... 220

Quadro XXXII – Distribuição dos inquiridos que referem influência oriental na escolha dos locais onde compram a roupa, segundo o sexo 220

Quadro XXXIII – Distribuição dos inquiridos segundo os motivos apresentados para a influência oriental verificada na escolha dos locais onde compram a roupa.. 221

ÍNDICE DE QUADROS

Quadro XXXIV – Distribuição dos inquiridos segundo a influência oriental verificada no tipo de calçado usado 221

Quadro XXXV – A influência oriental verificada nos objectos de adorno/jóias utilizados.. 222

Quadro XXXVI – A influência oriental verificada nos amuletos utilizados..... 222

Quadro XXXVII – Distribuição dos inquiridos segundo a influência oriental verificada nos alimentos e bebidas consumidos em casa............................ 223

Quadro XXXVIII – A influência oriental na alimentação dos macaenses........ 224

Quadro XXXIX – A influência oriental na forma de cozinhar.......................... 224

Quadro XL – Distribuição dos inquiridos segundo a influência oriental verificada nos locais onde compram os alimentos... 225

Quadro XLI – A influência oriental verificada nos alimentos ou bebidas consumidas em alturas específicas 226

Quadro XLII – Relação entre os inquiridos que consomem alimentos de influência oriental em alturas específicas, os alimentos consumidos e a altura em que os consomem... 227

Quadro XLIII – Distribuição dos inquiridos segundo a influência oriental verificada na música que ouvem... 229

Quadro XLIV – Percentagens mais significativas do tipo de música com influência oriental escutado pelos inquiridos... 230

Quadro XLV – A influência oriental verificada nos filmes e vídeos que os macaenses vêem... 230

Quadro XLVI – O Oriente na prática de leitura dos macaenses...................... 230

Quadro XLVII – Relação entre o sexo e a prática de leitura com influência oriental 231

Quadro XLVIII – Relação entre o grupo etário e a prática de leitura com influência oriental.. 231

Quadro XLIX – Relação entre o tempo de residência em Portugal e a prática de leitura com influência oriental 232

Quadro L – Percentagens mais significativas dos livros com influência oriental que os inquiridos têm e lêem 232

Quadro LI – Distribuição dos inquiridos segundo a influência oriental verificada na forma de ocupação do tempo livre.. 232

Quadro LII – O uso de termos orientais no quotidiano em casa..................... 234

Quadro LIII – Relação de alguns termos orientais utilizados pelos macaenses no quotidiano em casa e seu significado 235

Quadro LIV – Relação entre sexo e o uso de termos orientais no quotidiano em casa 235

Quadro LV – O uso de termos orientais no quotidiano com outros familiares..... 237

Quadro LVI – O uso de termos orientais no quotidiano com os amigos 239

Quadro LVII – A influência oriental na linguagem utilizada com os amigos, segundo o tempo de residência em Portugal.. 238

Quadro LVIII – Ausência de influência oriental na linguagem utilizada com os amigos, segundo o tempo de residência em Portugal 239

Quadro LIX – A influência oriental verificada na utilização com fins terapêuticos de plantas ou outros ingredientes 241

Quadro LX – Relação entre o sexo e a influência oriental verificada na utilização com fins terapêuticos de plantas ou outros ingredientes 242

Quadro LXI – A influência oriental verificada na utilização com fins terapêuticos de plantas ou outros ingredientes segundo o tempo de residência em Portugal 242

Quadro LXXXIII – Relação entre os ingredientes de influência oriental utilizados com finalidade terapêutica e o efeito esperado pelos inquiridos............... 243

Quadro LXXXIV – Percentagem dos ingredientes apresentados no quadro anterior que são utilizados de forma mais significativa 244

Quadro LXIV – Distribuição dos inquiridos que adoptaram gestos e atitudes com o intuito de proteger e afastar malefícios, segundo as atitudes adoptadas e os efeitos benéficos esperados 245

Quadro LXV – Distribuição dos inquiridos segundo gostam ou não de viver em Portugal.. 247

Quadro LXVI – Opinião relativamente à vivência em Portugal 248

Quadro LXVII – Integração na sociedade portuguesa................................... 248

Quadro LXVIII – Motivações para justificar a integração na sociedade portuguesa.... 249

Quadro LXIX – Relação entre o tempo de residência e a integração na sociedade portuguesa 249

Quadro LXX – Factores relacionados com a vivência em Portugal que os inquiridos consideram como mais positivos 250

Quadro LXXI – Factores relacionados com a vivência em Portugal que os inquiridos consideram como mais negativos... 251

Quadro LXXII – Percentagens do que de Macau os inquiridos recordam com mais saudade... 252

Quadro LXXIII – Frequência com que pensam em factos ou pessoas de Macau segundo o tempo de residência em Portugal.. 253

Quadro LXXIV – Os meios utilizados pelos inquiridos para se manterem informados relativamente ao que se passa em Macau................................. 255

Quadro LXXV – Distribuição dos inquiridos consoante costumam ou não deslocar-se a Macau 256

Quadro LXXVI – Distribuição dos inquiridos segundo a regularidade com que se deslocam a Macau.. 256

ÍNDICE DE QUADROS

Quadro LXXVII – Filiação em alguma associação que promova o convívio entre os macaenses.. 257

Quadro LXXVIII – Opinião sobre a mudança de hábitos verificada desde que residem em Portugal.. 258

Quadro LXXIX – Festividades ou eventos que os inquiridos consideravam mais importantes quando viviam em Macau.. 259

Quadro LXXX – Festividades ou eventos que os inquiridos consideram mais importantes desde que vivem em Portugal.. 260

Quadro LXXXI – Distribuição dos inquiridos que falam de Macau aos seus filhos e do motivo porque o fazem.. 262

Quadro LXXXII – Percentagens dos assuntos relacionados com Macau que os inquiridos procuram transmitir aos seus filhos 263

ÍNDICE DE FOTOGRAFIAS*

Fotografia 1 – Tartaruga: símbolo de longevidade 59
Fotografia 2 – Pêssego: símbolo de longevidade... 59
Fotografia 3 – Peixes: símbolo de abundância... 59
Fotografia 4 – Taça de jade 60
Fotografia 5 – Bule de cloisonné em formato de tartaruga............................ 60
Fotografia 6 – Frascos de rapé pintados 60
Fotografia 7 – Painéis de laca e madrepérola... 61
Fotografia 8 – Pintura chinesa 61
Fotografia 9 – Bagua 81
Fotografia 10 – Bússola chinesa 81
Fotografia 11 – Pendente budista de pano 97
Fotografia 12 – Pendentes de jade 97
Fotografia 13 – Pendentes de jade em forma de peixe 97
Fotografia 14 – Pauzinhos (faai ji) de diversos tipos.................................... 120
Fotografia 15 – Frigideira chinesa (wok) 120
Fotografia 16 – Disposições das peças para o início do jogo de *mah jong* 132
Fotografia 17 – Decurso do jogo... 132
Fotografia 18 – Envelopes vermelhos (lai si)... 174
Fotografia 19 – Caixa usada no ano novo chinês para aperitivos..................... 174
Fotografia 20 – Exemplo de fusão cultural: casa de um macaense................. 200
Fotografia 21 – Bagua da fotografia anterior... 200
Fotografia 22 – Três divindades chinesas 201
Fotografia 23 – Cães Fu... 201
Fotografia 24 – Móvel filipino 206
Fotografia 25 – Móvel coreano.. 206

* Todas as fotografias foram efectuadas pela autora. Para as fotografias 20 e 21 foi solicitada a autorização do proprietário da casa.

Fotografia 26 – Móveis do norte da China 207

Fotografia 27 – Móveis estilo cantão 207

Fotografia 28 – Casal de patos em madeira 209

Fotografia 29 – Elefantes indianos em madeira 209

Fotografia 30 – Miniatura de janela nepalesa em madeira 209

Fotografia 31 – Estatueta em porcelana de um guerreiro chinês 210

Fotografia 32 – Estatueta em bronze da divindade tailandesa a misericórdia..... 210

Fotografia 33 – Caixa em madrepérola 210

Fotografia 34 – Min nap de mulher 218

Fotografia 35 – Min nap de homem 218

Fotografia 36 – Cabaia 218

ANEXO 1

ANEXO 1

Entrevista

I   Dados Pessoais :

1. Sexo
a	Masculino	❑
b	Feminino	❑

2. Idade
a	20-29	❑
b	30-39	❑
c	40-49	❑
d	50-59	❑
e	60-69	❑
f	≥70	❑

3. Estado Civil
a	Solteiro	❑
b	Casado	❑
c	Divorciado	❑
d	Separado	❑
e	Junto	❑
f	Viúvo	❑

4. Habilitações Literárias
a	$1^\circ - 6^\circ$	❑
b	$7^\circ - 9^\circ$	❑
c	$10^\circ - 12^\circ$	❑
d	Bacharelato	❑
e	Licenciatura	❑
f	Pós-graduação	❑
g	Mestrado/doutoramento	❑

5. Profissão
Qual é a sua profissão?

6. Composição do agregado familiar

7. Etnia das pessoas que compõem o agregado familiar

8. Filhos
a	Não	❑			
b	Sim	❑	b.1	Número	❑❑
b.2	Sexo		b.2.a	Masculino ❑❑	b.2.b Feminino ❑❑
b.3	Idade				

9. Tempo de residência em Portugal
a	Anos	❑❑
b	Meses	❑❑

A COMUNIDADE MACAENSE EM PORTUGAL

Entrevista

10. Local de residência
a Cidade ❑   b Vila ❑   c Aldeia ❑

II Habitação :

Considera que existem influências orientais nos aspectos a seguir mencionados?

11. Compra/construção da casa de habitação
a Não ❑
b Sim ❑   b.1 Qual a influência? _____
                   b.2 Porquê? _____

12. Disposição de móveis e objectos
a Não ❑
b Sim ❑   b.1 Qual a influência? _____
                   b.2 Porquê? _____

13. Mobiliário utilizado
a Não ❑
b Sim ❑   b.1 Qual a influência? _____
                   b.2 Porquê? _____

14. Objectos decorativos
a Não ❑
b Sim ❑   b.1 Qual a influência? _____
                   b.2 Porquê? _____

15. Plantas ornamentais
a Não ❑
b Sim ❑   b.1 Qual a influência? _____
                   b.2 Porquê? _____

16. Tapetes, cortinados e afins
a Não ❑
b Sim ❑   b.1 Qual a influência? _____
                   b.2 Porquê? _____

17. Estes artigos existiam na casa de habitação de Macau?
a   Todos   ❑
b   Alguns   ❑
c   Nenhuns ❑

*Quem escolheu a opção **a** , passar à pergunta 16.*

ANEXO 1

Entrevista

17.1 Os que foram comprados para a a casa de Portugal têm mais influência oriental do que os existentes na casa de Macau

    a Não ❑
    b Sim ❑   b.1 Porquê? _____

III Vestuário :

Considera que existem influências orientais nos aspectos a seguir mencionados?

18. Forma como se veste
    a Não ❑
    b Sim ❑   b.1 Porquê? _____

19. Locais onde compra a roupa
    a Não ❑
    b Sim ❑   b.1 Porquê? _____

20. Tipo de calçado que usa
    a Não ❑
    b Sim ❑   b.1 Porquê? _____

21. Objectos de adorno/joias
    a Não ❑
    b Sim ❑   b.1 Porquê? _____

22. Amuletos
    a Não ❑
    b Sim ❑   b.1 Porquê? _____

IV Alimentação :

Considera que existem influências orientais nos aspectos a seguir mencionados?

23. Alimentos e bebidas consumidos em casa
    a Não ❑
    b Sim ❑   b.1 Quais? _____

24. Forma de cozinhar
    a Não ❑
    b Sim ❑   b.1 Como? _____

A COMUNIDADE MACAENSE EM PORTUGAL

Entrevista

25. Locais onde compra os alimentos
a Não ☐
b Sim ☐   b.1 Onde? _____

26. Há alturas especiais em que consome alimentos ou bebidas específicas
a Não ☐
b Sim ☐   b.1 Quando? _____
            b.2 Quais? _____

V Passatempos/Comunicação :

Considera que existem influências orientais nos aspectos a seguir mencionados?

27. Música que ouve
a Não ☐
b Sim ☐   b.1 Qual? _____

28. Filmes/videos que vê
a Não ☐
b Sim ☐   b.1 Qual? _____

29. Livros que tem/lê
a Não ☐
b Sim ☐   b.1 Qual? _____

30. Forma como ocupa o tempo livre
a Não ☐
b Sim ☐   b.1 Qual? _____

31. Linguagem utilizada em casa
a Não ☐
b Sim ☐   b.1 Qual? _____

32. Linguagem utilizada com outros familiares
a Não ☐
b Sim ☐   b.1 Qual? _____

33. Linguagem utilizada com os amigos
a Não ☐
b Sim ☐   b.1 Qual? _____

ANEXO 1

Entrevista

VI Medicina popular, crenças e superstições :

Considera que existem influências orientais nos aspectos a seguir mencionados?

34. Utilização com fins terapêuticos de plantas ou outros ingredientes.
   a Não ❑
   b Sim ❑   b.1 O que é usado? _____
                b.2 Porquê?   _____
                b.3 Quando?   _____

35. Gestos e atitudes adoptados com o intuito de proteger a afastar malefícios vários
   a Não ❑
   b Sim ❑   b.1 Quais?   _____

36. Ao programar acontecimentos importantes tem em atenção:

36.1 Os diferentes ciclos do ano?
   a Não ❑
   b Sim ❑   b.1 Quais?
                b.2 Porquê?   _____
36.2 Certos anos específicos?
   a Não ❑
   b Sim ❑   b.1 Quais?
                b.2 Porquê?   _____

VII Macaenses em Portugal

37. O que é que o fez sair de Macau?
_____

38. Porquê é que escolheu Portugal para viver?
_____

39. Gosta de viver em Portugal?
   a Não ❑   a.1 Porquê?
   b Sim ❑   b.1 Porquê?
   c Nem ❑   c.1 Porquê?
   sim nem
   não   _____

A COMUNIDADE MACAENSE EM PORTUGAL

Entrevista

40. Considera-se integrado na sociedade portuguesa?

a Não ☐ a.1 Porquê?
b Sim ☐ b.1 Porquê?
c Não sei ☐ c.1 Porquê?

41. Os seus hábitos mudaram desde que reside em Portugal?

a Não ☐
b Sim ☐ b.1 Porquê? _____

42. O que é que da vivência em Portugal considera como mais positivo e mais negativo?

a Mais positivo a.1 Porquê? _____
b Mais negativo b.1 Porquê? _____

43. O que é que de Macau recorda com mais saudade?

_____

44. Geralmente pensa em factos ou pessoas de Macau: *(escolha apenas uma opção)*

a Frequentemente ☐
b Às vezes / De vez em quando ☐
c Quando Macau é assunto de conversa ☐
d Porquê? _____

45. Mantém regularmente contacto com pessoas que vivem em Macau

a Não ☐
b Sim ☐ b.1 De que forma? _____

46. Mantém regularmente contacto com macaenses a residirem noutros países

a Não ☐
b Sim ☐ b.1 De que forma? _____

47. Mantém regularmente contacto com macaenses a residirem em Portugal

a Não ☐
b Sim ☐ b.1 De que forma? _____

48. Procura manter-se informado relativamente ao que se passa em Macau

a Não ☐
b Sim ☐ b.1 De que forma? _____

49. Costuma deslocar-se a Macau

a Não ☐
b Sim ☐ b.1 Com que regularidade? _____
b.2 Com que objectivos? _____

ANEXO 1

Entrevista

50. Está filiado nalguma associação que promova o convívio entre os macaenses?
a Não ☐   a.1 Porquê? _____
b Sim ☐   b.1 Porquê? _____

VIII Festividades e outros eventos

51. Quais as festividades ou eventos que tinham mais importância para si quando vivia em Macau?

_____

Porquê? _____

52. E quais são as que sente como mais importantes desde que vive em Portugal?

_____

Porquê? _____

53. Pretende celebrar em Macau, algum acontecimento relacionado com a sua vida pessoal?
a Não ☐
b Sim ☐   b.1 Qual? _____
           b.2 Porquê? _____

IX Presente e futuro da cultura macaense

Apenas para quem tem filhos a residir em Portugal

54. Fala de Macau aos seus filhos?
a Não ☐
b Sim ☐   b.1 O que lhes diz? _____
           b.2 Porquê? _____

55. Procura transmitir o que sabe relacionado com Macau, relativamente a :

a culinária	☐	d usos e costumes	☐
b música	☐	e outros	☐
c Modo de falar	☐	f Quais?	_____

56. Considera essa transmissão de conhecimentos, importante?
a Não ☐   a.1 Porquê? _____
b Sim ☐   b.1 Porquê? _____

303

Entrevista

57. Os seus filhos mostram vontade de ir a Macau?

a Não ❑

b Sim ❑

58. O que sente relativamente a esse facto?

Porquê?

Para todos os entrevistados

59. Existe alguma informação que considere relevante e queira acrescentar?

Porquê?

ANEXO 2

ANEXO 2

QUADRO I – Requisitos adoptados na selecção da amostra em estudo

Parâmetros	Requisitos
Nacionalidade	Portuguesa
Naturalidade	Macaense
Ascendência	Euro-asiática
Língua(s) materna(s)	Português (podendo além desta ter outras)
Fixação da residência em Portugal	Permanência em Portugal, pelo menos seis meses no ano
Idade na altura da fixação de residência em Portugal	Ter mais de 20 e menos de 69 anos

QUADRO II – Variáveis independentes de carácter geográfico, demográfico e social

Carácter das variáveis	Variáveis independentes
Geográfico	Tempo de residência em Portugal e local de residência
Demográfico	Sexo, idade, estado civil; número, sexo e idade dos filhos
Social	Habilitações literárias, profissão, composição do agregado familiar e a etnia das pessoas que compõe o agregado familiar

QUADRO III – Distribuição dos inquiridos segundo a sua idade

Grupo etário	Frequência	Percentagem
20-29	1	2,0
30-39	1	2,0
40-49	8	16,0
50-59	24	48,0
60-69	9	18,0
+=70	7	14,0
Total	50	100,0

A COMUNIDADE MACAENSE EM PORTUGAL

QUADRO IV – Distribuição dos inquiridos segundo o seu estado civil

Estado civil	Frequência	Percentagem
Solteiro	3	6,0
Casado	39	78,0
Divorciado	3	6,0
Separado	1	2,0
Viúvo	4	8,0
Total	50	100,0

QUADRO V – Distribuição dos inquiridos segundo as suas habilitações literárias

Habilitações literárias	Frequência	Percentagem
1º/6º	1	2,0
7º/9º	10	20,0
10º/12º	13	26,0
Bacharelato	5	10,0
Licenciatura	18	36,0
Pós-Graduação	1	2,0
Mestrado /Doutoramento	2	4,0
Total	50	100,0

ANEXO 2

QUADRO VI – Distribuição dos inquiridos segundo a sua profissão

Profissões		Frequência	Percentagem
Grupo 1	Quadros superiores da administração pública. Dirigentes e quadros superiores de empresas	6	12,0
Grupo 2	Especialistas das profissões intelectuais e científicas	10	20,0
Grupo 3	Técnicos e profissionais de nível intermédio	7	14,0
Grupo 4	Pessoal administrativo e similar	10	20,0
Grupo 5	Pessoal de serviços e vendedores	1	2,0
Grupo 6	Trabalhadores não qualificados	2	4,0
Aposentados		14	28,0
	Total	50	100,0

QUADRO VII – Distribuição dos inquiridos segundo o número de filhos

Número de filhos	Frequência	Percentagem
0	6	12,0
1	10	20,0
2	25	50,0
3	6	12,0
4	2	4,0
5	1	2,0
Total	50	100,0

QUADRO VIII – Distribuição dos inquiridos segundo o número de filhos do sexo masculino

Filhos do sexo masculino	Frequência	Percentagem
0 filhos	20	40,0
1 filho	17	34,0
2 filhos	11	22,0
3 filhos	2	4,0
Total	50	100

QUADRO IX – Distribuição dos inquiridos segundo o número de filhos do sexo feminino

Filhos do sexo feminino	Frequência	Percentagem
0 filhos	20	40,0
1 filho	16	32,0
2 filhos	12	24,0
3 filhos	2	4,0
Total	50	100

ANEXO 2

QUADRO X – Distribuição dos inquiridos segundo a idade dos filhos

Idade dos filhos	Frequência	Percentagem
0-9	2	2,2
10-19	23	25,3
20-29	31	34,0
30-39	18	19.8
40-49	12	13,2
50-59	5	5,5
Total	91	100,0

QUADRO XI – Distribuição dos inquiridos segundo os motivos apontados para terem saído de Macau

Motivos apontados	Frequência
A transferência de Macau para a China	18
Por motivos familiares	17
Por opção de vida	10
Por motivos profissionais	5
Total	50

QUADRO XII – Distribuição dos inquiridos segundo o local de residência

Local de residência	Frequência	Percentagem
Cidade	33	66,0
Vila	16	32,0
Aldeia	1	2,0
Total	50	100,0

A COMUNIDADE MACAENSE EM PORTUGAL

QUADRO XIII – Distribuição dos inquiridos segundo o estilo de influência oriental
verificado no mobiliário utilizado

Estilo de Influência verificada	Frequências
Chinesa	34
Chinesa + Coreana	7
Chinesa + Coreana + Tailandesa	1
Chinesa + Indiana	2
Total	44

QUADRO XIV – Distribuição dos inquiridos segundo o estilo de influência oriental
verificado nos tapetes, cortinados e afins

Estilo de Influência Oriental	Frequência
Chinesa	28
Indiana	1
Chinesa + Indiana	3
Chinesa + Indiana + Tibetana	2
Total	34

QUADRO XV – Material dos amuletos utilizados pelos macaenses

Amuletos utilizados	Frequência
Jade	9
Quadrado de pano com mantras	2
Pedras semipreciosas	2
Cristal	1
Âmbar	1
Marfim	1
Total	16

ANEXO 2

QUADRO XVI – Distribuição das actividades que reflectem influência oriental
na forma de ocupação do tempo livre dos inquiridos

Actividades praticadas	Frequência
Pratica Tai-chi	3
Pratica Reiky	1
Joga Mah jong	7
Faz Meditação	1
Faz Pintura Chinesa	1
Lê livros, revistas e jornais orientais	1
Cozinha oriental	2

QUADRO XVII – Distribuição dos inquiridos segundo a frequência
com que pensam em factos ou pessoas de Macau

Frequência com que pensam	Frequência	Percentagem
Frequentemente	26	52,0
Às vezes/De vez em quando	9	18,0
Quando Macau é assunto de conversa	15	30,0
Total	50	100,0

QUADRO XVIII – Distribuição dos inquiridos consoante mantêm
ou não contacto com pessoas que vivem em Macau

Mantêm ou não contacto	Frequência	Percentagem
Não	11	22,0
Sim	39	78,0
Total	50	100,0

QUADRO XIX – Os meios utilizados para contactar com as pessoas que vivem em Macau

Meios utilizados para contactar com as pessoas que vivem em Macau	Frequência
Telefone	7
Telefone + Carta	2
Internet/Mail	3
Telefone + Internet/Mail + Visitas de/a pessoas	27
Total	39

QUADRO XX – Distribuição dos inquiridos consoante mantêm ou não contacto com macaenses a residir noutros países

Mantêm ou não contacto	Frequência	Percentagem
Não	31	62,0
Sim	19	38,0
Total	50	100,0

QUADRO XXI – Distribuição dos inquiridos segundo os meios utilizados para contactar macaenses a residir noutros países

Meios utilizados para contactar com macaenses a residir noutros países	Frequência
Telefone	2
Telefone + Carta	1
Internet/Mail	4
Telefone + Internet/Mail	9
Telefone + Visitas de/a pessoas	1
Telefone + Internet/Mail + Visitas de/a pessoas	2
Total	19

ANEXO 2

QUADRO XXII – Distribuição dos inquiridos consoante mantêm
ou não contacto com macaenses a residir em Portugal

Mantêm ou não contacto	Frequência	Percentagem
Não	10	20,0
Sim	40	80,0
Total	50	100,0

QUADRO XXIII – Distribuição dos inquiridos consoante a procura
de informação relativamente ao que se passa em Macau

Procuram informação relativamente ao que se passa em Macau	Frequência	Percentagem
Não	11	22,0
Sim	39	78,0
Total	50	100,0

QUADRO XXIV – Distribuição dos inquiridos segundo os motivos pelos quais se deslocam a Macau

Motivo da deslocação	Frequência
Visitar familiares e amigos + matar saudades + fazer compras	31
Motivos profissionais	2
Ir à procissão do Senhor dos Passos	1
Total	34

QUADRO XXV – Distribuição dos inquiridos segundo a mudança referida nos seus hábitos desde que residem em Portugal

Mudança referida	Frequência
Menos tempo livre	10
Ter de fazer coisas que em Macau não precisava de fazer	4
Menos poder económico	13
Total	27

QUADRO XXVI – Distribuição dos inquiridos consoante falam ou não de Macau aos seus filhos

Fala de Macau aos filhos	Frequência	Percentagem
Não	1	2,0
Sim	42	84,0
Sem filhos a residir em Portugal	7	14,0
Total	50	100,0

QUADRO XXVII – Distribuição dos inquiridos consoante os filhos mostram ou não vontade de ir a Macau

Mostram vontade	Frequência	Percentagem
Não	6	12,0
Sim	37	74,0
Sem filhos ou sem filhos a viver em Portugal	7	14,0
Total	50	100,0